南京师范大学教育社会学研究中心
新 教 育 公 平 研 究 丛 书

江苏高校哲学社会科学优秀创新团队

"新教育公平的理论建构与实践探索"项目（2015ZSTD007）研究成果

受江苏高校优势学科建设工程（PAPD）资助

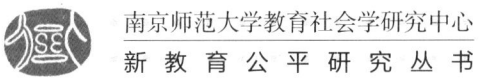

南京师范大学教育社会学研究中心
新教育公平研究丛书

丛书主编 程天君

知识建构

新教育公平视野下教与学的变革

张义兵 著

南京师范大学出版社
NANJING NORMAL UNIVERSITY PRESS

图书在版编目(CIP)数据

知识建构：新教育公平视野下教与学的变革 / 张义兵著. — 南京：南京师范大学出版社，2018.5
（新教育公平研究丛书 / 程天君主编）
ISBN 978-7-5651-3508-8

Ⅰ. ①知… Ⅱ. ①张… Ⅲ. ①小学教育－教学研究 Ⅳ. ①G622.0

中国版本图书馆 CIP 数据核字(2017)第 239159 号

丛 书 名	新教育公平研究丛书
丛书主编	程天君
书　　名	知识建构：新教育公平视野下教与学的变革
著　者	张义兵
责任编辑	王　艳
出版发行	南京师范大学出版社
地　　址	江苏省南京市玄武区后宰门西村 9 号(邮编：210016)
电　　话	(025)83598919(总编办)　83598412(营销部)　83598297(邮购部)
网　　址	http://www.njnup.com
电子信箱	nspzbb@163.com
照　　排	南京理工大学资产经营有限公司
印　　刷	南京工大印务有限公司
开　　本	787 毫米×960 毫米　1/16
印　　张	22
字　　数	355 千
版　　次	2018 年 5 月第 1 版　2018 年 5 月第 1 次印刷
书　　号	ISBN 978-7-5651-3508-8
定　　价	56.00 元

出 版 人　彭志斌

南京师大版图书若有印装问题请与销售商调换
版权所有　侵犯必究

总　序

追求公平和平等是一种"抗议性理想",不平等可归因于天意,而平等只能是人类行为的结果。因此,如果说存在着一个使人踏上无尽历程的理想,那就是平等。① 教育公平是人类社会孜孜以求的价值理念,教育公平问题既是古老话题,也是世界性难题,更是中国教育改革和发展进程中的关键问题。② 新世纪以来,教育公平作为我国教育改革和发展中一个不容忽视的难题逐渐成为社会各界关注的重心,也日益成为国家大政方针明确保障的目标。

保障人民群众接受良好教育的机会,是党的十六大确立的全面建设小康社会的重要目标,也是建设社会主义和谐社会的重要内容。由此,学界开始广泛探讨教育公平与社会公平的关系以及教育公平对社会和谐发展的重大价值。党的十七大报告提出了"教育是民族振兴的基石,教育公平是社会公平的重要基础"的重要论断,这为教育公平研究提供了更为明确的政策指引,也明确了教育公平的应然定位和意义。党的十八大报告则提出"大力促进教育公平,合理配置教育资源",在促进教育公平方面做出了方向性的制度安排,这对教育公平研究提出了更高要求,需要我们向纵深挖掘。党的十九大基于新的历史方位明确提出,中国特色社会主义进入了新时代,我国社会主要矛盾已经转化为人民日益增长的美好生活需要和不平衡不充分的发展之间的矛盾,强调要"推进教育公平""办好人民满意的教育"。新时代中国社会主要矛盾的变化深刻揭示出我国经济社会发展的阶段性特征,也为政府由"提出教育公平"到"促进教育公平"再到"推进教育公平"这一系列重大决策提供了时代依据。

教育公平既是一个由实践引发的理论问题,也是一个由理论建构的实践

---

① ［美］乔万尼·萨托利.民主新论:古典问题［M］.上海:上海人民出版社,2015:510 - 511.

② 贺晓星,等.家长、社区与新教育公平［M］.南京:南京师范大学出版社,2018:前言.

知识建构：
新教育公平视野下教与学的变革

问题。教育公平与"和谐社会""社会公平""政府责任""教育政策"以及"社会主义新时代"等关键词的紧密关联，反映出建构本土性教育公平理论以及探索我国教育公平实践的现实需要与可能。

正是基于这一境脉，江苏高校哲学社会科学优秀创新团队——"新教育公平的理论建构与实践探索"团队①，立足于"中国教育问题"和"中国教育经验"，在借鉴与对话既有教育公平理论的基础上，尝试提出了"新教育公平"理念，以呈现我们对新时期中国教育公平问题的诊断与应答。

教育公平不是新课题，新教育公平也不是为了"标"新。② 但是，在这篇序言里，笔者不得不面对"新教育公平到底'新'在哪里"这一问题。

简单来说，一种思想、一种理论可称之为"新"，要么是其自身具有独特性、创新性和不可替代性等基本特征；要么是其深化、拓展了先前的理论，或者转换了研究的视角，提出另一种（alternative）观点。这里所说的"新"大抵是指后一种。这就必然需要以某种已有的参照系为前提来进行讨论。也就是说，对"新教育公平"之"新"在哪里的认识，需要放在既有国内外教育公平研究的框架中去思考。

纵观既有特别是近年来的教育公平研究不难发现，教育公平理论众说纷纭却难有突破，教育公平实践如火如荼却成效不彰。何以如此？我们觉得，其中主要存在三方面的问题：一是多为宏观研究，二是多为教育外部研究，三是多为理论研究。基于此，"新教育公平"研究尝试另辟蹊径，旨在实现以下三方面的转换：一是从注重教育公平宏观政策的研究下沉到同时注重微观教育过程与质量公平研究；二是从注重教育公平的外部社会支持研究深入到同时注重学校教育内涵式公平研究；三是从注重教育公平的理论研究延伸到同时注重推进教育公平的学校变革实践研究。通过这些转换，建构以"人"为核心评估域的新教育公平理念，并探讨其社会支持策略及相应的学校变革实践。

以"人"为核心评估域的新教育公平理念，可以从三个层面进行理解。

首先，教育公平的核心评估域要发生质的转向，即由侧重考量经济、政治等"社会"的片面指标，转为关注"人"的全面发展，关注"具体的人"在教育过

---

① 该团队由南京师范大学教育社会学研究中心的骨干力量组建而成。2015年6月，该团队被确认立为江苏高校哲学社会科学优秀创新团队。

② 王建华.新教育公平的旨趣[J].教育发展研究，2017（2）.

程中是得到如何"具体的对待"的。这是教育经历以政治为本的阶级内公平和以经济为本的功利主义公平之后,对人的直接关照的复归和超越,亦是对此前教育政治化、经济化的反思与拨乱反正。

其次,受益者将出现横向扩展,即教育公平的受惠者是每一个人,而不是部分人。以经济发展为本建构的教育公平实质上是部分人(所谓"学而优者"或"家庭资本优者")受益的公平。惯常的择优录取是以学生分数的高低为依据的,在这种标准下,由各种非智力因素导致的"成绩差"的学生往往不能得到和成绩好的学生同等的对待而成为边缘人甚至是局外人。

最后,教育公平将指向过程和内涵。以"人"为核心评估域的教育公平理念不仅关涉显性、物质等公共资源配置方面的起点平等、均衡,更涵盖诸如尊严、幸福、精神等隐性的"教育系统内部"和"教育教学过程之中"的教育公平,目的在于解决教育系统内部相当程度上存在的不平等、不公平或者贬抑、歧视、排斥等问题。

我们这套"新教育公平研究丛书",正是基于以上设想而辑集问世的。这套丛书,或可看作破解乃至推进当前教育公平研究难题的一种努力和尝试,并有望在一定程度上回应和回答新时代"推进教育公平"战略和"以人民为中心"思想的时代课题。

"新教育公平研究丛书"是江苏高校哲学社会科学优秀创新团队"新教育公平的理论建构与实践探索"项目研究的最终成果。这套丛书涉及"教育公平理论的反思与重构""新教育公平的社会支持策略"和"新教育公平视野下的学校变革"等三个项目子课题。应当说,与以往的研究相比,这些论著在理论和实践上都有一定的深化和推进。在理论方面,针对已有教育公平理论重心多在教育公平的外部资源配置和物质支持上这一问题,通过梳理和反思既有教育公平理论,并依据我国社会改革的深入、教育公平的不断推进、新时代社会主要矛盾的变化等现实情况,《新教育公平引论》一书提出了契合新时期社会发展需要的"新教育公平"理念。在实践方面,针对既有研究中关于教育公平的社会支持研究以及关于学校教育过程中教育公平研究不足这两个突出问题,本丛书的其余几部专著着重探讨了新教育公平的社会支持策略和新教育公平视野下学校变革的路径,分别聚焦了"家长、社区与新教育公平""新教育公平视野下的教师教育改革""新教育公平视野下教与学的变革""新教育公平视野下的学校再生产"等主题,并尝试建构了旨在关注教育教学过程公平的"课堂教学公平指标体系"。

"新教育公平研究丛书"的编撰初衷和期望是既葆有国际视野,又凝聚本土经验;既关注理论建构,又着眼实践变革;既注重教育本身和过程,又不忘教育之外和社会支持。借此,在理论上推进和深化教育公平研究,在实践上落实"推进教育公平"战略和促进学校变革。

理想往往很丰满,现实常常很骨感。

"新教育公平的理论建构与实践探索"团队成员虽已努力和尽力,但限于人力和财力,忝为团队带头人的我,在丛书付梓之际,心里除了友谊和感念,更多的则是忐忑和不安。这也是为什么我迟迟提交不了"总序"给出版社的原因。如今,只能硬着头皮请读者批评指正。

"新教育公平的理论建构与实践探索"团队能够成立并被确立为江苏高校哲学社会科学优秀创新团队,离不开南京师范大学和江苏省教育厅的扶持和支持,离不开团队成员,特别是吴康宁、贺晓星、高水红、张义兵、杨跃、王建华、周勇、邵泽斌、柏宏权等诸位师友同事的贡献和襄助;"新教育公平研究丛书"能够面世,离不开南京师范大学出版社,特别是王艳、张文等编者的设计和编辑;"新教育公平的理论建构与实践探索"项目阶段性成果的发表,离不开《教育研究与实验》《教育发展研究》《全球教育展望》等刊物的厚爱和支持,并得到《新华文摘》、人大复印资料《教育学》等刊物的转载和中国社会科学网的关注。在此一并致谢!

草成上文,权作总序,以履行我忝为丛书主编不可回避的职责。

程天君
2018 年 5 月 4 日于金陵随园

前　言

一

2010年以来，随着平板电脑的诞生，风靡全球的新一轮信息化教育改革风起云涌。电子书包、移动学习、可汗学院、翻转课堂、微课、慕课等新概念蜂拥而至，作为教育信息化第一线的基础教育界的变化更是令人目不暇接，在此消彼长中，教育信息化中的流行语比娱乐界换得还要快；随之而来的词汇，如创客教育、智慧校园、智慧教育、人工智能、大数据等概念又迅速取代上一代词汇，一遍又一遍地冲刷着貌似繁荣的中国教育信息化进程，掩盖着新的、旧的教育公平问题。其背后所隐含的是政治、经济等多方面的利益纠葛，而不是对于教育公平的追求。其实，若是我们一直停留在工业时代的以"效率优先"为前提谈教育公平，无论技术如何发展，我们将永远无法实现真正的教育公平。因此，我很赞同我的同门程天君教授所提出的"新教育公平"的说法（程天君，2017），只有转向以"人"为核心领域的视角，进一步澄清新教育公平的内涵与外延，从概念转变到实践探索，才有可能在新的时代践行教育公平。正是在这样的背景下，本书作为阶段性成果，忝列程天君教授主持的项目——江苏高校哲学社会科学优秀创新团队"新教育公平的理论建构与实践探索"，希望在微观的课堂教学层面，实践新教育公平。

2010—2011年，我有幸得到国家留学基金委"中加交流学者"项目的资助，来到了加拿大多伦多大学做访问学者，师从国际知识建构理论(Knowledge Building)创始人玛琳·斯卡达玛利亚(Marlene Scardamalia)和卡尔·布莱特(Carl Bereiter)两位教授学习与工作。在国际学习科学(Learning Science)界，知识建构(Knowledge Building)被认为是进入信息时代以来所形成的具有广泛国际影响的教学新理论,也是被实践界认为是最难践行的一种理论;在历经三十多年的研究后,国际同行积累了深厚的知识建构理论与实践经验,这在一定程度上代表着智慧教育时代教学变革的方向。

知识建构理论与我潜意识中一直萦绕的课堂里的"教育公平"问题契合了起来,深入其理论与实践的内核,也给我打开了如何在课堂这个微观视野里,实践新教育公平的一扇窗。在跟随两位教授进行为期一年的学习的过程中,我理念上受到的冲击是巨大的;而深入多伦多大学实验小学的课堂观察,更为我细致构思在中国课堂里进行知识建构的教学,提供了可参照的案例。返回南京师范大学后,新的研究工作方向开始明晰,对教育公平及其实践的追寻吸引我逐步把知识建构理论及其基于网络的技术——知识论坛(Knowledge Forum)运用到中国的课堂教学实践。在南京市白云园小学持续开展的基于设计的研究(Design-based Research),为本书的撰写奠定了思路与方法。忙碌的实践研究的五年转瞬即逝,一方面,一些教学经验需要总结;另一方面,一些合作单位也多次提出希望能够更系统地了解知识建构理论与实践。

因此,本书的撰写与出版,一方面是参与程天君教授主持的项目"新教育公平的理论建构与实践探索"的需要;另一方面也是源自于最近几年深入小学教学实践的需要。

二

本书运用适合中小学教师阅读的平实质朴的文字,系统介绍知识建构理论与方法的由来及发展,提出了把该理论进行本土化改造与实施的策略,分析了该理论在中国学校中应用所存在的问题与发展方向。本书的主线是结合实例,抓住知识建构教与学中存在的几个核心问题,注重结合技术的运用,理论结合实际,展示具有可操作性的研究案例。本书通过整合课程、开展小班教学、进行过程性教学评价等手段,创造适合中国中小学开展知识建构学习的空间与时间。所介绍的案例主要是围绕科学、综合实践、信息技术、品德

前 言

与社会、阅读与写作等科目展开的知识建构项目。核心问题包括:后现代视野中知识建构课程结构的调整、民主化知识与对等的师生关系下探究空间的创设、面向21世纪技能的创新型教师与学生的转变过程、新教育公平观照下由观点引发的持续创新过程以及班级社区知识形成等。

全书大约35万字,注重理论与实践相结合的问题阐述、贴近小学教学实际的写作风格,使得本书既可以作为国内外进行知识建构项目研究的同行的参考书,也可以作为中小学、职业学校、大学教师培训以及大学相关专业本科生、研究生进行信息技术支持下的学习科学项目研究、教育社会学领域新教育公平研究等方面的参考书。使用这本书的读者,若是打算在一线课堂教学中应用知识建构,可以先从第四单元实践案例中选择一个,耐心细致地阅读细节、提出自己的不同看法、参与同行的讨论;接着看第二单元教学策略,对照案例进行分析,设想自己教学可能的切入点、活动进程;在这个基础上,可以开始尝试进行课程与教学的设计,并且展开同行之间的相互质疑与改进;进入到实际操作阶段,可以根据实际条件,选择技术工具;遇到思想上的困惑,可以回到第一单元,在边实践边阅读讨论中,加深理解。从已有的经验看,多数教师会反复回到原先习惯的讲授法教学,面对突然的"教师权威"的消解会有"痛苦感",因此,寻求专业的知识建构研究者对一线教师进行培训,并且引领一线教师采取"做中学"的方式,是有效实施知识建构的教学、深度理解知识建构的主要策略。作为研究者来使用这本书,当然可以从第一单元开始,研究者的教育哲学观点的转变是决定性的;但是研究者若不介入实践,基本上不太可能真正理解知识建构理论。在本书的四个单元中,技术工具的内容应该是最不重要的,甚至有些内容是可有可无的;随着工具本身的升级,以及新工具的不断涌现,书中对操作流程的介绍也会"过时"或者被"淘汰";本书加入部分工具的介绍,主要是为了给一线工作者一些引领,解决他们作为新手知识建构者可能遇到的技术障碍问题,而不是限定读者一定要遵从本书的意见寻找技术工具。

总体来说,在中国当前的教育体制下,特别是在基础教育领域,知识建构的教学和科研是不易被理解和支持的;在职业教育、高等教育、成人教育、企业教育领域,应用的难度会小一些。从国外的同行研究者的经验看,情况也很类似;只不过欧美的基础教育本身就有追求知识创新学习、教育公平的传统,因此,实施知识建构的障碍要小一些。无论怎样,勇于探索教育科学前沿、追求新教育公平,应该是这个智慧教育时代的研究者、实践者、决策者追寻的方向。

本书所反映的成果,离不开南京市白云园小学朱艳琴校长、吴琴校长、张学义校长等领导的长期支持,离不开刘骏、陈娟、陈静、刘瑶等数十位老师的勇敢实践。本书的内容是课题组成员共同的劳动成果,包括我的大学同事、研究生、中小学一线教师、相关企业技术人员等。

谢谢参与本研究工作的我的二十多位研究生,他们在资料收集、数据处理等多个方面介入了本书的撰写工作,在此不一一列举,一并致谢。

谢谢研究过程中一直给予我大力支持的加拿大多伦多大学知识创新与技术研究所(http://www.ikit.org/)的玛琳·斯卡达玛利亚和卡尔·布莱特两位教授以及苏珊娜·拉罗莎(Susana La Rosa)女士,多伦多大学实验小学的理查德·墨西拿(Richard Messina)先生,香港大学的陈桂涓(Carol Chen)教授,美国明尼苏达大学的陈伯栋博士等。

谢谢研究过程中给予我技术支持的北京中教国培的张云涛总经理、刘延佳技术总监,他们开发的中文版数课论坛,为知识建构在中国学校的应用提供了有效的技术支持。

最后,还需要感谢的是南京师范大学出版社的戴联荣老师、张文老师、王艳老师,他们的建议给本书增色很多。

张义兵
2017 年 10 月

目　录

总　序　　　　　　　　　　　　　　　　　　　　001

前　言　　　　　　　　　　　　　　　　　　　　001

单元一　理论基础

第一章　知识建构理论产生的背景　　　　　　　　003
第二章　知识建构的学理基础　　　　　　　　　　018
第三章　认知机制：知识建构教学的基本原则　　　041

单元二　教学策略

第四章　知识建构教学的一般流程　　　　　　　　055
第五章　知识建构对话　　　　　　　　　　　　　083
第六章　知识建构中的支架　　　　　　　　　　　096
第七章　建立知识建构圈　　　　　　　　　　　　108
第八章　知识的可视化　　　　　　　　　　　　　121

单元三 技术工具

第九章 知识建构的专业工具——知识论坛(Knowledge Forum)
                                                            139
第十章 知识建构中文版工具——数课论坛   160
第十一章 知识建构教学的辅助工具   170

单元四 实践案例

第十二章 知识建构从"做中学"开始:"养蚕"的例子   223
第十三章 知识建构的轨迹:植物的研究   246
第十四章 社区知识的形成:《三国演义》的阅读教学   289
第十五章 运用替代性工具开展知识建构教学的案例   325

参考文献   335

单元一
理论基础

　　知识建构理论代表着人类学习研究已经从工业时代走向信息时代,反映了社会变迁、教育变革在学校课堂里的颠覆性变化;其哲学本质是教学活动集中于波普尔所说的"世界3"之中,其心理学基础是新建构主义所倡导的"团体认知",其教育学基础是后现代课程与教学的理论与实践。深入理解知识建构教学的12条基本原则,是实施知识建构教学的前提;只有融会贯通这12条基本原则,才能实现理想的知识创新学习。

第一章
知识建构理论产生的背景

知识建构理论(Knowledge Building)的由来,可以追溯到1970年代加拿大多伦多大学的两位教授卡尔·布莱特(Carl Bereiter)和玛琳·斯卡达玛利亚(Marlene Scardamalia),他们夫妻俩是国际上开展建构主义教学理论与实践研究的先驱。尽管当时的社会发展还没有进入到信息时代,但是以皮亚杰、维果斯基等为代表的早期建构主义奠基者的思想,已经在很大程度上影响了一大批研究者;而且,在北美的教育传统中,杜威的"做中学"思想一直影响着基础教育的实践。在这样的背景下,卡尔和玛琳基于波普尔的"世界3"的哲学,提出了知识建构论。其实,他们的最大贡献在于,真正地走入课堂关注到实践,他们数十年的理论结合实际的研究,奠定了作为新建构主义代表的知识建构理论的基础。

一、知识建构理论发展的轨迹

1. 能不能像专家一样学习——意向性学习的提出

很多研究人类学习的科学家,都关注学习过程中专家与新手的差异问题。原因是,科学家想从这个问题的研究中找到人类学习的更高效的途径,进而摸索出有效教学的规律。卡尔和玛琳两位教授的早期研究,也特别关注这个问题,他们的研究是从对写作的研究开始的。

通过比较新手与专家的写作,他们发现:传统的写作教学存在很多不足。大多数作文教学都是采用"知识陈述(knowledge-telling)"的写作策略,也就是让学生把自己知道的东西从记忆中提取出来,加以阐述形成符合"规范"的作文。这种写作教学的优点是效率高,学生在很短的时间里就可以完成一篇文章；缺点是学生比较被动，缺少创造性，学生更多的是进行模仿，容易将作文写成流水账，丧失写作兴趣。但是，他们发现成熟的写作者不是这样来写作的，他们会采用"知识转换(knowledge-transforming)"的写作策略，也就是说他们会有意识地思考写作过程、规划写作内容、反思写作方法。

图1-1　卡尔和玛琳在20世纪80年代提出了
"知识建构"理论并在中小学展开了长达数十年的实践

显然，这很容易理解，新手与专家当然是有很大区别的。问题是，在作文教学中是否可以把成熟的写作者的写作策略作为教学的重点？是否可以通过促进学生进行"知识转换"，就算是没有多少写作经验的学生，也可以更多地参与分析构思、讨论可能的素材、选择不同的写法，进而一起建构出词汇、修辞、立意等这些写作的关键因素？能否有目的地通过"意向性学习"来提高学生的写作能力，进而发展自己的认知结构？再通俗点说，就是通过让学生进行写作的探究活动，激发出他们生成、转换知识的能力，而不是被动接受、简单模仿。

两位教授在对不同领域的新手和专家的对比研究中也发现，专家解决问题明显不同于新手。面对如基础物理或常规医学诊断这类"定义明确的问题"，专家解决起来比新手更加容易，因为过往的经验让他们在解决这类问题时不再需要经过大量的思考。对于一些"开放性问题"（如命题作文或诊断某些复杂机械问题），专家会在问题分析上有意地纳入更多的考虑因素、投入大

量的时间与精力,以更清晰地定义问题、解决问题。专家在解决这两类问题的过程中都不是照本宣科,而是着眼于分析问题、有针对性地提出解决问题的策略、快速抓住问题要害、高效解决问题。

与"经验丰富的非专家"不同,专家解决问题的过程,是一种前进式问题解决;这种前进式问题解决,其实就是创造性地解决问题,其基础就是在专家的学习过程中已经抽象出了"认识论"方法集。而一般的经验丰富者,会循着原有经验,按部就班地运用已有经验解决问题。由此,两位教授提出了"意向性学习"这一概念,指出学生在学习过程中也应像专家一样努力建立对问题的认知,在不断探究的过程中建构出自己的方法论体系;当然,这个过程会伴随有学习活动,但是学习者需要为自己的学习负责。意向性学习的这些观点为后来发展出来的知识建构理论做好了铺垫。

> 意向性学习比我们通常所说的"自主学习(self-regulated learning)"高一个层次,它强调的是一种主动、积极探究的心理状态,要求学生不仅要达到教师提出的学习目标,更重要的是为自己长期的知识学习和技能发展负责。

在传统的讲授式教学活动中,教学过程通常遵循的是教师事先设定好的步骤或活动,而较少鼓励学生根据自己的认知意向去学习。也就是说,学生不能自己决定学习内容、学习方法、学习进程,这一切都在教师的掌握中。当然,在传统课堂里也会有极少数的带有明确认知意向的学生,他们能超越教学活动的常规进行更高层次的认知活动。此外,在传统的课堂模式中,教师是交流活动的中心,学生的作业或作品通常只有教师会看到,而教师只能给每位学生的学习提供少量的反馈,所以即使教师鼓励独立学习、思考和探究,学生对教师的过度依赖仍然会阻碍学生意向性认知的发生。因此,要让意向性学习成为课堂教学的常规组成部分,首先需要为学生的意向性认知提供支持,鼓励学生进行前进式问题解决;其次还要打破传统课堂中的以教师为中心的交流模式,让教师不再成为信息传递的瓶颈,这样,才能为学生之间的深度交互提供条件。

2. 现代信息技术为意向性学习提供了技术基础

针对这些需求,卡尔和玛琳领导的团队于1983年开发出了"计算机支持的意向性学习环境（Computer Supported Intentional Learning Environment，CSILE）"原型，并在一个大规模的大学班级内进行了实验。这是最早开发的计算机支持下的协作学习（CSCL）工具之一，其最早期的版本允许学生阅读和评论他人发表的内容。虽然其功能简单，但却为学生提供了一个公共社区空间；不仅为学生之间的交互创造了条件，而且为开展围绕知识对象进行的社区活动提供了可能。早期 CSILE 对知识发展和社区的重视，为后来"社区知识"概念的引入提供了条件，从而为知识建构理论的出现打下了基础。

在早期 CSILE 的实验案例中发现，学生个人兴趣和意向性学习的有效结合能帮助学生在个人知识掌握方面取得意想不到的学习成果。随着实验的进一步推进，由于对意向性学习和学生间交流协作的强调，一些班级逐渐培养出了一种"知识建构文化"。在这种班级文化中，学生出于归属的需要都会为解决社区内的知识问题努力做出自己的贡献，班级社区和公共知识的理念便逐渐形成。在此研究情形下，知识建构理论已呼之欲出。

3. 走向深层学习的知识建构理论的提出

"知识建构"这一术语于 1988 年在一个由苹果公司资助的研究项目中被正式提出，该项目名称为"知识建构环境的设计"。尽管报告中既未明确定义"知识建构"，也没有明确阐述知识建构与学习之间的区别，但是与知识建构概念相关的一些要素已经出现了。1994 年，一篇由玛琳、卡尔和拉蒙（Lamon）合著的论文，通过讨论个人知识和社区知识的关系把知识建构和学习明确区分开来。大多数学习理论认为知识存在于人的大脑中，学习就是为了促进个人知识或行为的改变；他们也认为知识应该被看作社区的公共财产，独立于有形的物体和人的思维过程，存在于哲学家卡尔·波普尔（Karl Popper）描述的"世界3"之中，知识建构的目的就是发展这种社区公共知识。因此，对于教学而言，学生的知识建构活动应该以"观点（idea）"为中心，而不是任务或活动；班级内的协作活动是为了发展集体的公共知识，而学生个人知识的增长是知识建构的副产品。由此，这一思想把意向性学习和知识建构显著地区分开来——意向性学习是有意识地去提高技能和丰富精神内容，而知识建构是创造和提升对社区有价值的知识。由于观念上的转变，以支持意向性学习为目的的 CSILE 于 1995 年改版成了以发展社区知识为核心的知

识论坛(Knowledge Forum)。

卡尔和玛琳把"知识建构"定义为"对社区有价值的观点的提出和持续改进"。为了帮助人们理解知识建构与其他教学思想的不同,玛琳总结了包括观点、社区和工具等方面的12条知识建构原则,这些原则成了设计知识建构教学法和技术平台的基本准则。

在历经数十年的发展之后,知识建构的理论、教学法和技术手段已自成体系。知识建构理论认为:一般的建构主义教学以完成一系列任务和活动为导向,学生对为什么进行这些活动缺乏理解和掌控,属于"浅层"建构主义;而知识建构理论推崇的是"深层"建构主义,它以发展学习社区内的公共知识为目标,学生是积极的认知者,须共同承担认知责任。知识建构的基本观点被概括为12条基本原则,成为设计教学法和开发技术工具的基础。21世纪以来,知识建构理论与实践的影响,已扩大到包括加拿大、美国、西班牙、新加坡和中国香港等数十个地区,涉及中小学科学、数学、社会、历史等多个学科教学,被应用到基础教育、高等教育、职业教育等多个领域。

二、知识建构理论反映了从工业时代转向信息时代教育的思想变革

知识建构理论的提出,与时代发展是息息相关的。我们要考察影响知识建构产生的社会因素,需要从社会变迁(social change)的视角来看待整个宏观的背景。一方面,社会变迁的规律意味着工业革命之后,伴随着信息时代的到来教育的变革成为一种势不可挡的潮流,社会变迁激发与推动了知识建构理论的产生。另一方面,知识建构理论与实践的形成,则是通过对传统的课堂改革,微观地反映了人类社会政治、经济、文化、教育发展到今天的现实需求。

1. 知识建构是社会变迁的产物

社会变迁是指一切社会现象发生变化的动态过程及其结果。社会变迁

是社会的发展、进步、停滞、倒退等一切现象和过程的总和。在影响社会变迁的诸原因中,社会的物质需要和经济的发展变化是最根本的原因。社会的物质生产力是生产方式内部最活跃、最革命的因素。物质生产力的变化造成生产方式的不断更新,社会生活、政治生活和精神生活也随之发生变化,从而整个社会结构体系也发生变化。社会变迁除了最终取决于社会生产力的发展之外,还取决于自然环境、人口、社会制度、观念、社会心理、文化传播等多方面因素的影响,它是多种因素共同作用的结果。

有关社会变迁的理论很多,对于社会变迁的阶段有着不同的划分方式。比如,从技术层面来分,可以分为石器时代、青铜时代、蒸汽时代、电气时代、信息时代;从生产关系层面来分,可以分为原始社会、奴隶社会、封建社会、资本主义社会、社会主义社会、共产主义社会;从生产力发展层面来分,可以分为农业社会、工业社会、后工业社会(信息社会)等。只有站在信息社会的视野下,才能够真正理解知识建构理论给传统教育乃至整个社会所带来的冲击。

教育是社会的一个子系统,是其有机组成的一个部分,教育子系统的运作是与一定时期的社会各个子系统相辅相成的。一方面,社会各个子系统的变革会对教育子系统提出新的要求;另一方面,教育的变革也会推动其他社会子系统的变化。因此,考察社会变迁也意味着映射出教育的变迁,不同的社会变迁背景会给教育的内容、方法、组织形式等多个方面带来影响。比如,作为专门的教育机构——学校的产生,与早期社会转型中专门从事脑力劳动的人员出现有关;班级授课制及现代分科课程的形成,与工业化大生产对批量化劳动力展示出的需求有关。知识建构理论与实践,则是信息社会发展的必然。

2. 知识建构是新工业革命的产物

给人类社会带来剧变是工业革命的过程,而工业革命同时也是一场教育革命。一般认为,18世纪中叶以来,人类历史上先后发生了三次工业革命。第一次工业革命所开创的"蒸汽时代"(1760—1840年),标志着农耕文明向工业文明的过渡,是人类发展史上的一个伟大奇迹;第二次工业革命进入了"电气时代"(1840—1950年),使得电力、钢铁、铁路、化工、汽车等重工业兴起,石油成为新能源,并促使交通迅速发展,世界各国的交流更为频繁,逐渐

第一章
知识建构理论产生的背景

形成了一个全球化的国际政治、经济体系;两次世界大战之后开始的第三次工业革命,更是开创了"电子信息时代"(1950—至今),全球信息和资源交流变得更为迅速,大多数国家和地区都被卷入到全球化进程之中,世界政治经济格局进一步确立,人类文明的发展程度也达到空前的高度。

前三次工业革命使得人类发展进入了空前繁荣的时代,与此同时,也造成了巨大的能源、资源消耗,以及付出了巨大的环境代价、生态成本,急剧地扩大了人与自然之间的矛盾。进入 21 世纪,人类面临空前的全球能源与资源危机、全球生态与环境危机、全球气候变化危机的多重挑战,由此引发了第四次工业革命——绿色工业革命,一系列生产的发生以自然要素投入为特征,到以绿色要素投入为特征的跃迁,并普及至整个社会。

每一次工业革命在带来社会生产、生活方式改变的同时,也在一定程度上改变着教育。工业革命的发展改变了古代教育的狭隘的教学内容、低效率的组织形式,开始了教育的科学化发展,也逐步奠定了现代学校教育的基本体制,但也由此带来了诸多的教育问题,主要表现在:其一,建立了各级各类学校系统,从基础教育到高等教育、从普通教育到特殊教育、职业教育;与之相伴的是形成了形形色色的招生制度,发展到极致就是形成了以考试为核心的"应试教育"体制,考试成为教育的风向标。其二,形成了"教材中心"的课程体制,现代科学取代古代教育中的前科学时代的人文内容,成为学校教育的核心课程;进而形成了基于泰勒理论的课程体系,发展到极致就是形成了"唯我独尊"的螺旋上升的教材;法定的教材成为教学内容的唯一,教师的教学不能越雷池一步。其三,形成了班级授课制的组织形式,这种"齐步走、一刀切"的工业化大生产模式,以行政班的形式控制着教学活动的时间与空间,发展到极致就是教学活动被计算到分分秒秒,教师与学生成为教与学的机器;学校变成去个性化的"高考加工厂"。

具体到教学层面,主要表现在:教学过程多采取强制的做法,紧紧围绕考试和升学需要,考什么就教什么;教学内容局限于教材的有限的知识教学,随着考试指挥棒的变化大搞题海战术;其结果是加重了学生的课业负担,无法全面培养学生的综合能力。在很大程度上,这种教育都是去个性化的,学生被一个"标尺"统一要求和衡量,不能进行深度学习、发展高级思维能力。因此,现代教育在走向应试教育之后,一直饱受诟病。如何变革课程、教学、评价乃至整个教育体制,成为亟须解决的课题。

3. 知识建构是教育技术革命的产物

一般认为,教育技术的发展经历了四个阶段:从口耳相传到文字印刷,从直观教具到音像媒体,从程序教学机到计算机教学系统。① 在人类历史上,一共发生了五次教育技术革命。约公元前350万年前,口语技术的出现引发了人类历史上的第一次教育技术革命,虽然口语传播的技术含量低,信息量少,传播范围小,但是它交互性强,使用方便,具有人性化。约公元前3 500年,文字的出现引发了第二次教育技术革命,文字交流使传播媒体首先作用于视觉,但它传播的信息量和传播的范围还是有限的。约7世纪,印刷术的发明使得信息可以大量地复制并传播到较远的范围,为班级教学提供了有利条件。20世纪初,第四次教育技术革命发生了,电视技术的出现是教育技术发展迈出的重大一步,它同时将声音、图像的直观形象呈现给学习者,并突破传播距离的"瓶颈"。从20世纪90年代开始,多媒体与网络技术的出现为教育的发展注入了新的活力,使教育的发展产生了质的飞跃,不仅教育信息得以在全球范围内传播,而且最大限度地实现了全球资源共享。我们称之为第五次教育技术革命。其特征主要有四点。

其一,教学环境的虚拟化。传统学校是建立在现实的物理环境上的,而信息技术可以突破实体的时空限制;数字化的虚拟技术可以模拟出实际并不存在但又和现实相近的校园、教室、实验室、图书馆、实习基地等。虚拟的环境不仅可以逼真、仿真,还可以超真。譬如,模拟解剖一只青蛙的教学可能比实际解剖更形象、更精确、更经济,教学效果也更显著。虚拟教学可以给学生带来身临其境的感觉,学习者的各种感官能够被充分调动起来参与到对学习对象的感知、理解与记忆当中去。不仅如此,虚拟教学还可弥补传统的课堂教学刺激单一化、平面化的缺陷,满足不同类型学生的学习需要。

其二,教学内容数字化。学生阅读的书本将不再仅仅是旧有的印刷文本,而可以是网络上的电子化超文本,简单地说就是"死书"变为"活书"。"死书"中的知识与信息是线性结构排列的;而"活书"中知识间的联结是网状的,可以有多种组合方式与检索方式。"死书"是以文字作为知识载体的,"活书"

---

① 参见章伟民,曹揆申.教育技术学[M].北京:人民教育出版社,2000:1-26.

则是文字、图像、声音、三维动画等多媒体的结合。不仅如此,教学内容数字化还促成了教学内容的无损使用、公平分享、逐步累积、资源共享,世界各地的教师可以将他们的教学设计和经验,通过网络与其他教师分享;教学内容数字化还表现在充分利用数字化技术的互联网,因为它就好像一所全球最大的超级图书馆,里面的信息包罗万象,不受地域和时间限制,方便快捷。

其三,管理的网络化。知识建构教学的管理是通过互联网来进行的,具体包括两方面:行政管理和教学管理。前者包括向学生提供有关课程介绍、学习规划、注册选课、开课停课、作业考试、奖助学金申请等;后者包括帮助学生判断自我学习的进展以及帮助教师做好学生的资料登录。教师可以从繁重的体力劳动中解脱出来,而把精力全部投入到辅导学生中去;学生也可避免烦琐的手续,而把时间用在适合自己的学业上。数据挖掘、语义分析等技术的运用,也将进一步提升基于大数据分析的教育管理。

其四,教学的智能化。学生成为学习的中心,学生的学习可以包括多媒体有声有色的报告,有影像、文字、声音、图片、动画。功课可以是网上搜索电子文件、电子书籍。教师可以鼓励学生找某个学科的专题,每个学生都可以设计自己的研究问题,同时收到其他人的回应。部分上课时间可以分为个人电脑时间,分组电脑时间;利用私人电脑,透过国际网络,寻找答案及有关资料,然后向教师报告,由教师决定哪一个问题值得全班注意和讨论。在个人电脑时间,教师有空照顾个人或小组。这样上课的模式,从黑板粉笔年代"一对多"的"播音筒"模式,进入信息时代真正个人化"一对一""一对多"的"网络"模式,可以使学习更加个人化,有利于学生自学。不同发展程度的学生,可以选择不同的方法和速度来学习。

4. 知识建构是培养创新人才的需求的产物

毋庸置疑,在这个变革的时代,培养创新人才成为社会、学校、家庭等多个层面的需求。从政府需求来看,在全球化时代,几乎所有国家都意识到创新人才培养的重要性。我国颁布的《国家中长期教育改革和发展规划纲要(2010—2020年)》指出:"当今世界正处在大发展大变革大调整时期。世界多极化、经济全球化深入发展,科技进步日新月异,人才竞争日趋激烈。我国正处在改革发展的关键阶段,经济建设、政治建设、文化建设、社会建设以及生态文明建设全面推进,工业化、信息化、城镇化、市场化、国际化深入发展,人口、资源、环境压力日益加大,经济发展方式加快转变,都凸显了提高国民素质、培养创新人才的重要性和紧迫性。中国未来发展、中华民族伟大复兴,关键靠人才,基础在教育。"①该纲要将改革创新作为教育发展的强大动力。教育要发展,根本靠改革。要以体制机制改革为重点,鼓励地方和学校大胆探索和试验,加快重要领域和关键环节改革步伐。创新人才培养体制、办学体制、教育管理体制,改革质量评价和考试招生制度,改革教学内容、方法、手段,建设现代学校制度。加快解决经济社会发展对高质量多样化人才需要与教育培养能力不足的矛盾、人民群众期盼良好教育与资源相对短缺的矛盾、增强教育活力与体制机制约束的矛盾,为教育事业持续健康发展提供强大动力。

　　从家庭需求角度看,在经济快速发展之后,以家庭为单元的全社会奔"小康"已经成为现实。人们的生活水平提高了,必然会对教育提出更高的要求。这些需求包括:希望改革教育体制,获得更公平的教育机会;提升学校教育的质量,享受更优质的教育资源;改革招生制度,转变应试教育给学生、家庭带来的痛苦。从学校本身看,改革教与学,把教师与学生都从繁重的负担中解放出来,享受教与学的快乐,这都是教育走向"小康"的表现。也只有在这些需求之下,知识建构理论才能得以实施。

三、知识建构理论体现了美国以21世纪技能为代表的教学新思维

　　进入21世纪以来,美国政界、商界、教育界都在谈论一个共同的话题:每个美国孩子要想成为合格的公民、劳动者或者领导者,都需要21世纪的知识与技能。但是学校所学习的内容和21世纪的生活与工作所需要的知识与技能之间存在很深的鸿沟。要想从容面对21世纪日益艰难的高校课程、职业挑战和全球性劳动力竞争,美国需要重新建构其基础教育体系。由此形成了

---

① 中华人民共和国教育部. 国家中长期教育改革和发展规划纲要(2010—2020年) [EB/OL]. (2010-07-29). http://www.moe.edu.cn/publicfiles/business/htmlfiles/moe/moe_838/201008/93704.html.

第一章
知识建构理论产生的背景

一个全国性 21 世纪技能伙伴组织,①参加的单位包括政府部门,如美国教育部,以及 15 个州政府教育主管部门也已决定把 21 世纪技能引入到整个教育体系中;②商业机构,包括微软、思科、IBM 等数十家大公司给予资金支持及参加该组织的战略委员会;③吸引了包括美国图书馆协会等在内的多家民间组织,北美大部分高校的相关研究人员参与研究工作。

21 世纪技能的主要思想表现在:在总结经验教训的基础上,美国的学校需要整合 3 个"R"(核心课程)和 4 个"C",即批判性思维与问题解决(Critical thinking and problem solving)、交流(Communication)、合作(Collaboration)、创造与创新(Creativity and innovation),以把教室环境与真实世界的环境对齐。如下图所示,美国的 21 世纪技能包含两个部分,一部分是图中"彩虹"部分的学生学习结果方面,另一部分是图中"底座"部分的支持系统。

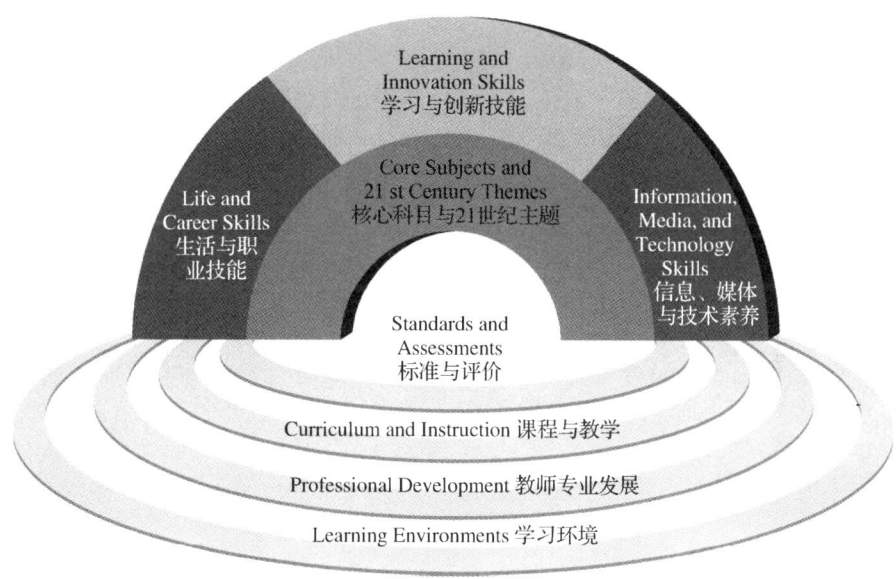

图 1-2 美国的 21 世纪技能

---

① Partnership For 21st Century Learning [EB/OL]. http://www.p21.org/index.php.
② Overview of State Leadership Initiative [EB/OL]. [2011-05-10]. http://www.p21.org/index.php?option=com_content&task=view&id=505&Itemid=189.
③ Strategic Council [EB/OL]. [2011-05-10]. http://www.p21.org/index.php?option=com_content&task=view&id=508&Itemid=192.

知识建构理论与21世纪技能的契合点表现在多个方面,其中最主要地表现在"学习与创新技能"方面。

学习与创新技能更多被当作区分学生是否已为21世纪越来越复杂的生活与工作环境做好准备的认证方式。创造、批判性思维、交流与合作等焦点问题是学生为未来做好准备所必不可少的。

1. 创造与革新

创造性思维

- 运用广泛的观点创新技术(如头脑风暴)。
- 创设新的有价值的观点(包括增量及激进的概念)。
- 详述、提炼、分析和评估自己的观点以推进和增大创造的成果。
- 与他人创造性地工作。
- 开发、应用及有效地向他人传达新观点。
- 对新的、多样的观点持开放、支持的态度;把群体智慧吸收与反馈到工作中。
- 在工作中表现出原创性与独创性,理解真实世界采用新观点的局限。
- 把失败当作机遇去学习;理解创造与革新是一个长期的、由小小的成功与不断的失败所构成的循环过程。

应用创新

- 把创造性思想付诸行动,在革新将要涉及的领域做出实在的有用的贡献。

2. 批判性思维与问题解决

有效地推理

- 根据实际情况运用适当的推理方式(归纳、演绎等)。

运用系统思维

- 在复杂系统中,分析作为整体的各个部分之间是如何相互作用以产生总的结果的。

做出判断与决定

- 有效分析与评估证据、争论、主张、信念。
- 分析和评估主要的可选择的观点。
- 在信息与争论之间进行综合及建立联系。

- 解释信息以及基于分析推断结论。
- 对学习经历与过程给出批判性反馈。

解决问题
- 能用传统和创新的方式解决不同类型的不熟悉的问题。
- 能识别与提出主要问题,以澄清不同观点,导向较好解答。

3. 交流与合作

清晰地交流
- 在多种状态及语境中,有效运用口语、写作及非言语交流技巧,清楚表达思想与观点。
- 能够有效倾听,以辨析含义,包括知识、价值、态度及意图。
- 为一系列目的(如通告、指导、激发和劝说)进行交流。
- 利用多媒体和技术,以及知道如何判断其效力,就像先前评估它们给我们的冲击一样。
- 在多种多样的环境中有效交流(包括多语言环境)。

与他人合作
- 体现出与不同团队有效工作与相互尊重的能力。
- 实践灵活性与主动性,有助于做出必要的比较以实现共同目标。
- 为协作的工作分担共同责任,尊重团队中每个个体所做出的贡献。

对于运用知识建构理论进行教学改革来说,美国21世纪技能中值得借鉴的地方很多,主要表现在以下几个方面:其一是核心课程要少而精。面对日益增多的现代学科,美国21世纪技能并未为之所动,而是仅仅保留传统的几个科目;少而精的核心科目可以保证学生基本知识结构的稳定,综合性内容可以在确保学生学习时间的基础上拓宽学生的知识面。融入核心课程的五个主题是针对当今世界的现实问题的跨学科活动,可以成为我们应对全球化发展及当前中国社会发展问题的参照,其整合式的实施方式也符合不增加学生负担的要求,这些都为持续性实施知识建构的教学留下了时间与空间。其二是突出创新能力培养。对于中国的基础教育课程来说,学习与创新技能似乎是隐性的,是难以教学并且不好评价的内容,而在美国21世纪技能的体系中,学习与创新技能恰恰是非常关键的内容,把这方面的技能定位为知识建构的核心目标"精髓"实不为过。其三是广义的信息、媒介与技术素养概念。其内涵包括了我国信息技术课程的三个方面素养①,但这不需要开设独立课程完成这个目标,而是将其融入核心课程及21世纪主题活动中,运用相关的技术,形成相应的信息、媒介与技术素养;这些内容的融合,不仅可以成为破解中国信息化课程改革中的技术问题解决策略,也是运用信息技术支持下的知识建构学习所必需的。其四是重视生活与职业技能。我国《基础教育课程改革指导纲要》中提出"加强课程内容与学生生活以及现代社会和科技发展的联系"②,但是并未专门阐释为未来生活与职业做准备的内容,在各门课程标准中虽然略有涉及但也是蜻蜓点水;在教学实践中,更由于考试体制问题导致未来生涯规划等问题仍然难以落实。在最新的《国家中长期教育改革和发展规划纲要(2010—2020年)》中,也强调了"学会生活生存,学会做人做事",但这是一个抽象的表达,具体落实仍将面临很多实际问题。美国21世纪技能所提出的生活与职业技能的表述,也存在着抽象、过于理想化等问题,但是对于一线教师来说,其指导性和可操作性则要强很多。此外,美国21世纪技能所提出的多种支持系统,既体现了对学生学习的导向,也提出了教学评价等棘手问题的解决思路。特别是有关教学评价、教师专业发展等内容也是值得我们借鉴的。显然,在实施知识建构教学时,前期的规划与后期的总结都需要明确的目标,21世纪技能在教学目标层面上就是知识建构教学所应该追求的。

当然,要深度理解21世纪技能与知识建构理论之间的关系,需要在教学实践中不断建立关联,这种比较可以从多个层面展开。归纳上述论证,比较不同时代最基本的教与学的差异,通过20世纪与21世纪的教室的对比可以看出,见表1-1。

表1-1　20世纪的教室与21世纪的教室③

20世纪的教室	21世纪的教室
基于时间的	基于结果的
焦点:无关联的事实的记忆	焦点:在详细内容忘掉后,学生还知道什么,能够做什么,学生像什么样子?

---

① 教育部.普通高中技术课程标准[M].北京:人民教育出版社,2003:12-13.
② 教育部.基础教育课程改革纲要[Z].教基[2001]17号.
③ 编译自21世纪技能官网.

（续表）

20世纪的教室	21世纪的教室
课的重点在于布鲁姆目标分类学的低水平部分：知识、理解与应用	学习被设计在布鲁姆目标分类学的高水平部分：综合、分析与评估（当课程从高到低设计时，也包括低水平部分）
教材驱动	研究驱动
被动学习	积极学习
学习者在与外界隔绝的有着几堵墙的教室里活动	学习者与同学及其他来自世界各地的人合作学习——全球教室
教师中心：教师是关注的中心及信息的提供者	学生中心：教师是服务者与教练
学生很少或者没有自由	学生有大量的自由
"纪律问题"——教育者不信任学生，反之亦然；学生没有学习积极性	没有"纪律问题"——学生与教师之间有相互尊重的关系，就像共同学习者；学生的学习积极性被高度激发
片段的课程	整合的及跨学科的课程
年级均衡	根据所学分年级
低期待	高期待——"如果不好就不做"，我们期待并且保证，学生在高水平层次上学习获得成功；许多学生会做得更好——我们要放手让他们这么做
教师是裁决者	自我、同伴及其他的评估；公众、真实的评估
课程、学校是不相干的，对学生是无意义的	课程与学生的兴趣、经验、才智以及真实世界相关联
印刷品是学习与评价的基本载体	绩效、项目和多样化媒介被运用于学习与评价
学生的多样性被忽视	课程与教学针对学生的多样性
素养是3个"R"——读、写、算	21世纪的多元化核心素养——与21世纪全球化的生活与工作相关联
工场模式，基于19世纪工业时代的雇主需求，科学化的管理	全球性模式，基于一种全球化的、高科技社会的需求
被标准化测试的狂热所驱动	标准化测试仍然有其地位，但是基本不再被标准化测试的狂热所驱动，而是趋向过程性评价

第二章
知识建构的学理基础

知识建构理论属于学习科学领域,自然也秉承了其跨学科的性质。从学理上看,哲学、心理学、认知神经科学、计算机、教育学等多个学科,在知识建构的理论构建与实践应用中,都有所体现。深入理解与学习其学理基础,才能科学地开展研究与实践。

一、判断是否属于知识建构活动的根本标准:
是否在世界 3 工作

1. 卡尔·波普尔的三个世界的划分

西方著名科学哲学家卡尔·波普尔(Karl Raimund Popper,1902—1994)于 1972 年出版《客观知识》一书,把人类所在世界划分为三个世界。(见表 2-1)

表 2-1 波普尔的三个世界划分

类 别	名 称	内 涵	分 类	例 子
世界 1	物理世界	客观世界的一切物质客体及其各种现象,包括物理的对象和状态	无机界世界(a)	独立于人而存在宇宙万物、自然现象等
			有机界世界(b)	包括人制造的物品,如生活用品、生产工具、实验器材等

(续表)

类别	名称	内涵	分类	例子
世界2	精神世界	一切古今中外的主观精神活动(对个人来说就是他个人的主观精神活动,包括心理素质、意识形态、主观经验等)	感性世界(c)	
			理性世界(d)	
世界3	知识世界	一切主观精神活动的产物的世界	抽象的精神产物(e)	思维观念、语言、文字、艺术、神话、科学问题、理论猜测和论据等
			具体的精神产物(f)	工具设备、图书、房屋建筑、计算机、飞机和轮船等

三个世界即世界1、世界2和世界3。

世界1即物理世界,是人类所在世界除去精神世界和知识世界后的物质世界,从宇宙到生物体到人体到基本粒子,都属于世界1的范畴。

世界2即精神世界,是人类所在世界除去物理世界和知识世界后的人类精神世界,包括人类心理、思维、思想、经验、情感等。

世界3即知识世界,是人类所在世界除去物理世界和精神世界后的人类知识世界,即离开人脑和人体而存在的物化了的人类精神构成的世界,包括人类精神文明和精神物质文明,譬如语言、音乐、文字、图画、书籍、工具、建筑。

波普尔称由世界1向世界2再向世界3的作用方向为"上向因果关系",而称反向的反馈作用方向为"下向因果关系",可见,三个世界之间存在着相互作用。上向因果关系可表示为a-b-c-d-e-f,下向因果关系可表示为f-e-d-c-b-a;f对a的作用,例如人为造成的环境破坏,a对f的反馈作用,如地震、台风和腐蚀造成的破坏等,所以三个世界是一个可逆的完全循环。

波普尔把世界3定义为人类精神产物的世界,但是波普尔承认,世界3的对象"人们只能说是发现了他们,而不是发明了他们",所以客观规律的存在并非仅靠人的心智所能发明出来的。因此,潜在的客观规律是游离于心智活动之外的存在。

> a、b是纯粹实的,e、d是纯粹虚的,而c和f则是实虚混合的。

2. 学生生活的三个世界

作为成长中的人,学生也有三个世界的学习活动,见表2-2。

表2-2 学生生活的三个世界案例

类别	内容	学习	目标	动机	例1	例2	例3
世界1	关注外部人与事	偶有"学习"发生	对应任务目标	社会性融入	棍子当拐杖用	观光	采摘
世界2	关注考试、个人头脑中的内容,试图学习的是教的所有内容	有目的的学习	对应教学目标	学业性融入	自己设计一个拐杖	旅游计划	植物分类
世界3	关注推进认识、增长知识	学习是有意向的活动带来的副产品	对应知识建构的目标	学术性融入	拐杖的原理	人文地理理论	生长理论(生态农业)

学生的日常生活处于三个世界的不断转换中。换句话说,学生有三个层面的活动,三个层面上活动的内容、目的、方法是有差异的。

学生在世界1的活动是在物理世界中对学生身外的人或事情的关注,其目的在于完成某个外部任务,比如无计划地任意搭建积木;这类活动,偶尔会带来"学习"活动,如认识到某类积木的用途。在世界1的活动中,学生多会在开始阶段很感兴趣,充满新奇感,但是随着玩的次数增多,这种表层的好奇感将很快消失,深度的学习就不可能产生。在世界1的活动中,吸引学生参与的动机因素,更多的是"社会性融入"的需求,与同伴一起玩耍、被同辈群体认同是他们参加这个活动的主要动因。其极端的表现是表面化的活动学习、做中学的曲解等。当前的热词之一"创客",若是停留在世界1的层面上,就极有可能会没有生命力,难以在中小学延续下去,更难以推广。

学生在世界2的活动是自己的主观精神活动,多表现为当前的学校的正式学习活动,学习的内容是教师所教的所有内容;学生进行这些活动主要是记忆、想象与逻辑思维中的推理,以改变自己原有的认知结构。学生世界2

的活动是有目的、有计划、有组织的,其目的是完成教学目标以提高考试成绩;其极端的表现是应试教育,形成"高考加工厂式的学校"、所谓"只要学不死,就往死里学"。学生参加世界 2 活动的动机是"学业性融入",即获得好的考试成绩以在升学与就业等竞争中胜出。在教育信息化进程中形成的很多概念,如电子书包、智能白板、智慧教室等,若停留在世界 2,极有可能成为应试教育的帮凶,而难以成为教育改革的助推器。

学生在世界 3 的活动是针对人造的"概念制品"的活动,多表现为类似科学家探究问题做研究的过程,学生关注不断改进自己的认识、修正概念制品以形成理论的过程。学生进行这些活动的时候,多需要进行不断的反思、讨论、质疑、相互的建构等,而学习活动是"副产品",是伴随研究过程自然形成的。世界 3 的活动也是有意向的,在研究生教育中,导师与研究生进行的课题研究多是世界 3 的活动。学生参加世界 3 的活动的动机是"学术性融入",解决实际问题提出理论与改进自己的认识才是根本的追求。也许已经流行的"大数据""云平台",特别是"智慧教育"这些概念,也在力图往世界 3 的层面探索,也只有在这个层面上才有可能产生深度学习;若非如此的话,多数的智慧教育将会沦为无"智慧"的笑谈。

3. 知识建构是在世界 3 中工作

可以从表 2-2 中的三个例子来分析世界 3 的工作到底有什么不一样。这三个例子可以帮助解释我们日常教学活动的层次。

例 1　棍子。不管有意还是无意地拿到一根棍子,发现棍子可以烧火、可以自卫、可以当作拐杖……这种人与物的互动就是世界 1 的活动;而根据间接的知识,如别人告知、书本知识,乃至自己的想象去设计一个拐杖、对拐杖进行分类、分析不同拐杖的特点等,多是世界 2 的活动;世界 3 的工作则不一样了,学生不仅涉及世界 1 实物的棍子、世界 2 意识层面上的棍子,更主要的是他们会探讨其原理、形成自己的理论,如作为拐杖的棍子的力学、材料学、人体工程学分析……当然,这些理论是基于个体的原有基础上的发展。

例 2　旅游。最浅层的旅游是观光,走马观花式的看风景、"十天十国游"、地下岩洞里根据钟乳石外形编出来的故事等,这种世界 1 的活动多是以休闲放松为主,偶尔会有一点学习,如导游也许能够解释一点地质变化的概念、游客或许会记得其中有限的概念,学校组织学生进行野外郊游、花卉参观、军事游戏等多是这个层面上的。近些年学校里做得比较多的是世界2的活动,比较典型的是"设计旅游方案"。运用已经学过的知识设想"南极洲探险""环印度洋旅游"……学生扮演了不同角色,通过知识分类展示自己的PPT。在旅游这个课题下,进入到世界3的教学还是比较少的,因为进入真正的探究学习有诸多的主观与客观的困难;假如学生提出了问题,如某个地区岩洞形成的原因分析、地球变暖给南极洲动物带来的影响、如何从印度洋环流分析失事的MH370的位置……并持续研究这些问题,提出自己的观点,形成自己的理论,那么,这种世界3的活动会带来作为"副产品"的各种学习活动,如查找资料、设计实验等。

例3 采摘。某个学校组织学生去一个农业科技园采摘,离开学校去郊外是件令学生兴奋的事情,学生们十分喜欢这样的活动,他们在采摘过程中发生了很多故事,回来写出了有趣的花絮作文……这样的活动是处于世界1的活动。一个有心的科学课老师注意到了这个问题,在去科技园之前就布置学生要采集叶子、果实等标本,回到学校后对所有采集来的标本进行分类,并进一步联系到课本里的植物分类,强调要记住这些类型以备考试之用,这是世界2的学习。但是世界3的学习,则需要关注原理了,也许会涉及植物的生长理论、植物分类的依据、植物与环境的关系……

世界3的假设是:科学知识如同生物进化一样,也经受着"选择"和"淘汰"。猜想与反驳(批判或证伪)好比选择与进化,知识正是在猜想与反驳的互动中获得增长。学生是否在世界3工作,是判断是否进行知识建构教学的关键依据。当然,世界3的学习活动,主要是针对人工制品中的概念制品而言的,这些概念制品不包括艺术类的类似作曲等内容。

二、要把知识建构理论放入后现代教育学中加以思考

1. 后现代社会及其思潮

"后现代"这一概念并不是基于历史年代的划分,而是对一种文化形态的

第二章
知识建构的学理基础

描述。这种"后现代"的文化形态并不意味着出现在"现代"之后,而只是意味着对现代性文化形态的一种消解,意味着对现代性的宏大叙述的颠覆。在这里,"后现代"也就必然是作为一种同"现代"的话语性相关的文化形态被理解的,而不限于当代文明的物质、经济结构。

如果说古典性文化崇尚的是理想价值,那么,可以说现代性文化完全崇尚的是世俗生活。当然,现代性文化正是在它崇尚世俗生活的过程中,被片面地作为"工具理性"无限制地开采和征用人类世界(物质世界、精神世界),因而暴露了它难以克服的弊端。正是在这种情况下,后现代性文化才闪亮登场,以各种各样的姿态和方式,甚至不惜以怪异荒诞的方式,对现代性文化进行尖刻讽刺、无情玩弄和激烈批判。后现代主义从其一产生起就被人们嘲笑为不切实际的幻觉,但进入信息时代之后,就能看到原先的幻觉已变为了现实。

后现代包含两层含义,其一是后现代社会状况,其二是后现代主义思潮。前者是后现代的背景,后者是后现代的内核。社会及其文化进入后现代状况是1960年代初露端倪的,利奥塔尔则认为,"这种过渡最晚从50年代末就开始了"①。丹尼尔·贝尔把这种社会状况指称为"后工业社会",阿尔温·托夫勒则称之为"第三次浪潮"。无论什么说法,在已经进入富裕社会的西方国家,社会生活的各个领域已呈现出后现代状况。② 但是,经济发达不代表相应的国家已经形成了后现代文化,比如一些中东石油国家;中国社会发展速度很快,是否表现出后现代特征,当然也会有争议。

后现代状况表现在以下几方面:经济上,逐步抛弃批量化的大工业生产而转向小规模、多样化的商品生产,在消费领域则以满足人类个性化的需求为旨归,在人们的整个经济生活领域体现出灵活性。政治上,逐步消解了集权式统治与管理,决策结构趋于平面化、多极化,科层制管理方式已经无法适应流动多变的社会变迁,在后现代复杂多变的情况下,需要的是组织形式与管理方式的流动性。总之,后现代状况表现出的特点是:快速、浓缩、多元、复

---

① [法]让-弗朗索瓦·利奥塔尔.后现代状态:关于知识的报告[M].车槿山,译.北京:生活·读书·新知三联书店,1997:1.
② 毫无疑问,当今世界,现代性仍占主导地位,后现代状况以后来之势向社会各个领域渗透;后现代主义的兴起并不意味着现代性的真正失败或走向穷途末路,但可以说现代性仍有很大改进的余地;从后现代主义多元化思想来说,现代性至少也是其中的一种;况且,笔者以为,在实体社会中不可能存在纯粹的后现代,更不可能用它全盘取代现代性。

杂和不稳定。当然,后现代状况也只是在一些发达国家表现得比较明显,并且也只是逐步渗透在社会各领域之中,没有也不可能成为社会的主流。给人们带来重大影响的并非后现代状况,而是由此而形成的后现代主义思潮。

后现代主义是发端于西方的后现代社会状况之中的。后现代主义首先意味着对高度发达的现代文明的激烈批判以及对现代性的摒弃,它提倡"非理性主义""去中心""反基础主义""解构主义"……它是一种流浪者的思维,它对近现代的各种世界观念提出了诘难、对各种基于逻各斯中心主义的普遍性的预设叙述统统给以消解。"所有学科的后现代主义者都摒弃常规性的、学院式的话语方式,他们偏爱大胆的、煽动性的讲话方式,喜欢作风、风格和表现中的朝气蓬勃、引人入胜的因素。"① 其次,后现代主义也表现为多种标新立异的生活方式,后现代主义者厌倦了快节奏的"麦当劳化"的都市生活,而向往未受现代文明侵扰的牧歌式的田园生活。

2. 知识建构是一种"建设性"的后现代教育思想

进入21世纪之后,后现代教育研究得到更广泛的认同,知识建构理论其实就是后现代教育的践行者。后现代主义思想家们根据各自不同的立场和理论观点,从不同的角度阐述了他们对教育的理解和看法。总体来看可分为两种:一是破坏性的后现代主义教育学者对"现代性"下的教育理论研究进行全面颠覆;单就所谓的破坏性后现代主义而言,其思想内核中所具有的非机械创造性、多元的思维风格等特征,其实都具有建设性。二是建设性的后现代主义教育学者则认为以往的教育思想尚有合理性,尚未达到"终结"的地步,主张对过去的教育思想观点进行综合,提出一些创造性观点。知识建构理论与技术,在实际操作中就体现了这种以知识的"建设"为导向的教学,在个人、小组、班级社区等多个层面上,学习者建设性地提出观点、发展观点、形成理论、升华理论……

要深入理解后现代教育思想,可以从如下几个方面来看。

其一,关于教育目的。后现代主义者认为,现代教育的目的是培养"完人",其本质是为了培养优势文化的支持者。后现代教育则从不同的角度对

---

① [美]波林·罗斯诺.后现代主义与社会科学[M].张国清,译.上海:上海译文出版社,1998:7.

第二章
知识建构的学理基础

这种"完人"教育提出质疑,并重新考虑了人的主体性。在他们看来,世界的本质是以无序为主导的。只有承认差异,才是与世界和人类的天性相符的。学校教育的目的,不是由宏大的设计(政府的决策或某一种教育观)决定的,"而是通过全校教师的热情参与和考虑到众多的具体因素来决定的。其中,偶然因素也起着重要作用。教育仍可注重学生的各方面发展,但并不强求每个受教育者都得到'全面发展'。教育目标也可以培养'片面发展'的人,即符合学生自己的特质和他生活中的特殊性的人"。具体到知识建构理论,其教育目的与后现代教育目的是吻合的,强调个性,注重从生活中真实的问题展开研究,注重从每个学生的最近发展区出发展开教学活动,其实就是后现代教育目的的体现。

其二,关于课程观。后现代主义课程观,比较有影响和具有代表性的主要有三种:第一是以注重相互依存和维持生态为主题的课程观;第二是以平等、民主等思想为主题的课程观;第三是以混沌学和无限宇宙观为基础的课程观。其中比较有代表性的是多尔的理论,在1993年出版的《后现代主义课程观》中,多尔运用后现代主义的课程观点,针对泰勒原理的弊端,进一步提出了他所设想的"4R"新课程标准——丰富性(Richness)、循环性(Recursion)、关联性(Relation)和严肃性(Rigor)。据此,多尔认为课程目标不应是预先确定的,课程内容不应是绝对客观的和稳定的知识体系,课程实施不应注重灌输和阐释,所有课程参与者都是课程的开发者和创造者,课程是师生共同探索新知识的发展过程。这些主张为课程研究提供了新的视野和广阔的前景。

其三,关于师生关系。后现代主义认为,在科学技术影响下,知识传输的方式发生了很大变化,教师已不是知识的唯一信息源,教师的地位虽然不会由电脑完全取代,但是教师发挥作用的重点和方向已不同于传统的教师了。后现代主义者鼓励教师和学生发展一种平等的对话关系;通过对话,学生的老师和老师的学生之类的概念将不复存在。在对话过程中,教师的身份持续变化,时而作为一个教师,时而成为一个与学生一样聆听教诲的求知者;学生也是如此。师生共同对求知的过程负责。在这样的过程中,师生之间通过沟通达到"和解"(而非一致)。因此,教师充其量是一个"节目主持人",而非"教授"。现代主义者并不认为在后现代时期教师的作用和地位会完全消失,只不过其作用的方式将会发生变化而已。这就像知识建构的对话,教师、学生的对等关系中,需要教师的多种对话方式,以激活学生的深度思维。

3. 知识建构走向后现代

把知识建构划入后现代范畴来讨论,是因为二者之间存在诸多交接点,表现为以下三个方面。

其一,去中心化。在传统学校中,一切活动都是围绕着一定的"中心"来进行的。教学上的书本中心、课堂中心;师生关系上的教师中心或是学生中心;日常管理上的集体中心、权力中心……知识建构教学则呈现出具有后现代特点的去中心趋势。知识建构教学是开放型的,没有一个中央指挥机构,它的网式结构允许任何一个人在任何地点、任何时间加入学习;知识建构教学还打破了传统学校中的身份等级,因为在民主性原则面前人人平等;正如前文所述,知识建构教学给传统学校带来的是一场革命,实际上其核心就是促进了教学由"中心化"向"去中心化"的转变。知识的生产、贮存、分配都是分散进行的且每个参与者都是平等的。可以说,去中心化既是知识建构教学的特征,也是知识建构教学运作的方法论。用后现代的术语来说,就是用"解构""决裂""消解""分散"等方式摧毁传统学校中的形形色色的"中心"。更进一步来说,也是对"世界中心""人类中心""西方中心"等的化解。当然,更主要的是表现出了一种对人的自我中心、主客二元对立的观点的批判,事实上是对人自身的一种解放。

其二,多元化。与传统的一元的"唯我独尊"的教育理念相反,知识建构教学所带来的是一种多元化的观念与方法。用费伊阿本德的话说,就是"什么都行"。具体表现为课程的多元、师生角色的多元、知识的多元、价值的多元、教师评价的多元、教育目标的多元……说到底,多元化是一种新型的思维方式,其核心是抛弃传统的封闭思维,采取全方位的开放性思维。多元化的教育理念一方面体现了对传统学校中的非个性化的批判,指出"那种无头脑,无个性,甚至没有一点理智、气质和情感的'专家''教师'比比皆是。他们像训练家犬一样地训练学生,把他们拖入自己粗劣的知识框架中,利用分数、考试以及学生对于失败的恐惧心理来束缚青年人的头脑。这种教育制度执行一种落后、无知的顺从主义而说它是真理;它导致创造力的衰败而说它是深

邃的洞察；它破坏了年轻人最珍贵的东西——丰富的想象力而说它是教育。这种做法是具有灾难性的，它是对人性的摧残，是对人的全面发展的压制"。① 另一方面，又反映了信息时代对人的个性的张扬，知识建构教学的每一个角色都可以根据自己的爱好选择信息、发表意见、与人交流，可以说网络是目前为止人类技术史上可以达到的最自由、最体现个人特征的交流方式。

其三，不确定性。社会没有一以贯之的确定不变的"共同价值"，"即使是家庭这种神圣的小群体，都不一定要有共同价值"。② 但是，教育历来就是被当作一种具有"确定性"的活动，"在今天的文献中，'教育'往往被写在各种各样的'科学知识'的下面，从教育内容到教育方法，从教育制度、教育结构的安排到各种各样的教育计划，教育依靠着科学已经'证明'或'测试'的知识"。③ 之所以都要披上"科学"的外衣一方面是为了使之合理化、合法化，另一方面是为了获得教育理论与实践中的一致的"共识"。无疑，这种"确定性"在知识建构教学中已无法找到"统一"。网络所提供的五花八门的信息面广量大，变化极快；知识建构教学的参与者形形色色，来去自由……一切都在不确定中流动。这种"不确定性"带来了人们对教育的新认识，教育不再是作为一个复制社会秩序的手段，也不再是作为一个大规模的社会工程的工具。随之而来的是各种界限的消失，即家庭与学校、社区，学校与学校，学科与学科，班级与班级，教师与学生，学习与生活之间界限的消失……知识建构教学给不同层次的异质性的人提供了共同分享教育的机会。这与后现代主义强调"不确定性"有异曲同工之妙。

三、知识建构是杜威的"做中学"思想在信息时代的新生

约翰·杜威(John Dewey，1859—1952)，美国著名哲学家、教育家，实用

---

① 王治河.扑朔迷离的游戏——后现代哲学思潮研究[M].北京：社会科学文献出版社，1998：239.
② [美]C. Wright Mills.社会学的想象[M].张君枚，等译.台北：巨流图书公司，1995：76.
③ 陆有铨.躁动的百年——20世纪的教育历程[M].济南：山东教育出版社，1997：166.

主义哲学的创始人之一,功能心理学的先驱,美国进步主义教育运动的代表。杜威的"做中学"思想提出的背景看起来是反对19世纪流传下来的殖民时期的旧教育,其实是反对19世纪后期从德国传入的赫尔巴特教学方法。或者从根本上说,杜威的教育思想尽管产生于工业时代,但是已经开始反思工业时代教育与教学活动刻板、过于结构化、缺乏生气等弊端。因此,我们研究知识建构理论,总是会发现其中不断地闪现杜威的影子。

从对于人类教育研究的贡献来说,杜威是新教育的拓荒者,他提倡从儿童的天性出发,促进儿童的个性发展。相对于传统教育"课堂中心""教材中心""教师中心"的"旧三中心论",他提出"儿童中心(学生中心)""活动中心""经验中心"的"新三中心论"。对于这种转向的理解,我们不能仅仅停留在"进步主义教育"的层面上,而应该将其放在整个人类教育变革的时间线上来考察。这样说来,杜威的"做中学"思想,其实正是人类走入信息时代,面向未来的教与学的前导思想。所以,我们要深入理解知识建构,就不得不重回杜威时代。从这个意义上说,20世纪六七十年代对进步主义教育的简单批判,就值得反思。在强调深度学习的今天,进步主义教育的"复活",似乎已是理所当然。

1. 教育即"生活""生长"和"经验改造"

杜威认为教育的本质和作用就是促进儿童本能生长的过程。它有三个从低到高的层次。其一是从生理方面来看,儿童"有机体"从未成年到成年是一个不断生长的过程。其二是智慧与能力也是随着生长不断发展的,而这种发展是个人从经验中学习而获得的;当然,儿童虽然具有"从经验中学习的能力",但是成人和教育者对他们进行"辅助"也是必要的;学校教育的任务就在于培养儿童具有"不断生长"的欲望,学校教育价值怎样,要看他能将这件事办到什么程度。其三是儿童的习惯与道德也是在生活与适应环境过程中逐渐形成的,成人和教育者要利用各种条件去促进儿童习惯与品性的形成。最好的学习就是"从生活中学习",学校教育应该利用儿童现有的生活作为其学习的主要内容。应把教育与儿童眼前的生活结合起来,教儿童学会适应眼前的生活环境。

儿童的社会生活是其一切生长的基础。教育上的许多失败就是由于它

忽视了把学校作为社会生活的一种形式这一基本原则,教育丝毫也离不开生活。离开了社会生活,学校就没有了道德的目标,也没有了什么目的。如果关闭在一个孤立的学校里,我们就没有指导原则。最好的教育就是"从生活中学习",因为"一切生活一开始就具有科学的一面、艺术和文化的一面以及相互交往的一面",能够实现人的和谐发展。他认为整个生活的东西就是教育的东西,整个社会的活动都是教育的范围。

从生活、生长与经验学习这个维度看,知识建构理论其实就是杜威理论的践行者。知识建构理论的核心原则的第一条就强调"真实的观点",源自于学生日常生活提出问题、表达观点是知识建构的起点。只有这样才能从学生的实际出发,启动其生理、智力、品德等多方面的发展,否则,传统的"三中心"的教学必然会抑制学生的成长。在知识建构的教学进程中,源自学生生活的问题、观点、理论,是维持学生持续性建构知识的原动力;离开了学生的经验性学习,教学就会变成说教、灌输、填鸭式……不仅如此,知识建构理论敢于突破学校科目的简单分割,也如杜威一样回到儿童本身的社会活动。

2. 转向以儿童为中心的教学

杜威是在反思、批判旧教育的过程中提出"儿童中心主义"思想的,也就是说,是在"破旧"中"立新"的。杜威的几本核心著作,如《学校和社会》(1899)、《儿童与课程》(1902)、《民主主义与教育》(1916)、《明日之学校》(1915)、《经验与教育》(1938)等,详细地阐述了对传统教育的批判及进步主义教育有关转向儿童中心的观点。他认为在传统教育里,"学校的重心在儿童之外,在教师,在教科书以及你所高兴的任何地方,唯独不在儿童自己即时的本能和活动之中",教科书"是过去的学问和智慧的主要代表",而"教师是使学生和教材有效地联系起来的机体,教师是传授知识和技能以及实施行为准则的代言人"。传统教育的弊病是:"传统教学的计划实质上是来自上面的和外部的灌输。它把成人的标准、教材和方法强加给只是正在逐渐成长而趋于成熟的儿童。差距是如此之大,所规定的教材、学习和行动的方法,对于儿童的现有能力来说,都是没有关联的……尽管优秀的教师想运用艺术的技巧来掩饰这种强制性,以减轻那种显然粗暴的性质,它们还是必须灌输给儿童的。"由于传统教育把教育的"重心"放在教师和教科书上面,而不是放在儿童的本能和活动中,于是,儿童只能受到"训练""指导和控制"以及"残暴的专制压制"。显然,我们需要转向儿童中心。"我们教育中将引起的改变是重心的转移,这是一种变革,这是一种革命,这是如同哥白尼把天文学的中心从地球转到太阳一样的革命。这里,儿童变成了太阳,而教育的一切措施则围绕着他们转动;儿童是中心,教育措施便围绕着他们而组织起来。"

知识建构理论不是简单地讨论儿童中心或是教师中心,而是提出了儿童是积极的认知者,他们有权力、有能力在学习活动中做出自己的决策;教师在儿童的学习活动中是领导者、组织者、帮助者,但是教师与儿童是对等的,他们可以有分歧、可以进行讨论、可以相互协作。因此,教学活动自然是需要转向以儿童为中心的探究活动中来。正如杜威所倡导的观点"知识是个体主动探究的结果",知识建构提出学习是探究活动的"副产品"。这种"探究"模式既可以是科学家的科学研究模式,也可以是学校教育中的教学模式和学习模式。共同点在于,两种理论所主张的以"探究"为基础的认识论批判了传统的"二元论"的认识论,突出了探究主体在认识活动中的重要性,为现代教育重新认识知识的作用和学生个体的活动提供了思想基础。

3. 反对百科全书式的记忆学习,突出过程与方法

杜威及其后续研究者提出的教学路径是要按照探究的过程进行教学活动。

- 真实情境。教师为学生提供一个真实的生活情境,它可以是校外出现的情境,也可以是日常生活中使人感兴趣和从事活动的那些作业的情境。总之,情境一定要尽量真实,要贴近生活,尽量模拟社会。
- 发现问题。在情境中促使学生主动提出疑难,并将学生置于欲解决疑难的境地。这是最重要的一个步骤。杜威认为,如果儿童不能主动发现一个他感兴趣的问题,那么其他的步骤就不具有任何意义了。不论是"如何组织班级的自治团体"或"观赏最喜爱的电视节目",只要这个问题能吸引儿童,就会促使他形成探究的欲望。
- 占有资料。教师提供学生要解决问题的必要资料。这里所谓的资料,绝非是解决问题的答案,而是进一步探究的资本,必不可少的资源。如果需要,还可利用直观教学,对问题开展直接的观察。

- 提出假设。儿童发现足以吸引自己的问题,并根据现有资料,提出自己的解决办法和想法,大胆推论、猜想、提出假设性的答案。
- 检验想法。按照确定的方案,验证解决问题的想法,看它是否有效,形成结论。

杜威的这种蕴含探究思想的教学模式,不仅对美国教育产生了深远影响,也为探究教学法的提出奠定了基础。也可以说是为知识建构的教学实践奠定了基础,只是知识建构是在其基础上进一步发展,特别是在理论建构及社区知识的形成上,上升到了一个新的高度。

4. 陶行知在中国已经开启了生活教育理论与实践

陶行知,作为杜威的学生,在其著作中详细分析了工业时代教育的弊端,认为这种教育是吃人的教育。一是教学生自己吃自己。传统教育教学生读死书,死读书;它消灭学生的生活力、创造力;它不教学生动手、用脑。在课堂里,只许听教师讲,不许问;好一点的,在课堂里允许提问了,但不许学生到大社会里、大自然里去活动。从小学到大学,十六年的教育受下来,便等于一个吸了鸦片烟的烟虫,肩不能挑,手不能提,面黄肌瘦,弱不禁风。再加以要经过那些月考、学期考、毕业考、会考、升学考等考试,到了大学毕业出来,足也瘫了,手也瘫了,脑子也用坏了,身体的健康也没有了。大学毕业,就进棺材,这叫作读书死,这就是教学生自己吃自己。二是教学生吃别人。传统教育教人劳心而不劳力,它不教劳力者劳心。传统教育教人升官发财,发谁的财呢?就是发农民、工人的财。因为只有农民、工人才是最大多数的生产者,他们吃农民、工人的血汗。生产品使农民工人不够吃,就叫作吃人的教育。而生活教育与传统教育完全相反。第一,生活教育不教学生自己吃自己。生活教育教学生做人,教人生活。健康是生活的出发点,生活教育第一就是注重健康。生活教育反对杀人的种种考试,教人读活书、活读书、读书活。第二,生活教育也不教学生吃别人。生活教育不教人升官发财。生活教育只教中国的民众起来做主人,做自己的主人,做机器的主人,做"人中人"。

"生活即教育""社会即学校"是陶行知生活教育理论的核心。他传承与发展了杜威的教学思想,结合中国学校的教育实际,提出"教学做合一"的教学方法论,认为教、学、做只是一种生活的三个方面,而不是三个各不相谋的过程;改变了教、学、做的分离状态,克服了书本知识与生活实践脱节、理论与实际分离的弊端,是教学法上的一大改革。而这种思想也恰恰是知识建构的具体运用,知识建构过程中教师的教与学生的学是界限模糊的、融为一体的,甚至教师与学生的角色也是界限模糊的,教师与学生是真正教学相长的,传统的"要给别人一杯水,自己要有一桶水"这样的说法,在知识建构社区中是不合适的。显然,重读陶行知,我们会发现,其实中国近现代的教育先驱已经尝试过有关知识建构的一些早期的做法。遗憾的是,我们只是停留在给陶行知的教育思想唱赞歌的层面,缺少更多的实践。

四、知识建构的心理学基础:
回到维果斯基与皮亚杰

知识建构更强调"深层次"建构,但是对其内在心理机制的认识,需要回到维果斯基与皮亚杰。因为维果斯基的"最近发展区"(Zone of Proximal Development)理论解决了知识建构教学中个体的认知起点问题,而皮亚杰的"发生认识论"(Theory of Cognitive Development),则是奠定了知识建构的认知动力问题。当然,这样解释,并非意味着知识建构理论是"认知主义"的,而恰恰说明了知识建构是"新建构主义"。

1. 最近发展区解释了知识建构教学的起点问题

苏联教育家维果斯基认为学生的发展有两种水平:一种是学生的现有水平,指独立活动时所能达到的解决问题的水平;另一种是学生可能的发展水平,也就是通过教学所获得的潜力。两者之间的差异就是最近发展区。教学应着眼于学生的最近发展区,为学生提供带有难度的内容,调动学生的积极性,发挥其潜能,超越其最近发展区而达到下一发展阶段的水平,然后在此基础上进行下一个发展区的发展。对最近发展区的理解可以从下图看出(如图2-1所示)。

"最近发展区"理论蕴含的重要思想是:儿童的发展主要是通过与成人或

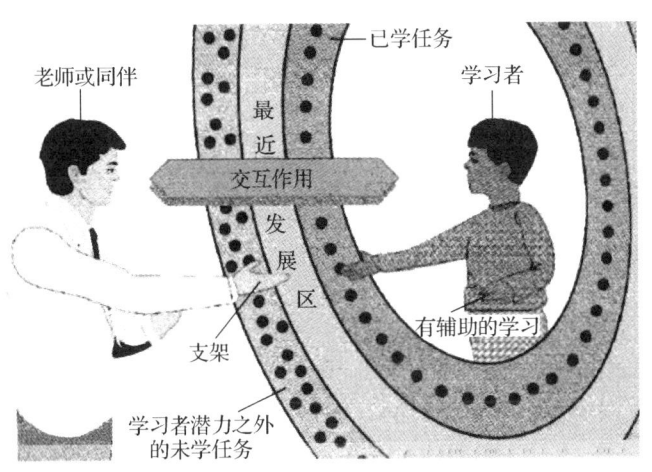

图 2-1 最近发展区示意图

更有经验的同伴的社会交往而获得的。维果斯基说:"如果儿童在最近发展区接受新的学习,其发展会更有成果。在这个区内,如能得到成人帮助,儿童比较容易吸收单靠自己无法吸收的东西。"显然,即便是在传统的讲授法教学中,最近发展区理论也是需要遵循的,教学内容、教学方法的选择若是低于学生的最近发展区,就可能抑制学生的发展;而超越最近发展区,则可能会使学生感到力所不及。理论上说,最近发展区是教学发展的最佳期限。但是,如何测定学生的最近发展区?尽管学生的最近发展区会有一个相对共同的区域,但是事实上每个学生的最近发展区是有差异的,那么如何在教学实践中真正落实下来?

知识建构教学是真正落实了最近发展区理论的,换句话说,最近发展区理论解决了知识建构的学习起点问题。其实,在传统的以讲授法为主的班级授课制中,最近发展区理论是不可能真正落实的。知识建构教学的发起点是源自真实的问题,每个学生个体都需要结合自己感兴趣的问题提出自己的初始"观点"。学生所提出的初始观点是各不相同的,其表述方式、认知深度、理解水平都是学生朴素的起始认识;观点的提出,不是简单地复述某个既有的知识,而是带有"冒险性"的个人表达。因此,每个人的认知起点是有差异的,而这也意味着每个人此后的知识建构路径会在速度、方向等方面存在差异。比如,有关对《三国演义》中人物的研究,不同的学生关注不同的人物,如关羽、吕布、貂蝉等;每个人对不同人物的认识也是有差异的,比如对吕布,有人认为他是所谓的"人中吕布",有人则认为他是忘恩负义的家伙……不同的认知起点是展开阅读、证明自己的观点、形成理论、建立社区有关吕布的知识的关键。基于最近发展区理论,可以使得每个学生找到自己的兴趣点,持续地参与社区知识的建构;反之,低于或是过于超出学生的最近发展区,都可能导致学生难以发起知识建构活动,更难有持续性的理论建构。

2. 发生认识论解释了知识建构中持续发展的动因问题

皮亚杰的发生认识论有四个核心概念。

其一,图式。图式即认知结构。"结构"不是指物质结构,是指心理组织,是动态的机能组织。图式具有对客体信息进行整理、归类、改造和创造的功能,以使主体有效地适应环境。认知结构的建构是通过同化和顺应两种方式进行的。

其二,同化。同化是主体将环境中的信息纳入并整合到已有的认知结构的过程。同化过程是主体过滤、改造外界刺激的过程,通过同化,加强并丰富原有的认知结构。同化使图式得到量的变化。

其三,顺应。顺应是当主体的图式不能适应客体的要求时,就要改变原有图式,或创造新的图式,以适应环境需要的过程。顺应使图式得到质的改变。

同化表明主体改造客体的过程,顺应表明主体得到改造的过程。通过同化和顺应建构新知识,不断形成和发展新的认知结构。

皮亚杰强调主体在认知发展建构过程中的主动性,即认知发展过程是主体自我选择、自我调节的主动建构过程,而平衡是主动建构的动力。

其四,平衡。平衡是主体发展的心理动力,是主体的主动发展趋向。皮亚杰认为,儿童一生下来就是环境的主动探索者,他们通过对客体的操作,积极地建构新知识,通过同化和顺应的相互作用达到符合环境要求的动态平衡状态,主体与环境的平衡是适应的实质。

皮亚杰的认知发展理论摆脱了遗传和环境的争论和纠葛,旗帜鲜明地提出内因和外因相互作用的发展观,即心理发展是主体与客体相互作用的结果。皮亚杰认为一切知识,从功能机制上说,是同化与顺化的统一;从结构机制上分析,则是主体认知结构的内化产生和外化应用的统一。显然,皮亚杰

的理论仍然停留在主客二元的哲学框架里,还没有走到知识建构的世界3的哲学层面。但是,皮亚杰的理论却是心理学从认知主义走向建构主义的基础,所以建构主义理论通常会认为皮亚杰是建构主义的先驱;建构主义学习理论认为"情境""协作""会话"和"意义建构"是学习环境中的四大要素或四大属性,这种认识也是从皮亚杰的理论出发发展出来的。

知识建构理论也很推崇皮亚杰的发生认识论,在激发学生产生认识的动力方面有许多共同点。皮亚杰认为,心理既不是起源于先天的成熟,也不是起源于后天的经验,而是起源于动作,即动作是认识的源泉,是主客体相互作用的中介。最早的动作是与生俱来的无条件反射。儿童一出生就以多种无条件反射反映外界的刺激,发出自己需求的信号,与周围环境相互作用。随之而发展起来的各种活动与心理操作,都在儿童的心理发展中起着主体与环境相互作用的中介作用。知识建构要求教学活动要来自于真实的生活,而在真实的生活中,学生其实就是与自然、社会之间的"动作",在此基础上才有可能提出真实的观点。而在后续的不断修改自己的观点、不断与社区成员一起建立理论的过程中,同化与顺应之间的平衡驱使着认识不断提升;按照皮亚杰的观点,平衡促进了同化与顺应之间的和谐发展,并使得成熟、实际经验和社会环境之间处在协调状态,并且把儿童的认知水平推向更高阶段。当低层次的平衡被冲破以后,就产生了新的探究的需求;知识建构的过程就是在这种不断的改进中,产生各种各样的学习活动。

五、知识建构的社会学基础:在团体认知中实践新教育公平

早期的学习理论研究更多的是关注个体认知的心理机制研究,而缺乏从"社会"的视角看待学习。所以加涅的认知加工理论、奥苏泊尔的有意义学习理论等,都是基于个体学习者内在的认知过程研究进行的;即便是运用建构性视角看待这个问题,也多是把学习理解为个体自我建构的过程。当然,早期的研究也并非不关注社会因素,也会提出社会认知这样的概念,比如维果斯基的社会文化的视角,但是,其基本假设还是较多地停留在个体层面。从

这个意义上说,传统的教育公平问题的形成,或许并不仅仅是政治、经济、文化等因素所造成的,尤其是对于课堂教学这个微观场域来说,教与学中的"不公平"也有其社会学层面的原因。

从社会学的"群"的角度理解人类的学习,既有社会的需求,更有其学理基础。因此,从班级社区的"团体认知"设计与实施知识建构教学,有两个方面的原因:一方面是社会发展对教学活动的需求,因为进入信息时代后,人们需要更多的协作才能解决复杂问题;另一方面是学习过程本身就存在协作活动,学习科学的研究发现不同层面的团体会形成不同于个体学习的结果,团体中的学习能够提升个体学习的效果。

在团体认知研究方面最有代表性的是美国德雷克塞尔(Drexel)大学信息科学学院的盖瑞·斯特尔(Gerry Stahl)教授,他提出了三个层面的分析[①],见表2-3。

表2-3 团体认知研究

分类层面	个 体	小 组	社 区
角色	个人	小组成员	社区成员
知识及其意义	主观性;源自自己的解释;分析对象是心智活动	主体间性;源自分享理解、一起建立意义、达成一致	文化性;形成领域词汇、人工制品、体系、规则与规范
活动	学习活动	建构知识活动	科学活动
认知任务	技能、行为;源自个人问题	话语、小组理论、持续事件;共同问题空间	社区理论、社会实践;问题领域
建构模式	自我建构	相互建构	社会建构
隐性知识	背景知识	共同基础	文化
思想与行动	认知活动	团体认知与互动	实践与社会实践

在这个表格中可以看出,从个体、小组到社区是建构性学习的三种常态。传统班级授课制所饱受诟病的缺乏个性化学习的问题,在年复一年的各种改革中始终难以突破,而从团体认知的理论出发则可以在很大程度上实现个体与全体的学习共赢。知识建构理论则进一步把团体认知落实到实践。知识建构理

---

① Stahl, G. Group Cognition as a Foundation for the New Science of Learning [J]. New science of learning, 2010: 23-44.

论认为，这三者之间存在相互的转换。在知识建构社区中，学校范围内的班级作为一种特殊的社区，其中的知识存在上述的三层转换，即个人知识、小组知识、社区知识间的转换。知识产生于学生个体，在持续探究的过程中与他人形成协作小组，在小组协作中融合各自相异的个人知识，形成成熟的小组知识，进而通过组间交流，使小组知识扩散到整个社区，形成社区知识，最终社区知识反馈给学生个体，形成新的个人知识体系。每种知识成熟之前都存在着不断发展与推进的过程，但是知识的转换并不仅仅局限于这种单一的形式，很多情况下个人知识可以直接升级成为社区知识，甚至学生并未产生个人知识而直接参与小组学习，随着小组知识的获得向社区知识发展等。因此，知识的转换具有灵活性，我们需要谨记的是：社区知识形成是知识建构共同体的最终目标，每个个体的机会均等发展是实现这个目标的具体体现。

六、知识建构的学科定位：学习科学与计算机支持的协作学习

1. 知识建构理论是学习科学领域的重要研究方向之一

学习科学（Learning Science）产生于1970年代后期，源于人们不断反思认知科学，追寻学习的本质而形成。在生物医学工程、脑科学、认知科学、心理学及教育学、知识社会学以及信息技术科学的基础上，学习科学早在1990年代开始逐步系统化、理论化。该领域的发展也逐步走向应用，特别是在如何设计有效的学习环境促进深层学习方面。因此，学习科学的目标聚焦于探索与人类（特别是儿童）学习能力相关的生物学、心理学和社会学机制，在此基础上重新设计课堂和其他学习环境，按照学习的规律创新设计教学过程、运用新的技术支持学习活动、通过有效的教学评价促进学习者更有效地进行深度学习。

尽管学习科学是一种跨学科综合研究领域，但是由于其明确的研究走向、相对独特的研究思路，使得该研究逐步成为一种"显学"，成为国际教育研

究的一门新兴学科。学习科学广泛涉猎了传统的各级各类学校教育,影响课堂教学、校外教育、学习产品设计、学习组织设计、教师教育、职业培训等一系列诸多方面的变革与创新。汇集和整合关于脑的研究和内隐学习、非正式学习、正式学习等已有的学习研究,采用多种现场研究的方法,对不同情境脉络中的学习发生机制进行分析和探索,提出若干关于学习的渐观点,通过创新性项目的实践和基于设计的研究,创设新型学习环境,革新学习实践。

知识建构理论与学习科学几乎在同一个历史时期产生,他们的差异在于学习科学涉及的领域更广泛,而知识建构则是学习科学的主要研究走向之一。作为学习科学的主要理论之一,知识建构理论为学习科学的发展做出了如下贡献:其一是在理论层面上,知识建构理论认为,学习是"社会文化资本传递给下一代的过程",而知识建构则是"有意识促进社会资本增加的过程"。知识建构的机制是引发新知识的持续的创造与提高。即便是年幼的孩子也可以进行知识建构,知识建构伴随着人的终身学习,儿童与成人的知识建构过程是一样的,只是程度与水平有差异。知识建构是学习社区的"产品",是学习社区不断发展的"价值观"(Scardamalia, M., Bereiter, C., 2003)。其二是在实践层面上通过实验研究开始探讨深层次学习,并把研究成果从实验学校推广到不同国家、不同学校、不同学科,知识建构理论与实践已波及包括加拿大、美国、西班牙、新加坡和中国香港等18个国家和地区,涉及中小学科学、数学、社会、历史等多个学科教学,被应用到基础教育、高等教育、职业教育等多个领域。其三是在方法层面上,最早开发出用于深度学习的网络工具是 CSILE/Knowledge Forum ®,该平台可以被用于从小学一年级到大学研究生等不同层次的知识建构型的教学活动,并且得到全世界数十个国家的研究者与教学实践者的认同。

2. 知识建构理论是一种新建构主义理论

建构主义认为,知识不是通过教师传授得到的,而是学习者在一定的情境即社会文化背景下,借助其他人(包括教师和学习伙伴)的帮助,利用必要的学习资料,通过意义建构的方式而获得的。因此,可以说行为主义更多地强调另外的三个中心:学生中心、活动中心、意义中心。建构主义学习理论认为"情境""协作""会话"和"意义建构"是学习环境中的四大要素或四大属性。

"情境"：要创建促进学生对所学内容的意义建构的活动情境，这是建构性学习的基础，所以建构性学习的教学设计不仅要考虑教学目标分析，更要考虑教学的背景环境、问题环境，即设计怎样的环境才能帮助学习者进行意义建构。"协作"：学习者的有意义学习是发生在社会环境中的，学习者之间、学习者与教育者之间更多是相互协作，而不是竞争与淘汰，因此教学活动中要设计多样化的协作方式。"会话"：会话是完成协作的关键环节，学习小组成员之间必须通过会话商讨如何完成规定的学习任务；每个学习者的思维成果（智慧）为整个学习群体所共享，因此会话是达到意义建构的重要手段之一，所以商榷、讨论和辩论是建构性学习常见的会话方式。"意义建构"：这是建构性学习的目标，其指向是帮助学生对当前学习内容所反映的事物的性质、规律以及该事物与其他事物之间的内在联系达到较深刻的理解。因此，建构性学习是一种深度学习。

知识建构理论在延续传统建构主义主要思想的基础上，进一步发展了建构主义思想，从发展的角度看，可以说它是一种新建构主义思想。主要表现在：其一知识建构主义认为学习仍然是一种有目的、有意向的活动，在学习活动过程中引导学习者建构理论、形成体系化的认识是核心，知识创新学习从本质上与科学家做研究是一致的，只不过学习者仍然围绕着课程标准的指引向前发展；但是，这不同于行为主义、认知主义所强调的"科学化"的学习目标，如布鲁姆的教学目标分类学所界定的认知领域、情感领域动作技能领域的三维目标；也不同于激进的建构主义所表现出来的教学无目标思想，如以头脑风暴法为代表的教学走向。其二是知识建构强调在个体知识创新的基础上形成学习社区，促进公共的社区知识形成，这种思想进一步明确了传统建构主义强调的"协作""会话"的发展方向，帮助社区形成不同研究课题之间的内在联系，形成学习社区（如班级）共同的理论体系是对建构性学习的升华。其三是知识建构理论强调基于原则的学习，而不赞同模式化的教学设计，因此教学活动可以是一个创造性的过程，即便是"支架式学习""抛锚式学习""基于项目的学习""基于问题的学习"等都存在对知识建构的限制，只有在教师的不受框架式教学限制的创造性教学的环境下，学习者才能进行自己的创造性学习。

3. 知识建构理论是信息技术支持下的创新学习

计算机支持的协作学习（Computer Supported Collaborative Learning，

简称CSCL),顾名思义,是指利用计算机技术,尤其是多媒体技术和网络技术,建立协作学习的环境,使教师与学生、学生与学生在讨论、协作、交流的基础上进行协作学习的一种学习方式,是传统合作学习的延伸和发展。与一般的教学思想发展一样,早期的运用计算机进行教学活动的CSCL也是受到行为主义的影响的,因此,协作学习的思想并没有得到深刻的体现。1970年代后,随着建构主义被教育界逐步认同,计算机技术与协作学习得以更好地结合起来,彼此间构成了相互促进的互动关系。CSCL这个概念出现在1995年意大利的一个学术会议上(Stahl, G., Koschmann, T., & Suthers, D., 2006),此后国际学习科学学会每年都会举办CSCL的学术会议。随着网络技术的普及、各种移动设备的使用、社会性软件的应用,CSCL成为移动学习、知识建构性学习研究的主要的理论与方法的支柱。

知识建构学习与CSCL一样,强调甚至突出计算机的支持。显然,计算机及其相关技术对知识建构的支持,并非一般的计算机辅助教学(Computer Aided Instruction),而是建立在知识可视化基础上产生新知识的学习过程。有了计算机及其相关技术的支持,知识可以被多媒体技术表达与展示,被数据库技术存储与搜索、被网络技术传播与交流。而社会性软件,如博客、Skype、QQ等也是可以被用于支持知识建构学习的工具。当然,知识建构也可以在"无"技术的条件下进行教学活动,但是技术可以拓展人类进行知识建构活动的时空,推进知识建构活动的效率。在信息时代的知识建构学习活动中,多种信息技术成为知识建构学习活动不可或缺的重要组成部分。

知识建构学习与CSCL一样,强调协作学习。虽然所有的知识建构活动都需要首先有个体的活动,但前提是要在学习社区中进行,因为学习活动不是接受固定的预成的事实,而是在持续的社会性互动之中不断生成意义的过程。运用博客、BBS、Wiki可以进行社区的自由的表达、写作,运用知识论坛、数据库等进行充分的多元化的讨论。个体之间可以采用对话、商讨、争论等形式对问题进行多样化的讨论,小组协作活动中的个体(学生)可以将其在学习过程中探索、发现的信息和学习材料与小组中的其他成员共享,最终与其他小组或全班同学共享,通过建立不同内容之间的关联,形成社区知识。

第三章
认知机制：知识建构教学的基本原则

知识建构的教学设计或许是最"简单"的一种活动，因为该理论恰恰是反对纷繁复杂的教学模式设计的，所以理解了该理论的12条基本原则[①]就是掌握了该理论的"诀窍"。换句话说，要深度理解知识建构理论，就需要吃透其核心精神。从另外一个角度说，知识建构教学设计或许又是最"难"的一种活动，因为其教学过程看起来似乎"无章可循"。其实，可以打个比方来看，一般有模式可循的教学与知识建构理论的差别：有些像武侠小说里所说的练"外功"与"内功"的差别；知识建构理论认为关键是练内功，内功强了，外功在此基础上自然会得到自主发展。当然，内功的修炼需要长期坚持、不断修正。

在进入12条基本原则的学习之前，还需要进一步强调下面几点：其一是知识建构强调以观点为中心，不强调以任务和活动为中心，努力帮助学生将自己和自己的工作看成推进知识边缘拓展这一成就的一部分。其二是知识建构教学是"基于原则"，反对传统的"基于过程"的教学设计；基于过程的教学设计，通常是有基本的操作流程的，而基于原则的教学设计则无固定的模式。其三是知识建构学习理论并不赞同对流程要求不太严格的"基于任务的学习""基于问题的学习""基于项目的学习"等模式，因为这些教学模式也是有很多局限性的，多是随着问题的解决、任务与项目的完成，而丢失持续性。其四是知识建构的发展是关注整个社区而不是单个学习者的观点深化，强调合作学习，学生开放地、公开地互相协商观点。

香港大学教育学院在亚洲地区最早开展知识建构教学研究与实践，他们把知识建构的12条基本原则做成了一个表格（见表3-1），并从中文的阅读习惯上加以概括[②]。

---

① Institute for Knowledge Innovation and Technology [EB/OL]. www.ikit.org.
② Information on Knowledge Building [EB/OL]. http://dple.edu.hku.hk/dple/?page_id=2718.

表 3-1　知识建构的 12 条基本原则

认识从生活中真实的问题出发	真正能引起学生关注的是生活中的真实问题,而不单是课本中的问题。在知识建构的群体当中,学生通过处理真实问题,建立深刻的想法和概念,以达至建构新知
多元化的意念与想法	学生提出多元化的意念和想法,正是知识进升的必要过程。我们要了解一个概念,就必须了解所有与之相关的概念,当中也包括与之相反的概念。一个充满多元化的意念和想法的学习环境,能有效促进概念的进化,达至更新和更高的层次
所有的概念与想法皆可改进	学生的概念和想法皆被视为可改进的。学生需要持续改进他们的想法和概念,以提升这些想法和概念的质素。在这样的学习过程中,学生要经历一些挑战,包括要勇于发表未完善的意见、要面对别人对自己的意见的批判。因此,学习的文化必须让学生感到安全,能自在地表达自己
自觉提升讨论层次,开展更深入的讨论方向	通过愈来愈多元和复杂的讨论,学生持续改进他们的想法及对知识的理解,逐渐能综合知识,创建出新的理论,学习到更广泛的原则和更高层次的概念
自觉参与主导知识建构的过程	学生主动寻找提升知识的方法。他们充分考虑知识建构群体提出的各种意念和观点,并互相协商,寻求适切的结论。他们自主地订立学习目标和计划,主动参与,并做出自我评估
共有的知识,集体对认知负责	学生对群体的共同学习目标做出贡献。个人对群体的贡献会如个人的学习成就一样,得到同等的重视和表扬。作为知识建构群体的成员,学生提供对群体的学习有价值的意见,并共同承担令群体知识进升的责任
创建新知民主化	所有学生,不论成绩能力参差,都能参与知识提升的过程,并因为参与创建新知而骄傲
知识上的共同增长	一个知识建构群体内的各成员或各个不同的群体都拥有各自的专门知识。当他们将自己的知识进行分享和交换,就能得到共同的知识增长
不受时空限制建构新知	知识建构不受特定的情况或科目所局限。无论在校内或校外,知识的建构渗透在日常生活中
以建构新知为目的的讨论	学生参与讨论不单为了分享交流,他们还要改善和革新他们的想法,达至建构新知的目的
有建设性而不盲目地利用权威性文献	学生需要以批判性的角度,关注和理解具有权威性的文献,从中接触一些知识的现状及它们的最新发展

(续表)

将评估嵌入知识建构的过程,以提升和改进群体	目标的评估是促进知识增长的重要元素。评估应包含在每天的学习过程中,用以识别出学习进行期间出现的问题。学习群体自主地设计和参与内部评估。这样的评估比外界的评估更加适切和准确

因为在知识建构过程中每个学习者都是有差异的,他们有着不同的关注点、不同的学习速度。经过多年的理论与实践研究,知识建构研究团队所归纳出来的12条基本原则得到了多层面实验的检验。从一线教师的角度看,教师的教学设计过程是建立在对这12条基本原则融会贯通的基础上的创造性活动,不同的教师、不同的学科、不同的教学阶段都会有差异性的教学设计。要运用好这12条基本原则,可以从以下三个方面理解。

一、关于观点

原则1 真实的观点、现实的问题

要理解这条原则,需要明确如下三点:其一,现实世界中的现实问题是建构知识的出发点。学生所研究的问题应该来源于他们日常生活与学习中所遇到、所看到、所听到、所接触到的真实问题。这些问题可以从生活空间的角度进行设计,包括家庭、学校、社区等,如学校旁边河流里的水污染问题、校园里的植物生长、所在城市的交通问题等;这些问题可以是微观的具体问题,如"树叶为什么会变黄""蚕为什么能够吐丝",也可以是宏观的或者抽象的问题,如"经济体制改革对中国社会发展的影响""丝绸之路"。

其二,观点必须是真实的。每个孩子都可以提出自己的观点,这些观点是发自内心的、可以被外化出来的知识。孩子最初的观点是基于他们的"最近发展区",所以越是年幼的孩子,最初观点越可能是朴素的、简单的,譬如,一年级的孩子对树叶如何获取营养的观点是"树根从土里吸收养分,树干中有类似管道一样的通道会把养分输送到叶子里"。孩子的观点也可能是"非科学的""错误的",如"太阳是宇宙的中心""秦淮河的水被污染了,所以不会长植物"。这些观点的提出是应该得到老师与同学的支持的,因为孩子们提出的是真实的观点。但是所有的观点是应该受到质疑的,需要证据来证明的。

其三,观点是有生命的。每个孩子提出的每个观点,都是新生的生命,是生命就有周期,就有发展。知识建构的学习就是通过不断地提出自己真实的观点、理解他人的观点、批判已有的观点、抛弃错误的观点和综合建立新的观点,来建构和发展社区公共知识。可见,观点在知识建构理论中尤为重要,被当作有生命的东西一样对待,像艺术品一样被反复打磨、批判和组合以不断完善。许多观点会死亡、消失、转化、提升……

原则2 多样化的观点

就如生物多样性对于成功的生态系统非常重要一样,观点多样化在知识建构过程中必不可少,从这个意义上说,知识建构是要在学习社区中建立一种知识生态系统。为什么要建立重要的知识生态系统呢?因为要准确理解一个观点就需要理解和它相关的观点,包括与之对立的观点,比如有人认为"温度降低,树叶会变黄",也有人认为"秋天的干燥导致树叶变黄",这些观点都应该得到尊重。因为,观点多样化为观点演化到新的、更精炼的形式创造了一个丰富的环境,所以孩子们通过实验,会形成综合的新观点"秋天的树叶变黄与气温降低、空气干燥都有关系"。那么,怎样才能建立好这样的生态系统呢?首先,要建立一种文化氛围,即鼓励多种多样的观点的提出,尊重每个人的每一个观点。作为传统的知识权威,教师、家长的角色转换是关键,教师、家长也都只是学习社区的一员,需要耐心地倾听孩子的观点,仔细思考这些观点的合理性,引导孩子的观点进一步发展。其次,要运用好信息化工具。知识论坛支持多样化观点的发展,它提供的可视化的视窗可同时呈现大量观点,还可通过增建、引用等方式建立观点之间的联系,促进观点间的交互。

原则3 持续改进的观点

在知识建构的过程中有"错误"的观点吗?如果学生提出的"观点"是错误的,教师该怎么办?首先,我们要改变一种传统的认识,和以传授"正确"的

知识为目标的课堂不一样,在知识建构中,学生认识问题时产生的误解不再被认为是错误的和必须纠正的,而是被看作可以提高的观点,在社区中得以被分享和讨论。其次,我们要不断给学生传递这样的信息——"你都是安全的"。这种态度是建立开放的班级文化、让学生能安全地提出自己的真实想法的保证,让他们能自由地提出不成熟的观点,提出或接受批评。无论是学生的"幼稚"想法、"错误"的理解,还是课本中的概念,在知识建构中都被视为可以改进的观点,学生需要持续提高它们的质量、条理性和效用。再次,要给学生方法上以及技术上的支持,比如运用知识论坛支持观点的不断修正、改进和提炼,让学生看到自己观点演变的过程,让班级看到社区知识的生长。

原则4 观点的概括和升华

创造性的知识建构需要发展出具有统筹性的观点和原则,这要求学生学会从多样化、复杂和杂乱的观点中概括总结出更高层次的观点。通过对观点的概括和升华(rise-above),知识建构者就能够超越琐碎、简单观点的探讨层次,使知识建构达到更高的层次。对于学习者而言,概括与升华的能力是随着年龄增长、经验积累而不断发展的。一般而言,最初只是把不同的观点罗列到一起,进而用口语、文字、概念图等概括出来,其目标是将初始观点升华为系统的、理论化的认识,也就是对研究对象的深度解释,比如形成了有关"光合作用的过程、原理、机制等的系统认识"。当然,不可忽视技术的帮助,知识论坛为了支持这一过程专门开发了"升华"功能,教师和学生可以收集相互关联的观点,放入一个升华短文中加以概括,提炼出更复杂的观点。

二、关于社区

原则5 学生是积极的认知者

显然,这条原则似乎每个教师都很熟悉,但是在实践中,并不容易做到。

因为和传统课堂中依赖教师建立活动框架不同,知识建构中学生需要自己为问题设定目标、制订长期计划,并处理动机和评估等问题。比如,在计划外出调研水污染之前,在教师组织下,学生需要提出自己的方案,通过小组、班级活动共同商量好调查目的、内容、方法,甚至是需要具体到调查表的设计。在调研过程中还需要不断讨论、修正自己的调研方案,直至最终的评估,都需要学生自己来完成。可见,要让学生成为积极的认知者,学生主体地位的确立是前提,而帮助学生建立自己的"方法论"则是关键。

作为积极的认知者(epistemic agency),学生在提出他们的想法的同时,也要学会与他人就观点进行磋商,处理观点间可能出现的冲突、建立观点之间的联系,持续发展各自的观点。知识论坛为了帮助学生表述自己的观点和建立不同观点间的联系,提供了用于支持高级知识过程的"支架(scaffold)",例如"我的观点是""我需要理解""新证据""一个更好的观点是"等,它们反映了认知过程中的不同思维方式,以及发展观点的不同方向。

原则6 社区知识与协同认知责任

在应试教育课堂,学习者之间更多的是竞争,学习者的责任更多的是在教师督促下对自己的个体认知负责。而在知识建构学习中,需要明确告诉学生的是:每个人对社区知识发展的推进都负有不可推脱的责任。换句话说,和以学生的个人提高为目的的传统教学思想不同,知识建构以社区知识的发展为目标,因此学生对社区知识建构目标的贡献需要同样得到表扬与奖励。

这种责任包括两个方向:一方面,小组成员需要共同承担推进社区知识生长的任务,提出对他人也有价值的观点,也就是说每个学习者都需要了解他人的观点、对他人的观点提出自己的看法、帮助同伴改进观点;另一方面,每个人都需要吸收他人的观点、升华自己的观点、向社区展示自己的理论。因此,知识论坛的作用就很重要,因为这是一个开放的协作空间,是社区知识的容器和发展平台。知识论坛中的社区成员关系通过阅读、增建、引用观点等行为建立起来,这些行为也是协同认知责任的体现。

原则7 "民主化"的知识

这个原则带有班级或者社区"政治学"的意味,意味着从传统的教师"威权"转向"自由",是一个民主化的过程。"民主化"的知识是给知识建构学习中成员及其表达出来的观点以合法的地位。所有社区成员都是社区知识目标的合法贡献者;所有人都以推进社区知识发展为荣。成员或组织间观点的多样性和差异性并不会导致知识和创新的鸿沟,相反,所有成员都具有进行知识创新的权力。

在具体的教学实践中,教师应保证每个学生的观点都得到理解和重视,以让每个学生都能参与到知识建构中来,这是民主化知识的重要前提。并不能因为某个理论是教师提出的,就不能反驳,也不能因为某个观点是"优等生"提出的,就应该得到更多重视;反过来,不能因为某个孩子考试成绩不好就忽视他的观点,更不能因为某个孩子不善言谈就认为他的观点不重要。由于知识论坛对所有社区成员都开放,学生可以自由获取社区知识。同时它还提供了用于评价学生参与和贡献的分析工具,为师生提供实时反馈,鼓励学生参与到共同的知识创新中来。因此,走向民主化的知识是有技术支持的。

原则8 对等的知识发展

知识分散地分布在社区内部及社区之间。传统的知识传授式教学把学生看作知识贫瘠的一方,认为教学任务就是把知识从拥有丰富知识的教师一方传递给学生。但知识建构理论认为最理想的情况应该是两个群体通过共同参与都能获得知识。知识论坛支持社区内与社区间的远程访问和协同共建,这种跨社区的信息流动和再利用是对等知识发展的直接反映。

对等的知识分享与知识发展主要表现在学生与学生之间,这既包括个体与个体之间,也包括个体与小组、小组与小组,乃至不同的学习社区之间。对等的知识发展也包括学生与教师之间,这是真正的教学相长的过程,教师的每次知识建构教学过程也是自身学习的过程,因为学生们研究的内容有很多是教师自己也没有学习过的。对等的知识发展还包括学生与家长及其他参与到知识建构过程中的人,比如外请的专家、家庭社区成员、网上参与者,知识建构是所有参与者共同学习、共同建构知识的过程。

原则9 无处不在的知识建构

知识建构不限于特定的场合或科目,而应遍及学校内外的所有生活之中。因此,知识建构应与学生的生活世界息息相关,而非限定于纯粹的科学世界。课程内容的设置也更鼓励学科之间的相互融通,而非因学科化造成的割裂。知识论坛鼓励把知识建构作为社区活动的核心,而不仅仅是其他教学方式的附加活动。下一代知识论坛的开发将通过整合移动学习和Web 2.0技术,把知识建构带入学生更广泛的生活领域。

从空间的转换看,知识建构可以在班级内外、学校内外,也可以在生活社区,可以是学校设定的课程,也可以是博物馆、森林公园的实地研究。从时间看,知识建构活动也是与生活融为一体的设计,所以会自然地延伸到课堂外、专门的学习活动之外,甚至会延伸到家庭的饭桌上。随着移动学习的发展,无处不在的知识建构更会超越时空,成为孩子学习的重要活动。

三、关于手段

原则10 知识建构对话

教学对话是知识建构的基本途径,这不同于一般的会话,而是朝向建构知识的目标所进行的表达、反问、商量、追问等方式提出问题、假设理论、重新审视、协商和完善自己的观点,共同的目标是推进观点的深化。知识建构中的话语不仅是为了分享知识,更是为了提炼和完善知识。知识建构对话也是用来识别共同的问题和大家理解程度的差距,以及促进理解水平超越个体层面。知识论坛支持多种形式的成员或小组之间的交流和分享。修改、引用和注释等功能可以帮助学生发现共同感兴趣的问题,并通过对话协作达到个人无法企及的认知高度。

最典型的对话是"知识建构圈"。在一个圈里,所有的学生都处于一个平等的位置,没有哪一个学生优先于另一个。教师也将自己置于圈内,成为一个共同学习者(co-learner)。作为这一平等的知识建构社区内的一员,学生不仅要从其他同学的观点和理解中"学习得到"并且要能够对他人的理解做到"贡献付出"。在知识建构圈里,学生们轮流发言并且在等候发言时要有耐心,因此需要大家一起制定交流规则。比如,发言的顺序、如何倾听别人、如何向别人提出问题……

原则 11 权威性资料的建构性使用

虽然知识建构以学生的观点为中心,但随着研究的深入,权威性资料的作用成为知识建构的必要环节。要认识一个领域需要了解该领域的发展前沿和现状,要说服别人就要找出最权威的证据,这就需要对权威性资料进行有效使用。但在使用权威性资料的过程中依然需要保持一种批判的立场,建构性地使用而不是简单复制。在知识论坛里撰写短文、参与讨论的过程,是鼓励学生使用权威性资料及将各种来源的信息作为他们知识建构与观点改进过程中的材料。

权威性资料的来源可以是多元化的,教师可以引导孩子运用家长、专家的观点、各种书籍、图书馆、数据库……可以引导孩子讨论不同类型的资源,文本、图片、视频、音频、动画……如何辨别权威性资料,对不同年龄的孩子可以有不同的要求,随着年龄与经验的增长,可以要求越来越接近科学研究的规范要求。可以通过不同的范例,引导孩子正确引用、注释、科学归纳、解释权威性资料。

原则 12 嵌入活动的形成性评价

教学评价历来是教学活动的难点,知识建构教学中的评价也是如此。知识建构把评价看作知识发展工作的一部分,评价需要被嵌入到日常工作中,用于发现正在进行的知识建构活动中的问题。知识建构的学习过程是丰富多样的,不同的学生会有不同的学习经历,从而产生不同的学习结果。嵌入过程的评价将评价的视野投向学生的整个学习历程,不管学习结果是否在预定的目标范围内,学习过程本身就是有价值的。当然,评价标准不是预设的,而是目标游离和价值多元的。

在日常的知识建构活动中,从评价主体来划分,可以将评价分为学生自评、学生互评和教师点评三类;从评价层次来划分,可以分为教师、学生对小组、班级的评价和教师、小组对个人的评价;从评价方式来划分,可以有轶事记录、课堂观察、成长记录、个别交流、态度调查、辩论演讲、作文比赛、模型制作等,这些材料都可以记录到知识论坛之中。知识论坛为形成性评价提供了多种分析工具,比如社会网络分析、论坛参与度、增建量等,可随时为师生提供需要的反馈信息。

毫无疑问,12条基本原则之间是彼此关联、相互补充的,在教学过程中需要融会贯通地使用。可以通过一个例子来说明:秋天到了,老师提醒学生们观察树叶。由于这一现象是发生在学生身边的现实问题,学生就能够在生活经验的基础上提出自己真实的想法。在几周的自主观察、记录之后,孩子们意识到了包括温度变化、下雨、刮风等因素,都可能导致树叶变黄。在这个专题的第一次"知识建构圈"讨论中,老师让每个学生都发言谈谈自己的观点,并把所有观点记录了下来。在老师引导下,大家共同决定把"为什么树会落叶"作为他们下一步要探讨的问题。接下来的几天里,他们去公园里观察树叶,拍照并记录,发布到知识论坛上。有的学生还主动把收集的树叶进行分类,标上名称和类别,并带回教室和同学分享。老师表扬了这一行为,并告诉学生这样的认知努力对于整个班级更好地了解树叶方面的知识是有贡献的,这样,学生便逐渐培养起了协同的认知责任。在后面的探究中,学生把问题带回家里,和父母讨论,在旅行中也不忘观察和收集树叶并带回班级中讨论,这展现了无处不在的知识建构原则。学生有关树叶的每一个观点,无论正确与否都被看作有价值的。各种观点在班级内被不断进行讨论,并通过学生自己设计的观察和实验不断验证和完善。在老师的帮助下,学生能建立观点之间的联系,并综合起来得出更全面的解释。在进行有关树叶变色的知识建构对话中,即便低年级学生也开始讨论一些高级的观点,引入一些如氧气、叶绿素等他们通过讨论难以理解的概念,这时就需要适时引入权威性资料,帮助他们继续发展自己的观点。同时,为了保证每个学生都能参与到知识对话中来,老师可以借助形成性评价工具分析学生的参与情况和班级内的社会

网络形成情况，及时发现遇到困难的学生。不仅如此，在参与了学生的知识建构后，老师也都认为自己对"树叶为什么会变成不同颜色"这个问题的认识有所提高，体现了对等的知识发展原则。

知识建构的12条基本原则的运用，在最初的情境创设中，似乎会被理解为一种"情境教学"，其实二者之间的差别很大。尽管都存在情境问题，但是知识建构的情境创设是源自实际生活，目的是激发问题、提出观点，学习活动会围绕该情境持续进行；而一般的情境教学多是出于渲染情境、增强学习的乐趣，学习活动结束后，就与该情境关联不大了。

知识建构教学是一种探究性学习，但是也不同于一般的探究性学习，更不是发现学习、活动学习。知识建构的方向是创建个人、小组、班级等不同层面的知识，并且在三种层面知识之间的相互转换中形成社区公共知识，这是一个不断提升理论体系的过程，或是形成"人工制品"的过程。知识建构一般也反对"头脑风暴"式教学，尽管偶尔也会运用该策略，但是并不赞同把这种教学当作知识建构的模式。因为头脑风暴很多时候是"无意向"的"非持续性"活动。

单元二
教学策略

　　知识建构的教学是基于原则的教学,所以是反对固定的教学模式的,但是其教学过程却是存在一般的动态流程的。知识建构的有效教学策略是基于12条基本原则,按照一般的教学流程开展初期的教学活动。随着教学的深入,重点运用好"支教""知识建构对话"策略,逐步深化每个学生的知识建构深度。建立班级社区的"知识建构圈""知识建构墙",构建出班级社区的理论体系。其有效保证是过程性评价策略及知识可视化策略的运用。

第四章
知识建构教学的一般流程

知识建构就是在学生学习知识、参与知识建构讨论、阅读权威性资料、动手做实验、短途旅行和专家交谈等一系列活动中,帮助学生逐步变化,并最终形成社区知识的过程。知识建构理论是基于原则的教学,是反对形成类似程式化的"教学模式"的;但是,这并不意味着知识建构的教学没有一般的流程。研究者在中国的实验学校的实践中也发现,要适应中国的教学体制及中国教师与学生的教学习惯,还是需要有一个可以参照的流程。知识建构教学的一般流程,只是对初做知识建构的新手有一定的参照作用。在知识建构的教学进程中,没有一成不变的东西,即实际应用时,知识建构教学可以很灵活地从一般流程的不同阶段介入。

一、知识建构准备期

1. 思想上的准备

通过讲座、讨论等形式帮助教师了解新的学习与传统学习不一样的地方,理解从工业时代的教学转向智慧教育时代的教学的意义。思想上不抵触知识建构理论,才能理解知识建构教学的核心思想,特别是12条基本原则的具体运用,深度领会为什么要给学生建构一个"安全的"舒适的学习环境,知道知识建构教学将要运用新的工具、与以往不同的教学策略等。教师的思想准备,主要在于做好改变自己原先已经习惯的教学方法的准备。有了这种敢于接受变化、勇于改变自身、有志于进行教学变革的决心,教师才有可能真正做好知识建构的教学。

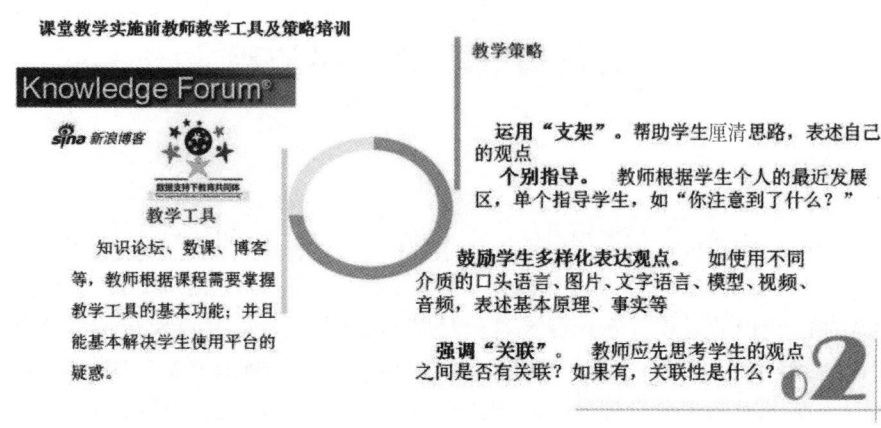

图 4-1 知识建构教学的思想准备

2. 物质上的准备

知识建构教学需要的最多的资源是图书,因为知识建构过程需要引入权威性资料。图书是最主要的权威性资料,包括电子书籍、印刷书籍、电子期刊等多种介质的资料。在中小学教学中,不同年龄的学生的阅读基础差异很大,因此绘本、简写本等不同形式,针对科学、文学、艺术、社会等不同题材的内容的书籍,都是知识建构教学所迫切需要的。进行知识建构教学的学校,一定要建立一个资源丰富的图书馆、电子图书馆。根据知识建构教学内容的需要,也可以考虑建立班级的图书馆、图书角,譬如本学期的研究重点是天文,那么班级图书馆的书架、窗台、角落都可以摆上形形色色的天文方面的书籍;书籍的摆放本身就是激发学生学习动机的重要方式。尽管在不使用现代信息技术的条件下,运用纸笔就可以进行知识建构教学,但是,现代信息技术的运用显然可以更大程度拓宽知识建构的空间。因此,学校可以考虑逐步建立如下的一些技术条件:网络覆盖,实现国家所倡导的"三通二平台";配备数字投影机、多功能讲台等常规设备,适当引入多种学习终端,如笔记本电脑、平板电脑等;以及一些可以选择的教学软件,如知识论坛、数课论坛、毕博平台、博客、微博、魔灯平台等。

图4-2 知识建构课堂可能需要的设备

3. 制度上的准备

班级授课制是工业时代的产物,其假设是同龄学生齐步走,以40—45分钟为限定的上课时间,以教室为限定的空间,进行"预成性"教材的教学。从知识建构教学的实际需要看,这种限定的时空很大程度上会抑制知识建构教学,会使得知识建构教学被割裂,缺少连续性。时空的改变也是改革的一部分。

时间:或许可以改变原有上课时间和课程节数,根据教学内容的需要进行调整,比如两节课连上,每周一、三、五上数学等。

空间:或许可以将室内室外相结合;利用计算机、智能手机、平板电脑等移动设备和网络线上线下相结合。

人数:不超过30人的小班教学,更适合知识建构的教学组织活动;大班教学,则需要和小组合作相结合;小组合作和个人探究相结合,重视每个学生的个性化学习和发展,才能破解大班教学的难题。

当然,时空的调整并非实施知识建构教学的先决条件,在不改变原有教学日程安排的情况下,在常规课堂时空也可以进行知识建构教学。

4. 教学内容上的准备

原有的教学大纲、教材是依据"泰勒的课程理论"设计出来的,简单地说就是"螺旋上升"的课程。教学内容是预设好的,不同年龄的学生循序渐进地学习知识体系。这种设计,其教学方法的假设是以讲授法为基础,来制定每个单元乃至每节课的教学内容的。这种设计,基本上不适合探究性学习,主要的原因是原先的教材所涉及的内容多是"浅尝辄止",因为"螺旋上升"的课程以后还会讲到这个问题,但是,知识建构教学则需要"深度学习",任何深度学习都需要持续性。

国外通行的做法是根据课程标准整合教学内容,而不是简单沿用传统教材。其实,在中国的中小学教学改革中,课程整合也不是什么新概念,在小学里培养全科教师已经在一些地区得到认同。学科的整合,将有利于给学生留下探究空间,节省教学时间,减轻教师与学生的负担。学科的整合可以是跨学科之间的整合,可以是学习单元的整合,也可以是同一学科、跨年级的教学内容的整合。课程整合所遵循的原则是有利于学生的探究主题的展开。

其一,跨单元的"学科内建构"模式。打破学科内知识之间的人为分割,以数学模型作为疆域并形成规则,在其内可以进行探究、分析、想象等诸多复杂的活动。

其二,跨学科的"活动内建构"模式。打破学科之间的界限,在原有学科中发挥综合实践的作用,带动阅读、写作及多学科的融合,例如:建构"科学—技术—社会(STS)""科学—技术—工程—艺术—数学(STEAM)"课程,开展对自然风景、人文、历史等的研究,拓展学生的世界,为他们进行知识创新学习建构出跨越时空的探究空间。

其三,跨年级的"生活内建构"模式。在信息技术支持下,发挥数字化、网络化、智能化和多媒体化的优势,真正实现新课程改革所倡导的自主、探究、合作学习,这是回归日常生活实践新课程的思想的重要体现。

二、知识建构课堂教学过程

知识建构的教学过程是一个持续的多通道的活动,其流程如图4-3所示。

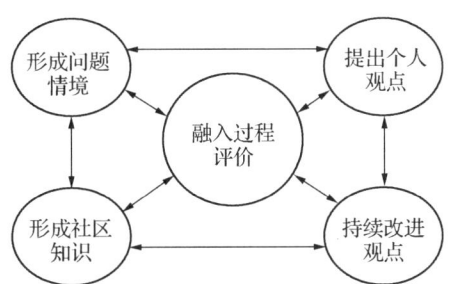

图4-3 知识建构课堂教学流程图

1. 形成问题情境

知识建构教学真正的开始源自于结合学生现实生活的问题情境的形成,只有在问题情境中学生才能找到自己感兴趣的问题,才能引发知识建构的活动,才能找到每个学生的"最近发展区",进而引发深度的建构性活动。

形成问题情境的教学策略有很多,比如:设置联系到学生生活的主题,提供到教室外面去亲身观察自然现象的机会,提供引导性的动手体验等。形成问题情境的目的在于从真实的问题出发,选择具有可扩展性的好主意。这个一方面需要回归课程标准,而非具体教材的教学内容;另一方面需要转向学生提出的自己真正关注的问题,从每个学生的最近发展区开始教学活动。

2. 提出个人观点

知识建构是以观点及其发展为中心的,因此教师需要引导每个学生提出在问题情境中感受到或者认识到的相应的正确或错误、合适或者不合适的各种观点。

教学策略上需要考虑如下几点：
- 运用"支架"。譬如在笔记本上或者知识论坛中写出"我的问题是：" "我的观点是：""我还想知道的是："。
- 个别指导。教师根据学生个人的最近发展区，单个指导学生，如"你注意到了什么？""如果……你认为会发生什么？""什么让你感到惊奇？""你为什么认为会发生这个？"
- 鼓励学生多样化表达观点。如使用不同介质的口头语言、图片、绘画、文字语言、模型、视频、音频，表述基本原理、事实、词汇/定义、细节、联系等。
- 强调"关联"。在学生都提出观点后，教师应先思考好这些观点之间是否有关联？如果有，关联性是什么？

3. 持续改进观点

在技术支持下，观点被可视化表达出来后就有了"生命"，这些观点需要不断生长。

教学策略包括：
- 浏览其他人的观点，知道学习社区中同伴的想法，展开辩论与对比。
- 为自己的观点寻找依据，向同伴解释、解读自己的观点，为自己的观点辩护。
- 加入知识建构圈，在课堂上就展开个体、小组、班级等多个层面的知识建构性讨论，学生可以彼此聆听他人的观点和问题并彼此改进，并及时把观点修改好并记录下来。
- 引发进一步的教学活动，如实验，可以帮助学生修正他们的理论或给他们做下一步实验的启发。
- 逐步引入权威资源，如已筛选过的相关网站、专业图书，邀请相关领域专家做讲座等等。

4. 形成社区知识

从理论上说，知识建构可以一直持续下去，其近期目标是达成课程标准所描述的弹性标准，其远期目标是培养学生成为信息时代的合格公民，具备

美国教育所倡导的21世纪技能。因此,在一个知识建构学习社区中,阶段性的学习以逐步形成"理论"为导向。这些理论应该是具有"复杂性"的,比如学生细致地画出了银河系复杂的星体在太空的位置;这些理论应该是综合化的,比如对光合作用的理解,班级中形成了十多种不同的解释;这些理论应该是走向规律化的,比如对于每天、每年气温变化的认识,在不断观察、实验、讨论中学生自己得出季节变化的规律。当然,这些理论可以是个人化的,班级社区知识的形成也不是教师灌输的,而是社区自然形成的。

5. 知识建构的教学评价

教师评价学生进展是一个贯穿整个学年的连续的过程,收集和使用大量信息为学生的学习提供一个有根据的、综合的描述。一些可靠的评价资料来源的例子包括:学生的问题、探究记录册、文件夹、视觉作品、轶事的观察,特别是以知识论坛为例的教学支持平台中学生的观点量、阅读量、评论数量、发展量等。

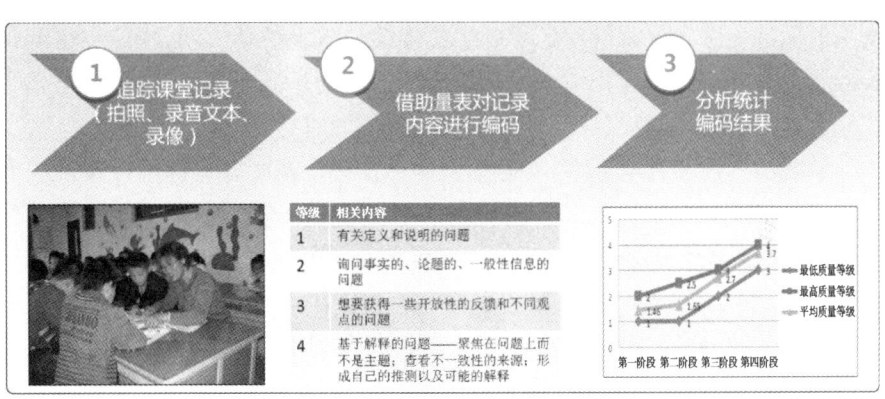

图 4-4 知识建构教学评价示例

三、知识建构理论适合在中国学校应用吗?

在中国大陆实施知识建构理论支持下的教学活动,将面临诸多困难。从微观层面上看,教育者个人的知识陈述式教学与知识建构理论和教学法之间存在思想矛盾。从中观层面上看,课程体制中的分科教学带来的课时问题和班级授课制所形成的人数规模问题都是实施知识建构式教学的障碍。从宏观层面上看,集权式的课程标准制定与教材选定体制,以及应试教育造成的以知识掌握为导向的教育目标,都给知识建构在中国的应用带来了极大的困难。要想解决这些问题,培养更好的以知识创造为核心的教学,可以考虑以下几方面的改革措施。

1. 以课程标准为中心,把一些分科课程整合为综合课程

综合课程的说法可以追溯到20世纪初德国的"合科教学",以及其后在美国出现的"广域课程"和"核心课程"等概念,主要针对的就是:学科课程只注重传授知识,而忽视实际问题的解决;只重视学科体系,却脱离学生实际生活等问题。到二战前,综合课程理论已在多数欧美国家付诸实践,并且延续至今。从知识建构的理论与方法的角度看,在中小学实施综合课程是学科制度上的保证。综合课程既保证了师生更连续的教学活动时间,也给以探究现实问题为核心的知识建构活动留下了广阔的空间。换句话说,在中小学不实施综合课程的话,就难以有实施知识建构教学的时空。

从我国当前实际状况看,实施综合课程是符合基础教育课程改革提出的课程"综合性"这一目标的。要改变课程结构过于强调学科本位而造成的门类过多和缺乏整合的现状,小学阶段应以综合课程为主,初中阶段设分科与综合课程。与欧美国家的课程体系相比,我国中小学课程综合度还明显不够。事实上的分科教学极大地压缩了学生的学习时间,增加了教师和学生乃至家长的负担,其结果也是背离课程改革的基本精神的。

如何进行综合?在现行课程体制下可采取的切实可行的办法,其一是进行"课程整合"。譬如小学阶段,可以把科学、信息技术、品德与(生活)社会等学科合并起来,合称为"科学·技术·社会(STS)"。在未来的二次课改中,甚至可以考虑放弃原来的分科课程标准,建立综合课程的标准。当然,分科的课程标准并非根本问题,教学实施中的综合才是关键。在加拿大的一些学校,教师就有权力基于分科的课程标准而进行综合的课程设计与教学。其二是放弃各分科教材,原有教材只作为参考书使用,教学活动回归课程标准,根

第四章
知识建构教学的一般流程

据知识建构理论重新组织教学内容。把教学内容的选择权放给学校、教师。其三是原来的分科教师合并办公,根据教学主题各有侧重承担教学任务。其四是原来各个学科的教学时间统筹使用,给学生充分的时间进行知识的建构与创新。

当然,只要时间允许,单学科的教学也是可以进行知识建构的教学的,其实施过程与整合课程的教学在方法上没有什么区别;只要需要,从幼儿园到成人教育,也都是可以采取知识建构教学的,尽管存在年龄差异,会影响到具体的话语方式,但教学的基本规律是一致的。

2. 缩小班级规模,让每个孩子都参与知识建构

实施知识建构教学的另外一个难点是学生人数问题。由于人口基数大、教育资源分配不均匀等,我国中小学班级规模过大的问题一直比较严重。从学生个体看,学生需要相应的活动空间,身在其中可以自由运用计算机网络、图书、大众传媒乃至访谈他人(如专家、家长、老师、同学)等多种活动方式。从小组及至班级社区的知识建构看,学生个体之间的互动、小组之间的交流,教师与学生个体或群体的交流都会由于学生人数多而受到限制。学生互动机会的增多不仅具有认知层面的意义,还具有情感发展、个性形成等多方面的教育意义,而在知识建构中保障足够的交互机会是实现知识建构原则的前提。因此,缩小班级规模是进行知识建构教学的必要条件。

从实施知识建构的需要看,我们需要根据我国当前的班级教学实际情况,在不断增加教育投入、均衡教育资源分配等政策基础上逐步改革。一方面,可以区域性地推进班级规模的缩小,如经济发达地区,大城市可以先行一步,其他地区逐步跟进。从知识建构教学的需要看,班级的最大规模不要超过30人。另一方面,在班级规模一时难以缩小的情况下,尝试增加知识建构教学中教师人数,教师进行分组教学,如科学、技术、社会三门学科教师协同教学,把班级分成若干小组进行活动。当然,活动场所也可以超出教室,活动内容可以不必同步。

3. 改革教学评价方式,从只强调知识到注重21世纪技能

教学评价问题历来是世界性的老大难问题,在中国的应试教育体制中表

知识建构：
新教育公平视野下教与学的变革

现得尤为突出。在知识建构教学的实施过程中,不解决这个问题也将寸步难行。传统教学评价与导向知识建构的教学评价相比,其矛盾主要体现在两个方面:其一是评价内容的差异,前者是对知识掌握的评价,后者强调知识建构与创新;其二是评价方法的差异,前者过分强调外部的、总结性评价,后者更重视内部的、过程性评价,强调评价对教学的改进作用。

解决教学评价问题需要政府的教育政策的改变、教育行政部门的实施方法的改变,以及学校及教师教学评价的思想与方法的切实转型。因此,从教育科学的角度看,我们也只能更多提倡导向知识建构的形成性评价方法。由于知识建构是一个持续的观点改进过程,对学生的评价可以不依赖单元测验,而应侧重对学生在知识建构过程中表现的阶段性考察。要想做到这一点,具体方法有很多,比如电子档案袋(E-Portfolio)。电子档案袋评价在中国的应用存在以下问题:其一,重视评价的结果性,过程性发展缺失;其二,侧重单维度(单学科或纯评价)的发展,全面发展缺失;其三,局限于阶段性,终身学习的思想缺失;其四,偏重管理性,个体发展性缺失;其五,评价效果形式化,评价的有效性缺失;其六,电子档案袋档案设计的个性化缺失。

首先,从知识建构的角度看,电子档案袋可以反映个体、学习共同体、学习社区知识建构过程。因此,嵌入在知识论坛中的电子档案记录了知识建构的过程,引导着知识的创新方向。其次,从知识管理的角度考虑,电子档案袋在大量内容的组织上也有利于隐性知识的显性化处理,给建构出来的知识合理化的表达。从这个意义上说,电子档案袋与知识建构理论的核心关注点是一致的,它们在共同改变着我们原来的教学与学习方式。其实质就是促进学生不断推进的深层次学习,不断提升学生的有用知识,促进知识空间的拓展。当然,以电子档案袋为代表的导向知识建构的教学评价的应用,一直将面临教育者主观与客观、教育系统内部与外部的诸多阻力。但是,与知识建构所强调的不断推进理念一致,教学评价的改革也需要在克服困难中不断推进。

知识建构是在知识社会的大背景下,从多年的专家知识的研究中发展出的理论,它不仅作为一种教学理论得到广泛应用和接受,更描绘了知识时代人们平等参与知识创造的社会愿景。在教育领域,为了适应知识社会的创新需要,知识建构理论试图从根本上重塑教学,让教学成为知识创新过程,让学生在学校不仅要学习知识创造的基本技能,而且要把他们自己的工作当作全

社会知识创造活动的一部分,以帮助他们适应知识创新文化。因此,进入学校不是为未来的知识创造工作做准备而学习,而是直接从事知识创造。学习成了知识建构的副产品,而不是从事知识建构的前提。

知识建构把它自己看作建构主义理论的一员。但与一些以任务或活动为中心、以个人的知识发展为目标的"浅层建构主义"理论不同,它以学生的观点为中心、以社区的公共知识的不断发展为目的,并要求学生成为积极的认知者,与他人协同承担社区的认知责任。12条知识建构基本原则是区分知识建构课堂与其他课堂的基本依据,它从观点、社区和手段等方面描述了知识建构课堂的特征。与广为接受的"基于过程"的教学法不同,知识建构教学法以这些原则为基础,并无唯一、权威的教学设计模式,鼓励教师在准确理解原则的基础上探索适合自己的教学方法。这些知识建构原则也是知识建构支撑环境(即知识论坛)设计的基础。知识论坛在未来的发展中将通过引入开源软件框架、语义分析技术、信息可视化技术等手段,将会更好地支持知识建构原则的实现。

在中国实践知识建构需要面对包括课程问题、班级规模问题和教学评价等关键问题。要真正运用好该理论,实现知识创新式的教学,我们还需要在课程思想与方法、教学形式与组织、形成性评价及其实施等方面大胆创新,通过反复的设计实验找到各方面的契合之处。

四、如何整合课程——以小学STS课程为例

小学科学新课程继承并发扬了历次教育改革的成功经验,使科学教育朝着大众化、生活化、动态化、人性化迈进了一大步。但小学科学教育中长期存在的小螺旋式教材编排,易造成知识的割裂与遗忘,以及课程内容宽泛,探究活动的开展缺少时间、空间等问题。20世纪六七十年代以来,教育领域兴起的以揭示科学(Science)、技术(Technology)和社会(Society)的相互关系为宗旨的STS教育,以其教育目标的多元性、课程内容的综合性、教学方式的探究性等特征反映了科学教育的新构想。

STS教育的核心和关键是构建STS课程。综观国内外,STS课程内容

的构建并没有统一的模式,而是多种模式共生并存。我们可以从学科关系和学科内容两个维度考虑:其一,从学科关系维度来看,小学 STS 课程涵盖了科学、信息技术、品德与社会多个学科的知识,构建时既可以单门学科为中心,渗透 STS 精神,拓展、延伸其他学科内容,也可以是高度综合的 STS 课程,打破各个学科之间的界限。其二,从学科内容维度分析,每一门课程既会涉及学科的基本概念、原理等静态的、良构的知识,同时也有联系到生活、社会问题的动态的、劣构的探究性知识。从这两个维度出发可归纳出三种整合模式:学科融入模式、局部整合模式、全盘融合模式。

1. 学科融入模式

学科融入模式是指以当前小学"科学""信息技术""品德与社会"三门课程中的某一课程内容结构为主体框架,从该课程的基本概念、原理或观点出发设计主题,自上而下为学生建立知识脚手架,帮助学生进行知识建构,使学生在知识建构的过程中学习、拓展、应用其他两门学科的内容,加强科学、技术、社会三者间的联系。学科融入模式将其他学科的知识渗透于某一学科,体现了各学科领域学习的关联性,但这种联系只是集中在各学科或单元内部,在整体框架上并没有体现出明显的综合。

国外不少 STS 课程教材构建就采用这种学科融入模式,如荷兰的 PLON(Dutch Physics Curriculum Development Project)物理课程。其高年级课程内容的构建采用学科融入模式,每一个单元都结合相应的 STS 专题。例如,在"交通和安全"这一单元中,设计"燃料的守恒、交通安全装置";在"物质"单元则设计了"基础研究的社会和科学背景";在"电离放射"单元设计了"各种应用的风险和安全";在"卫星"这一单元中配合了"卫星的现代应用、通信和地球、天文观察"专题。PLON 课程不仅使学生了解到更多与生活相关的科学技术知识,更重要的是学生在概念学习过程中逐步形成自己的观点,并在决策过程中知道如何权衡自己的观点。

我国小学"科学"课程中关于"水"的知识被涵盖在物质科学、生命科学、地球科学三大领域中,成为学生需要掌握的重要内容。另外,水是自然界中最常见的液体,水也是学生最熟悉的物质,它的特性多样而奇特,如:水能喝、水抓不住、什么物品放在水里会沉……这些粗浅的认识,正是学生在小学阶段学习"身边的水"这一主题的基础。基于以上考虑,同时为了使学生达到基础教育要求,我们抛开教材,从课程内容标准出发,重新梳理小学"科学""品德与社会"课程中有关水的内容,并将其整合为四个主题:水的三态变化、水资源的分布、水与我们、水污染。在这四个主题中,既有水的基本性质、水的三态变化、水在自然界的循环等"科学"课程中的知识,又涉及水资源的利用、水的灾害、水污染等"品德与社会"中的相关内容。同时,为了使学生更加注重科学与技术、社会的联系,还可适当引入一些必要的信息技术技能,包括:使用网络查找地球上水资源的分布、利用 Word 绘制宣传海报等。最终,我们拟定如下图所示的主题单元——"身边的水"。(如图 4-5)

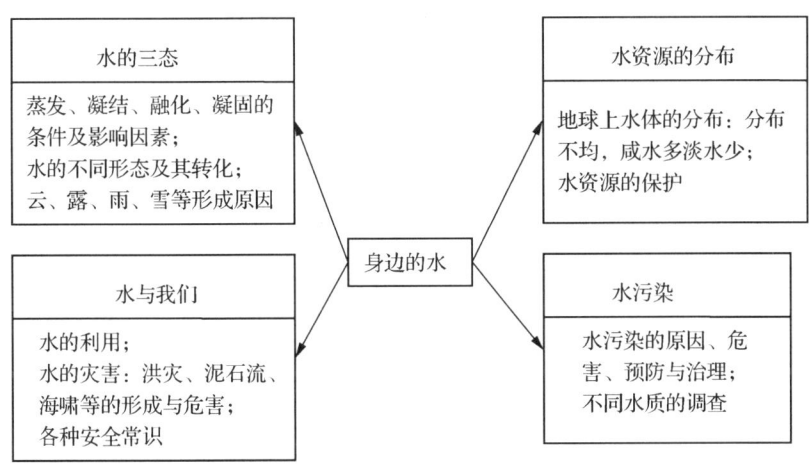

图 4-5 "身边的水"的整合

学科融入模式的优势主要体现在以下几方面:其一,构建方式简单、灵活。课程构建主要依据学科课程标准及学生认知发展水平来设计主题,如三、四年级安排"身边的水""学习用品""种蚕豆"等一些具体的、与学生生活贴近的主题,五、六年级则可设计"简单机械装置""设计桥梁"等相对抽象的主题。其二,以主题的形式组织课程内容,将各学科的相关知识联系在一起,能够有效强化现有课程的整体性及凝聚性,因而易被学校和教师接受,成为现有课程内容的一部分。其三,在不影响原有小学"科学"课程内容体系的前提下,不仅使理论知识的学习获得了较好的感性支撑,而且使学习内容面向社会生产和学生实际生活,有助于学生将课本上学到的理论知识与相应的技术结合起来,去处理一些社会问题和与自身生活密切相关的问题。其缺点在于:一是没有从根本上摆脱知识至上的传统观念的影响,仍以科学知识的获取为主要目的,而技术、社会等相关知识只作为辅助性的内容被引入;二是主题中涉及的一些问题一般具有固定或唯一的答案,学生通过查阅文献或已掌握的科学知识就能获得,缺乏深入讨论。以上这些不足都导致了学科融入模式所构建的课程不能从根本上全面、深刻地体现科学、技术和社会之间的相互关系,无法触及更深层次的社会、生活问题,不能很好地诠释STS教育理念。

2. 局部整合模式

局部整合模式又称部分整合模式,即在设计学习主题时尽可能多地整合学科内容,不能被整合的内容则设置为单学科性质的主题。在设计某一主题的时候,既可以是某一门学科的知识,也可能是多门学科知识的整合,各个主题并不是严格根据学科逻辑进行组织的。通常的做法是将多门课程中容易重复的综合性专题单独提取出来,形成一系列的综合性主题单元,这些主题所涉及的知识在其他单元不必再涉及。

希克曼(Hickman)等人曾提出三种将STS纳入学科课程的策略,分别是:将STS融入现存的课程中;延伸现有的课程单元;创立一个全新的课程。其中,"延伸现有的课程单元"策略就体现了局部整合的思想,即通过收集、修正或创造一些内容相关性较强的单元模块,并将其并入现有的课程中,以供教学使用,而不能纳入的内容则可按照原有的课程内容进行教学。国内有些STS课程的构建就采取了局部整合模式,如在上海,初中"社会"课程以社会学的框架、观点和视角选取并阐述原历史、地理两门课程的基本内容,在科目整体结构上仍然保留原历史、地理学科的板块组合,但对原先两门学科体系进行了实质性的改革和取舍。其课程内容按当代社会、中国地理、中国历史、世界地理、世界历史、当代国际知识的线索依次展开:第一部分为"我们的社会",描述社会概貌和分解社会的有机构成;第二部分为"祖国概况",由中国地理、中国古代史、中国古代社会的方方面面、中国近现代史组成;第三部分为"世界概况",由世界地理、前资本主义的人类文明史、世界近现代史和当代国际知识组成。

若采用局部整合模式整合小学"科学""品德与社会""信息技术"三门课

程,我们可以通过参考相关的课程内容标准,选取这三门课程中相互联系并可能重复的内容设计综合性的主题单元。如小学"品德与社会"课程标准中"我的家庭生活"中的部分内容与"科学"课程标准中"生命科学领域"中的"个体的维持""生命的延续"存在内在关联,因此可设计一个综合性的主题——"人生之旅"(见表4-1)。该主题分为三部分:第一部分为"出生前的变化",涉及父母长辈的养育之恩、家庭成员间的亲情、电子邮件的使用、细胞是生命体的组成单位等内容;第二部分为"出生时的情况",涉及出生时身高、体重的统计、电子表格的使用;第三部分为"出生后的成长",包括自身的特点、健康文明的生活方式、人体的各大系统和主要器官的作用、遗传与变异等知识。而对于"我的家庭生活"中未涉及的内容,如"邻里和睦相处""家庭经济来源"等则可以设置一些单学科性质的主题。

表4-1 "人生之旅"的整合实例

品德与社会(我的家庭生活)	科学(生命科学领域)	信息技术
1. 了解自己的特点,发挥自己的优势 2. 体会健康文明的生活方式对于家庭幸福和个人身心健康的影响,养成良好的生活习惯 3. 知道自己的成长离不开家庭,感受父母长辈的养育之恩,体会家庭成员间的亲情 4. 关心家庭生活,愿意分担家务,有一定的家庭责任感 5. 知道家庭成员之间应该相互沟通、平等相待,能正确处理自己与家庭成员之间的矛盾	1. 知道细胞是生命体的基本组成单位 2. 了解器官的功能作用,了解人的运动系统、呼吸系统和消化系统中主要器官的名称和作用 3. 认识人体的感觉器官,了解人体感官对各种环境刺激的反应方式和作用 4. 了解人类的进化过程和人脑的各种功能 5. 了解人不同发展阶段某些可观察到的特点 6. 比较和描述动物后代和原来动物的异同	电子邮件 电子表格

与学科融入模式相比,局部整合模式的综合程度更进了一步,它将各学科可能重复的、相关性较强的内容构成综合性的主题,这样既可以有效避免相同的内容在各分科课程中的重复,又可以加强科学、社会、技术之间的关系。同时,不能进行整合的内容,则通过设置一些单学科性的单元让学生完成剩余知识的学习。局部整合模式所带来的综合主题学习和单科学习相结合的形式能够使学生全面地完成课标和教材所要求的学习任务,有效避免了知识点的遗漏。这种整合不单是为了提高学生学习的兴趣,而且是让学生能

够在广阔的社会背景下理解科学和技术问题。但是局部整合模式也存在一些不足:首先,局部整合模式对教材编写者的知识面、兴趣广度、综合能力、社会生活的了解度等方面要求较高;其次,由于单科教学的影响,教师综合化教学的能力也需要经过培训才能胜任;最后,在实施过程中,某些学科单元自身的逻辑关系可能会被打断,造成知识的断裂,减弱知识的系统性。

3. 全盘融合模式

全盘融合模式是综合程度最高的一种设计模式,即不考虑原"科学""信息技术""品德与社会"三门课程的体系结构,以生活中的现象或社会问题构建STS课程内容,建立全新的课程体系。这种整合模式将原有学科课程的逻辑体系和概念框架彻底打破,在整体框架上已经看不到各个学科板块的存在,也看不出各个单元的学科划分。科学知识不再被系统讲授,而是服务于解决社会问题和技术应用问题。全盘融合模式包括以生活中重要的现象为中心的设计、以重大社会问题为中心的设计、以具体的探究活动为中心的设计等主题形式。

在选择什么主题构建STS课程的问题上,各国的学者相继提出了自己的看法。美国学者贝彼(Bybee)和马乌(Mau)于1986年提出了12项全球性与STS相关议题:世界饥饿与食物资源、人口增长、空气质量和大气、水资源、战争技术、人类健康与疾病、能源短缺、土地使用、有毒物质、核反应堆、植物和动物灭绝、矿物资源。麦瑞费尔德(Merryfield)则将STS主题归为七大类:环境问题;健康与人口问题;经济问题;交通与传送问题;食物与饥饿问题;能源问题;军事问题。在全盘融合模式中比较常见的是以问题为中心的设计,如英国为中学六年级学生开发的STS课程——"社会环境中的科学"。该课程涉及历史学、社会学、经济学、医学、地理学以及物理、化学、生物等多门学科的知识,不仅探索科学技术对社会的影响,而且强调文化对科学发展方向有很强的影响力。课程开发者在选择课程内容时选择了人与自然的相互作用,科学理论的本质,技术、发明与工业,进化,原子弹,能源,卫生食品与人口,星际旅行小说和空间竞争等具有广泛政治影响的专题。他们这样做的目的是通过对有争议问题的讨论,使高中生能够学会成为一个技术社会中成熟的、积极的参与者。

在尝试整合小学"科学""品德与社会""信息技术"这三门课程时,我们也可以问题中心模式来构建课程内容。例如,近几年来世界各地自然灾害频发,特别是大地震及其引发的次生灾害造成重大人员伤亡和财产损失让人触目惊心,同时也让我们明白了学习防灾避灾知识、提高防灾避险能力的紧迫性和重要性。因此,可以通过"地震来了怎么办"这样一个重大的社会性问题,引导学生建立对地震形成的原因、地震的预测与防护、地震的破坏性等科学知识的认识,同时使学生认识到"大自然具有不可抗拒的一面,在灾害中人们应当团结互助、互相关爱"等"品德与社会"课程中的相关知识,并让学生通过设计"防震减灾电子报"掌握"信息技术"中的技能和知识。(如图4-6)

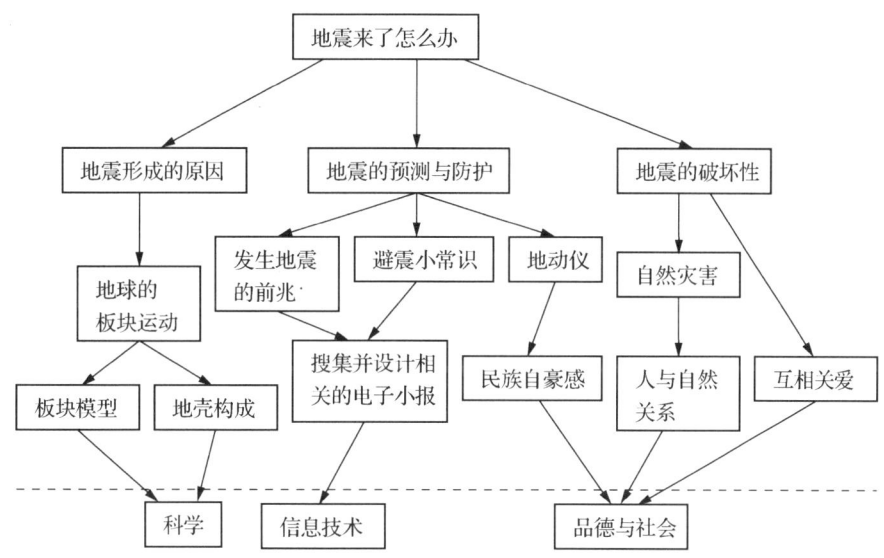

图4-6 "地震来了怎么办"的整合实例

与前两种模式不同的是,采取全盘融合模式构建的课程以生活现象、社会问题、学生活动等为中心的独立存在物,与原有的课程是一种"共栖"关系。在内容组成上,它具有明确的主题,并围绕着主题组织开展相关的学习内容;在课程内容的属性上,体现出多学科、生活化、综合性的特点。这种课程构建模式的优势是:能够针对某个主题充分探讨科学、科技与社会三者间的复杂性;所研究的主题通常是社会的焦点、热点或者生活中的现象、问题等,容易激发学生学习的兴趣,培养学生的社会情感;有利于在学习过程中对各种知识进行综合应用,增强学生解决实际问题的能力等。但这种构建模式使各个主题独立性较强,由于每一个主题涵盖不同来源的知识,各个知识点间的逻辑性、层次性较差,学生无法掌握学科内在的知识结构体系并体会学科本身所特有的思想、精神,缺乏对学科基本概念、原理的深层次理解和把握。另外,从许多不同领域中抽取相应内容,共同建构成一个新的课程,过程复杂且花费不菲,除了结果不可预期外,经济效益更需要加以考虑。同时,这种全盘融合模式对教师的综合驾驭能力也是一个很大的挑战。

五、如何开始一个知识建构教学?
——以加拿大学校为例

很多教师都想努力尝试在教学中使用知识建构教学法和使用知识论坛工具,但是他们却不知道从哪里入手。虽然知识建构理论很吸引人,但知识建构原则却被证明比较难实施。成功实施的范例是需要把这些原则在多变的环境下应用到实际生活中。这样,教师就可以不断地生成和改进他们的观点。下面的两个例子来自加拿大某个学校,涉及的问题如下:小学生群体可以作为一个知识建构社区吗?教师如何建构这样一个社区?教师如何支持学生观点的产生、多样性、共享,以及认真倾听和互动,使学生能够自我引导观点的持续改进?知识建构教学法和知识论坛工具有哪些好处?

1."树叶飘落下来,因为秋天到了"——一个幼儿园的范例

如果我们问一个在知识建构方面有经验的教师:"什么年龄的孩子,可以开始知识建构?"答案是"幼儿园的孩子就可以"。事实上,在加拿大多伦多埃里克·杰克曼博士(Dr. Eric Jackman)的儿童研究学院,当3岁的儿童一进入学校,教师就给他们介绍知识建构的基本原则了。孩子在玩耍中都有自己的观点,这个过程是天然的,也通常表现在孩子开始学说话时就会表达自己的观点。他们的许多观点可能是错误的,但即使是这些误解也可以引导他们理解更深的知识。在知识建构方法方面,很多学者所谓的"迷思概念",就可以被看作"可改进的观点"。

第四章
知识建构教学的一般流程

进入秋天,教师要求这个小班的孩子们开始观察树木。其实,每个孩子每年都能感受树叶变色和落下这一现象。而这次的知识建构活动,源自一个持续若干星期的过程。孩子们被给予充分的时间观察和记录每一个阶段:一开始观察到树叶开始变色时仍在树上,然后一些树叶开始落下,随之越来越多的树叶落下,直到最后所有的叶子都落光了。与此同时,孩子们也可能观察和体验到其他相关的变量,比如温度、降水量或风力的变化。而所有这些变化都是真实地发生在每个孩子的家门口、学校门口。基于这些原因,观察落叶是源自日常生活的真实和实际的情况,体现了知识建构的第一条原则。随后,可以促进孩子观点的创造生成,并且大大推动孩子们分享和讨论自己对自然现象的看法,体现出知识建构有关"观点"的原则。

活动最初,教师在课堂讨论时收集学生关于树木的观点,记录下每个学生对群体提供的知识,体现"观点的多元化"。问题同样被转录下来,包括"为什么树叶会掉落",跟该问题相关的树叶问题,成为学生学习树木相关知识的第一个关注点。随即,全班 22 个五岁的孩子就到附近的公园里,找到他们最喜欢的一棵树,每个孩子都要对树进行拍照,并且收集这棵树上的一片树叶带回教室。然后孩子们就开始认真观察树叶的轮廓并用线条描画下来,其中有一些孩子已经知道那些叶脉的名称。根据这些照片和所画的树叶,孩子们就可以从形状、大小、颜色方面比较出自己的和他人的树叶相同或相似的地方。

几天后,教师提议孩子们收集十片不同的树叶。课后,教师要求孩子们做一张海报来把所收集的树叶按某种方式分类,例如按品种或形状。教师必须强调完成此项任务的重要性,因为班上的每个人都需要从自身经历中获益,体现集体认知责任的原则。教师告诉孩子们他们自己在认知方面的努力对团体十分有用,因为这有助于达到共享目标。同时也告诉那些没有完成分配任务的孩子们,他们的消极行为影响了整个社区知识的进展。初始的个别工作以及每个孩子如何对树叶进行分类的原认知反思,帮助他们形成了自己最初的观点。这种方式使得学生更容易在小组讨论中分享自己的观点,事实上,小组讨论是非常丰富的交互知识的过程。学生们讨论树叶为什么落下、为什么变色、为什么干枯。每个学生都会针对小组讨论的主题表达自己的观点。教师要确保每个学生的声音都能被听到,每个学生的观点都能被别人理解。这样,教师就是遵循了知识民主化原则,同时学生也会意识到,不论提出者提出几个观点,每个观点都有同样的被分享的权利。在这样的情况下,学生们感觉到每个观点都有一定的价值,而且值得被记录,被复述,被参考。学生们也意识到不同观点的共存,因为他们能听到同伴的声音以及教师的复述。这是多样化观点原则的一种方式。有时,学生们可能因为他们的自身经历或在讨论过程中的一些因素(如词的选择、音量、外部干扰),导致他们很难理解同龄人的想法。教师的任务就是确保每个孩子觉得自己的观点已经被考虑,并同时强调倾听和欣赏别人观点,感受和回应不同的观点、看法和理论的重要性,体现对等的知识发展原则。在确保每个孩子观点都能被听到和理解的基础上,教师可以要求学生积极合作,让彼此知识相互发展。教师对学生知识做出持续不断的反馈。因此,每个学生的观点都能得到持续改进,知识也会不断加深。

学生们需要认识到每个观点的产生都会和其他观点产生联系或形成对比,这样他们就学到了如何促进知识增长。教师需要加以引导,比如,教师用这样的话语引发学生思考:"也许,那和我们刚刚读到的糖有一定关系……嗯,也许。如何联系到你们以前的观点。"除了教师引导的活动外,也需要鼓励学生自己引入一系列相关的知识。例如,有的学生引入了从父母那里得到的有关氧气和植物根系统的相关知识;也有的学生不仅带来了树叶,而且和父母一起仔细辨认了每一片树叶。通过强调观点和以前的观点之间、课堂活动和自发的家庭活动的观点之间的差异和联系,教师就应用了无处不在的知识建构原则。

幼儿园孩子还不太会写字,教师帮助学生记录下知识建构对话的轨迹,即之前课堂上讨论的以及那些导致某个问题的观点。教师再重复学生以前讨论过的观点,来帮助学生记录下他们的理论轨迹。比如:

师:我想向你们展示一些东西。我希望你们记住它。前几天我们想知道树叶为什么落下。下面这些都是你们的答案:因为秋天到了、天冷了、刮风了、树叶死亡了、之后显示出它们的底色。

实际上,学生需要一个档案袋来记录他们最初的观点,以此来了解知识建构对话不仅仅是分享知识,因为他们自己的观点随着时间的推进在对话中已经发生了微妙的改变。他们也经历到自己的观点在一次次的讨论中不断被改进,这都多亏了其他人的观点、观察结果以及他们所做的实验。教师不断地提及学生过去和现在的观点,并尝试通过开放式问题来连接他们每一个

第四章
知识建构教学的一般流程

人。下一步就是通过设计实验或阅读相关书籍找出某些答案。

  师：叶绿素如何循环？我们现在已经提出了三个"可能性"：叶绿素可能消失了；叶绿素可能沿着脉络返回到树中；叶绿素也可能变成腐殖质回到了另一棵树。

  通过观察—讨论—实验—讨论，所有的观点都是可改进的，每个阶段都会帮助他们找到某些答案，同时在该过程中发现新的问题。这种持续不断地提及自己观点的方式为学生在心理上创造了一种很安全的环境，这样他们可以自由地表达自己的观点，不再考虑"对"或"错"，然后再致力于研究这些观点，以期改进它们的质量、连贯性和通用性。

  师：是的。叶子几乎是黑色的。上次我们谈论到树叶为什么拉伸的两个可能解释。有人说因为叶子变扁平了，所以变长了。还有人说树叶在不断地生长着……

  在知识建构对话特定点上，学生开始处理较高水平的观点，就引入了如叶绿素、氧气这些较难的概念。该阶段，教师认为为了推进观点的改进，有必要引入权威性资料。因此教师明确告诉学生去阅读某些书籍，从中可能会找出上次讨论的问题的答案。这样在某一水平，学生可以感受到观点是如何从汲取现阶段知识中被改进、知识在相关领域中如何不断增长，并且寻找由前阶段调查提出的问题的答案。

  师：不管我们观察树叶多久，我们始终看不到叶绿素，也许我们应该看某一本书……我这有一本书，它可以帮助我们并且给我们提供某些答案。它不是一个故事，它里面有一些信息，听起来它有一些特别……

  在孩子们有机会分享他们的观点和问题之后，教师要求学生设计一些实验，来帮助解决这些悬而未决的问题。

  师：现在，我们如何找出当树叶死亡时发生了什么？

  让孩子们设计实验意味着把他们在教育中当作积极的认知者，而非被动学习者。在分组讨论时，教师要提醒孩子们记得自己的问题，并通过哪种方式来检验自己的观点。当设计实验时，教师要鼓励学生思考不同的变量和考虑多种选择项。叶子可以放在一碗水中，或在沙土中，枯干的叶子放在盛满玩具的箱子里，并用脚踩它们。每个实验都要有预期结果。例如，叶子放入水中可能会生长。通过设计实验,学生可以直接找到自己的问题所在,并在自我观点和他人观点中考虑其合理性。

> 师:有人建议我们把树叶放回水中。现在你认为它会变长还是变短,抑或可能不变?

在知识建构方法中,每个单元的学习都没有"结尾"。单元学习只是简单的一个集合以及在特定点上的理解陈述。孩子们依然保留那种怎样才能了解更多的意识,并且可以学习任何给出的主题。在幼儿园的这个班级,在教师给出了讨论中的理解论证的广度(包括树叶如何从树中汲取糖,水和氧气如何在树叶中循环)后,一个学生问这些知识是否在之前的课上学过。教师就指出,之前的课主要焦点是树根,而现在关注的是树叶。学生回答:"嗯,这就是我们下面需要学习的,树根是如何生长的呢?"——新的问题会不断生成。

2. 知识建构工具的导入——一年级做知识建构

正如上一节所讨论的,提出自己观点的能力似乎是很自然的事情,而且很容易从幼儿开始。但是,一旦涉及观点的改进,事情就比较复杂了。其中一个障碍是在观点改进过程中需要把观点记录、修正、综合一下。知识论坛(Knowledge Forum)(Scardamalia,M.,2004)作为一个公共社区空间可以记录观点,而且可以跟踪观点的改进过程。

什么时候才是引入知识论坛的恰当时机呢?有经验的知识建构老师认为,学生一旦开始阅读和书写,即可使用知识论坛,尤其是一年级。下面我们就知识论坛是怎样第一次介绍给一年级的学生展开论证。

2.1 帮助学生做好使用知识论坛的前期准备

这里提到的学生已经具有了两年的知识建构理论的相关学习经历,在学生进入一年级之前,"知识建构社区"已经形成。他们已经知道如何提出自己的观点、倾听和改进彼此的观点。知识创造的下一个重要的阶段即将开始:将新观点挪到新家——知识论坛,在这里观点可以被记录、被改进。由于阅读和写作过程的认知起点非常高,在谈到阅读、系统地阐释、拼写或抄录自己的观点时,很多小学生会遇到困难。此时,确保学生在身临其境中发展这些过程显得尤其重要(Bereiter,C.,Scardamalia,M.,2010)。在开始用知识

论坛讨论之前,讨论的主题应该能用于各式各样的环境,并且紧密联系学生的直觉、习惯和真实的世界。这样,阅读和写作就很自然地进入到知识建构的过程中,十分合理恰当地扩展了观点。这就是一年级教师如何为学生创造一个真实的环境,是他们做好使用知识论坛来阅读和写作的前期准备。

一年级学生长达一年的调查,是着眼于"周期"(cycles)这个观点。正像在幼儿园,他们开始一个真实的活动:密切观察学校操场边的一棵枫树的四季变化。孩子们每个月都需要在他们的实验书上画出树的轮廓草图、画油画或素描,教师进行拍照。十月份,孩子们注意到树叶由绿变黄了,这种现象就引导他们思考一些问题。在知识建构谈论中,孩子们围坐成一个圈分享他们自己的关于树叶如何以及为什么变色的理论。他们的观点涉及秋天气温的变化("气温越低,变色越彻底"),秋天树根缺少水分,气温降低导致树叶腐朽,风吹落了叶子,树干和茎的颜色进入了树叶("当气温降低时,枫树就知道叶子该变色了,所以叶子就和树干、茎的颜色保持一致了"),还有的涉及树液("当叶子落下时,树液变了颜色")。

2.2　引入知识论坛

当学生们的第一个观点生成、测试、组织之后,就可以把这些观点在社区中记录下来,并进一步改进。这个时候教师就可以演示如何运用知识论坛工具。下面介绍一下怎样在45分钟课堂内给一年级学生介绍知识论坛工具。

在这节课的前10分钟,教师让学生坐在地毯上,把知识论坛可视化到一个大屏幕上。教师说在埃里克·杰克曼博士所在的学校,每一个学生都有一个电子空间用来写下自己的观点,这样,观点就可以被保存和改进。教师和学生一起讨论决定这样一个新观点"树叶是怎样变色的?"——这是一个全体学生讨论过的问题。然后教师再解释如何书写短文、如何命名和保存。

第二天,教师单个指导学生,引导他们解释颜色发生变化所使用的理论,教师帮助学生将所说的一切书写在知识论坛所对应的个人名字下,因为此时书写技能对这些学生来说还有些困难。为了帮助学生明确表达自己的理论,教师会持续不断地问问题、拓展问题(例如"关于茎你还知道什么?它们到底是怎样改变了树叶的颜色的,能再详尽些吗")。但是要注意,教师不能把学生简单地推到一个非常特定的答案中,学生应根据自己的观点自由发挥,教师只是起到引导作用,不做具体答案的引导。一旦学生完成了自己的观点并把观点记录在知识论坛视窗中,教师就要求学生对自己的短文进行命名。教师要强调命名的重要性,所命的名是短文的主要观点,或者说"在你所有的理论中,什么是最重要的"。有时候,教师需要通过问题来帮助学生找到自己的主要观点。

例如:

师:是什么让树叶变成了棕色?

生:是风。

师:所以我们的主要观点应该是"风"?

生:是的。

一旦发布了一个小短文,教师即可给学生演示如何打开和浏览其他人的短文,并解释树叶为何变色,每个人都会有自己的观点(例如,A 认为是风,B 认为是树叶变腐烂了,C 认为是气温下降了,等等)。教师也需强调说这是一个存放学生观点的地方,这些观点之后还需要再考虑。在接下来的两天里,教师应帮助每个学生在知识论坛工具中记录下自己的观点。

在教师的细心引导下,学生开始设计实验来验证自己的观点。学生把一片树叶粘贴在窗户上,看是否是阳光让它变色,也有学生把一片绿叶放在一杯水中并置于阴暗处,或是放在电冰箱或冷冻机内。通过进一步的实验、观察以及知识建构对话,教师把学生改进的观点记录在"一定基础上的改进""增建"短文中。有些学生的观点会和之前的观点相似,有些学生的观点就反映出了他们对于树叶变色的认识上的改进。比如下面观点的改进:

叶绿素的存在使得树叶是绿色的,之后树叶落下来,叶绿素消失了,所以树叶原来的颜色就显现出来了,即棕色,或黄色,或红色。

我觉得叶绿素消耗完了,树叶之后又回到了树中,所以当冬天过后,那么多的小芽又发出来了。

之后学生的阅读和写作能力有了明显的提高,他们开始独立地建立资料库,很快地学会打开、阅读班级短文并创建自己的短文。学生对于这样新的挑战感到很兴奋,他们在社区空间里有权管理自己的观点。学生们所撰写的不再是简单的文字,而是可以被他人记录、增建的观点。

2.3 从观点形成到观点改进

学生对知识论坛的最初兴奋消失后,许多教师就开始面临"改进"的困

难。实际上，低龄学生对于能够发表自己的观点，并持续书写短文能够保持一定的热情。但是，一旦提到学生相互之间点评短文，以及改进自己的观点，那么这种热情很明显地会随之降低。下面是一年级教师用来促进观点改进的一些策略：

孩子们一周打开知识论坛大约两三次。权威资源，尤其是书籍，不要一开始就介绍给学生，不然他们就没有机会阅读其他学生的短文，而是因为受他们所阅读的资料影响，观点获得改进。

随着学生打开知识论坛，课堂上就开始了知识建构讨论。学生可以彼此聆听他人的观点和问题并彼此改进。当学生下一次打开知识论坛时，就可以把这次讨论所产生的观点书写进去。当学生书写短文时，教师可以教他们如何使用支架，支架即用来指导学生书写诸如"我想知道""我的理论"或新的信息等这些提示。为了鼓励和教会学生使用支架，教师也可以坐在学生身边，查看他（她）所写的每一篇短文，然后一起决定该使用哪个支架。

动手操作，如进行实验等，亦可以形成观点并写入短文，或拿到面对面的知识建构讨论中。实验结果可以帮助学生修正他们的理论，或给他们做下一步实验的启发。邀请嘉宾来参与相关观点的讨论，亦可激发学生的兴趣来改进观点。当学生在观点发展过程中呈现出兴趣消减的趋势时，是引入权威资源的最佳时机。教师要提供给学生多种多样的资源，而不是单单某一本书。查阅资料这个过程是需要互动的，即教师要适时地让学生们停下来问问题、讨论、建立理论，并且叙述自己在生活经历中的所见所闻。这些新观点和信息的注入可以激发学生在知识建构中的思想火花。

使用权威性资料的另一种方式是让学生和同伴一起阅读书籍。让阅读经验丰富的学生和刚开始阅读的学生合作成组，当遇到阅读困难时他们就会彼此帮助，且讨论他们各自读到了什么。学生自然就学会分享他们已经知道的知识和他们正在学习的知识。

知识建构就是在学生在线学习、参与知识建构谈论、阅读权威性资料、动手做实验、短途旅行、与专家交谈这一系列活动中，使得学生逐步发生变化。这些活动是基于课堂需求的一个状态到另一个状态的自然转换，而不是人为规定的不可或缺的环节。观点自然流动，然后基于这些活动的结果，观点开始向前推进。这样相互作用的结果就是，学生最初的观点得到改善和改进。

总之，要想成为一个优秀的知识建构教师，并不意味着简单地把每日的课堂工作做一个转变,而是教师在理解教育目标方面的一个大的转变:从关注学生学习活动到建构社区知识的一个转变。同样地,知识建构过程中,学生的任务是逐步改进他们对世界的理解。知识建构教师要坚持不懈地帮助学生改进他们对自身实践的理解,这样,这些实践就可以被进一步探究。

3. 怎样给新教师介绍知识建构？——对两个专家型教师的访谈

在对实验学校两位专家型教师(C 和 R)的访谈中,两位专家都指出,知识建构的核心在于对知识建构原则的理解,即多样化的观点、持续改进的观点、真实的观点、现实的问题,同时也是给新老师介绍知识建构教学的切入点。他们给新手教师的建议如下:

C:老师必须让所有孩子都提出观点,然后再看他们的观点是否是可改进的,这必须成为班级的学习风气,然后才能进行下一步活动。

特别要指出,多样化的观点这一原则相对于传统教育是一个巨大的转变,传统教育都是要学生朝着唯一一个正确的观点努力。因此,在知识建构教学中,新教师刚开始接受多样化观点时的确会有很大的压力和挑战,之后慢慢就喜欢了。

R:关于多样化观点,让我来考虑这个原则还是挺新鲜的,不过我觉得这很重要,因为我们经常让老师觉得只有一个正确答案。所以我们必须考虑,我觉得很重要的原则是要让老师意识到"不止一个正确答案"……

学习不应该指向一个确定的答案,这其中的挑战还在于要遵循另一个原则——持续改进的观点,相信观点是需要不断改进的。从这个角度看,不论是学生最初的理论、"迷思概念",还是教科书上的内容,都可以作为可以改进的对象,它们只是不同认知水平的理解罢了。

R:我们不断地改进我们的观点,目的在于改进我们对某事物的认识,专业的研究人员所做的也只不过如此。我们可以在各个领域这样做,甚至也可以改进他人的观点。这都是基础。

C:并且我们完全可以全部否认我们开头所提的观点,所有的观点都是可

改进的,甚至是教科书上的答案。事实上答案有很多,不仅限于教科书上所提供的。

上面我们提到的第三个关键是真实的观点、现实的问题,这个原则我们前面已经提过了,要用来激发学生的兴趣,且它和知识建构紧密相连。

C:我觉得另一个是真实的观点、现实的问题。我们不能光从教科书上学习。我们要把孩子自己的问题和观点作为我们学习的起点。这又是一个很新鲜的东西……新教师一般在处理第一个真实的问题时有些许困难。很多来到我们学校的新教师也问"我怎么开始呢""起点在哪",这些问题经常成为他们的难题。但是教师要注意,不要想着怎样给出孩子们"起点在哪"的答案,而是要从孩子们那里得到这个问题的答案。

C:对于新教师来说,不要从使用权威性资料那里开始,因为他们就想立马使用权威性资料,其实这是我们要阻止的。这有点像第二阶段做的事情,事实上,教师们现在正处在第一阶段,即吸收这些原则并加以应用的阶段,第二阶段我们再来谈权威性资料的引用。

学生是积极的认知者,这是知识建构成功的又一基本原则。

R:让学生成为积极的认知者(释放知识中介),很长时间我才接受。我觉得如果我们从这一点开始,很可能把教师们吓跑了。因为教师不得不说"给孩子权利去设计构思,或去做其他……"同时教师有这样一个疑问"教师的角色是……",这真是有点不可思议。

让学生成为积极的认知者(释放权力)的确是最重要的,也是最难实施的一个原则。很多的个人障碍或假想都会阻碍教师释放权力。学会信任学生,需要花费数年的时间,但这是值得的。教师要努力学习释放权力,即使有时看起来有点可怕。

有时,转向知识建构教学可能是一种很可怕的经历,教师也需要处理自身内部阻力。如果教师对用这种方式来教所有的单元不大放心,解决办法就是逐渐转变:先只教一个单元,随着经验和对学生的信任的增加,再来教更多的单元。

R:不得不说——一个单元!用这种方式,先教一个单元,然后认真反思……我的意思是,如果你让他们教一个单元,他们觉得安全可靠,那就教一个单元。

R：在每个单元结束时，我都会感觉到孩子们已理解了这个单元的内容，但是他们还存在些许误解，这个时候，我没有感觉不舒服，我会让这些误解存在下去。实际上，我们都存在着一定的错误想法。如果告诉他们，这是好的。这样做的话，你就错了。我觉得这会打破我和学生之间的某些东西，我告诉他们，对他们的理解没有一丁点的益处。……所以，我会划分几个阶段，有的阶段我们没必要达到。知道原因吗？也许因为我们没有足够的时间，也许太高深……因此孩子们知道我们已经掌握了什么，还没有掌握什么。

第五章
知识建构对话

知识建构理论作为一种新的创新教育方式,强调通过知识建构对话促进学生对问题的深层次理解,去自主发现、创造新知识,并将新知识贡献到社区。知识建构对话作为知识建构的核心要素,是学习者进行知识建构的重要手段,是社区的公共活动。学生通过提出真实的观点、建构自己的理论,不断质疑、修正和协商,最终形成对问题的共识。知识建构对话不再是传统的课堂对话,它具有许多不可取代的优点;知识建构对话也不是简单的达成共识,而是允许多样化观点的存在,在社区成员不断争辩、协商的过程中改进,以求形成社区知识,每一位小组成员的观点也有新的进展。本章将详细介绍知识建构对话的分类以及发展过程与趋势,帮助教师理清知识建构对话的发展脉络,认识知识建构的本质,为教师提供策略,从而有效指导学生进行深度交流。

一、知识建构对话概述

1. 知识建构对话定义

《现代汉语词典》中对"对话"的解释是:对话是两个或更多的人之间的谈话(如图 5-1);或两方或几方之间接触、商量或谈判。我国沈晓敏博士(2005)通过大量文献研究总结出对话的三方面含义:第一,属于交谈、交流、讨论、协商或磋商等之类的活动;第二,持有不同意见甚至发生冲突的人们之间的交流、讨论,目的是消除冲突或达到相互理解;第三,文学艺术作品中的要素——对白。

知识建构对话是对话的一种,是在知识建构理论指导下,学生与学生、学

图 5-1　两人或多人对话

生与教师之间的观点共享、冲突、协商等一系列交互活动,它的目的是发展知识,即观点改进。知识建构对话关注问题及理解的深度,而不是话题;强调通过解释持续不断地改进和深化观点,而不是寻求结论性答案;重视对知识的共同理解。

知识建构对话最早是由来自加拿大的知识建构理论创始人卡尔·布莱特教授于 1994 年提出的。他指出,"知识建构对话,正如我们所设想的一样,它的目的是发展知识的状态:观点改进。它包含了一系列区别于其他类型对话的特征:关注问题及理解的深度,而不是关注话题;解释是知识建构对话的最大挑战;便于形成集体理解的发散、开放知识环境;知识建构社区中的多产性交互"。提出知识建构对话是用以识别共享的问题、发现理解中存在的差异以及使对问题的理解超越个人水平。汉斯·洛斯曼(Hans Lossman)(2010)指出知识建构对话可以被定义为渐进的达到共同理解,而不只是为别人提供一些同意或不同意的信息。洛林·基亚罗托(Lorraie Chiarotto)指出知识建构对话是一种共同的活动,学习者聚集在一起,提出问题、建构理论,不断回顾、协商、修正他们的观点。他们的共同目标是观点的改进。

2. 与传统课堂对话的不同

知识建构对话是一个公共的活动,学习者聚到一起,提出问题、发表观点、协商和修改观点,进而改进观点。知识建构对话是为了"明确共享的观点和理解中的差距,提高大多数个体的知识理解"。(Scardamalia,

第五章 知识建构对话

M.，2002）知识建构对话是为了了解学生多样性的观点，从而促进学生观点的改进，不像传统课堂中的讨论是为了得出结论。主要不同体现在以下几个方面：

- 对话与交流，不单纯是知识的传递，讨论结果是形成学习方向与方式。传统课堂对话是简单的问答，是教师将知识、问题传递给学生，学生将理解或者答案传递给教师；知识建构课堂中，对话是为了形成社区知识、方案或者自主探究的学习习惯。

- 教师不必提前知道在学生对话中可能出现的问题和答案。传统课堂对话一般都是由教师提前设计好的，包括课堂提问哪些问题、由哪些学生回答、答案可能会有哪些、怎样去引导答案等都是教师预先的教学设计；而知识建构对话是生成性的，问题的种类、深度随着知识建构教学的开展产生不同，对于问题的解答，每个学生因理解的角度与深度不同，故答案也会有所不同，并且观点都是可以被改进的。

- 教师通过提出开放性的问题，如"有人注意到/读到/找到一些可以帮助我们理解这个问题的知识吗"来提高学生的参与度。传统课堂对话中，由教师单独给学生讲解问题，问题的答案也比较完整统一；知识建构对话中，教师通过让多个学生解答同一个问题，产生的不同观点、不同答案，引起学生们的讨论，从而提高学生的参与度。

- 学习者通过引进信息来证明自己的理论和观点，教师通过提问来促进学生这一良好讨论习惯，例如："这些信息如何支持你的理论？你有没有改变或增加你的理论？"知识建构对话强调学生对权威性资料的建构性使用，对于一个问题不仅要有自己的观点，还要解释出为什么，这样可以促进学生对问题的深度思考。

- 教师可进行示范，帮助学生逐渐建立起多方向对话的形式，如"关于这位同学的观点，有没有其他看法的？"。知识建构对话关注学生的多样化观点，因为要准确理解一个观点就需要理解和它相关的观点，包括与之对立的观点。观点多样化为观点演化到新的、更精炼的形式创造了一个丰富的环境。

二、知识建构对话的过程

1. 国外研究者的不同观点

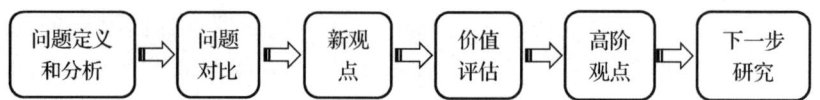

图5-2 卡尔·布莱特知识建构对话基本步骤模式

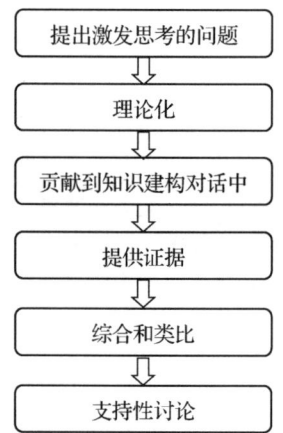

图5-3 楚(Chuy)等知识建构对话的线性列表

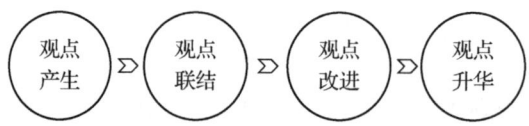

图5-4 汉斯·洛斯曼知识建构对话的过程

关瓦狄那(Guanwardena)提出知识建构交互的五个阶段,并进行了具体的描述。

第一阶段:相互分享各种信息、观点,针对讨论的主题进行描述。这一阶段包括:对某个观察结果或者某个观点进行描述;对其他参与者的观点表示

认同的描述;证实其他学习者所提供的例子;相互询问、回答,以澄清描述的问题;详细地说明、描述、确定一个问题。

第二阶段:发现和分析在各种思想、概念或者描述中不一致的地方,深化对问题的认识。这一阶段包括:确定并描述不一致的地方;询问、回答问题,以澄清不一致的地方与差异程度;重申学习者的立场,并利用学习者的经验、文献、收集到的正式数据或者相关的隐喻建议或者类比来进一步阐述、支持其观点;提出替代假设。

第三阶段:学员通过意义协商,进行知识的群体建构。这一阶段包括:协商或者澄清术语的意义;协商各种观点并分辨其重要性;鉴别相互冲突的概念间存在的共同之处;提出并协商体现妥协、共同建构的新描述;整合包含隐喻或者类比的建议。

第四阶段:学员对新建构的观点进行检验和修改。

第五阶段:学员达成一致,应用新建构的知识。

2. 教学实践中的知识建构对话过程

结合已有的研究结论和知识建构教学开展的实践,可以归纳出知识建构对话的过程如下:

- 提出观点:知识建构教学是以现实生活中真实的问题开始,所以知识建构对话是以学生对真实的问题提出个人的观点开始。
- 对比、质疑观点:学生依据查找到的一些权威性资料或者实验结果,对他人的观点进行质疑;或者将自己的观点与他人的观点进行对比,发现不一样的地方。
- 协商并改进观点:对于前面提出的质疑或不一样的地方,学生明确问题或不同点,通过查找资料、实验、讨论来解决疑问、达成共识,改进或补充原来观点,或者提出新的疑问。这一阶段与上一阶段是循环反复的,直至没有疑问提出。
- 概括和升华观点:学生要从多样化、复杂和杂乱的观点中概括总结出更高层次的观点,通过对观点的概括和升华,学生的知识建构将达到更高层次。

下图是南京市白云园小学三年级某班知识建构对话的一个例子。(如图

5-5) 该班研究的问题是"种子为什么能够长成一颗完整植物",该段是一个小组对于"种子生长需要空气吗?"这个问题而展开的知识建构对话:

小组:我们的问题是"种子生长需要空气吗?"。我们通过做实验和查资料得到的观点是,我们观察到种子发芽是需要空气的,因为要是没有空气的话,种子就无法生存、无法呼吸;水里有一点儿空气,这些空气不足以提供种子所需要的空气。如果种子被水淹没,过几天或几个星期就会腐烂,所以种子要空气。 —— 提出观点

教师:其他同学对这个小组的观点有什么不明白的、想要问的?
学生1:刚才说种子像人一样呼吸,那么种子在外面可以呼吸,为什么在水里就不可以呼吸空气了呢?
小组:资料里面讲水里的空气和我们在外面呼吸的空气是不一样的。
学生1:那和我们呼吸的空气有什么不一样呢?水里面的空气是什么样的呢?
学生2:我想问个问题,你说种子需要空气,那适合生活在水里的植物需不需要空气呢?就比如说睡莲,要空气吗?
其他同学:睡莲需要空气,是漂浮在水上面的。
学生3:我觉得你们的观点应该是种子发芽需要氧气而不是空气。
教师:那这个氧气和空气有什么区别吗?
学生3:氧气是专门的氧气,而空气里还有二氧化碳什么的,种子需要的是氧气。
教师:我们周围的空气中含不含氧气?本小组资料中提到的空气是一种混合物,包括氧气,水中含有一点空气,但是那点空气中的氧气不足以使种子发芽。
学生:嗯嗯。 —— 对比、质疑观点

教师:刚才一位同学提到另外一个问题,水生植物到底要不要空气呢?
学生4:水生植物的种子本来是漂在水面的,后来就沉在下面了,然后就慢慢长出来了。
学生5:不是的,睡莲的种子是在水中发芽的,它里面有小孔。
学生6:水底下也有土啊,土里面也有空气啊。
教师:你的意思是水底的淤泥里面也有一些空气,是吗?
学生7:我觉得你们的这个实验有的不准确,前面你们讲在水里的绿豆也发芽了,后面怎么又会死掉了呢?
小组:那个完全浸没在水里的种子的确先发芽了,但没有露出水面就死了。
学生8:那也算发芽了,水里没有氧气怎么就发芽了呢?我们觉得原来有空气发芽了,但后来没有氧气,就死了,没有长大,长出小芽与是否能继续生长没有关系。
学生9:绿豆又不像睡莲一样,水生植物怎么会发芽呢?
教师:因为水里含有较少的空气,刚开始绿豆会长出小芽,但绿豆的根最后还是会腐烂,不能生长。你们小组可以继续研究其他同学提出的另一个问题:是否有些水生植物不需要氧气? —— 协商、改进观点

图5-5 "种子生长需要空气吗?"的知识建构对话

在进行观点的概括和升华时,学生综合并总结了各个小组的观点,然后提出自己的总结。

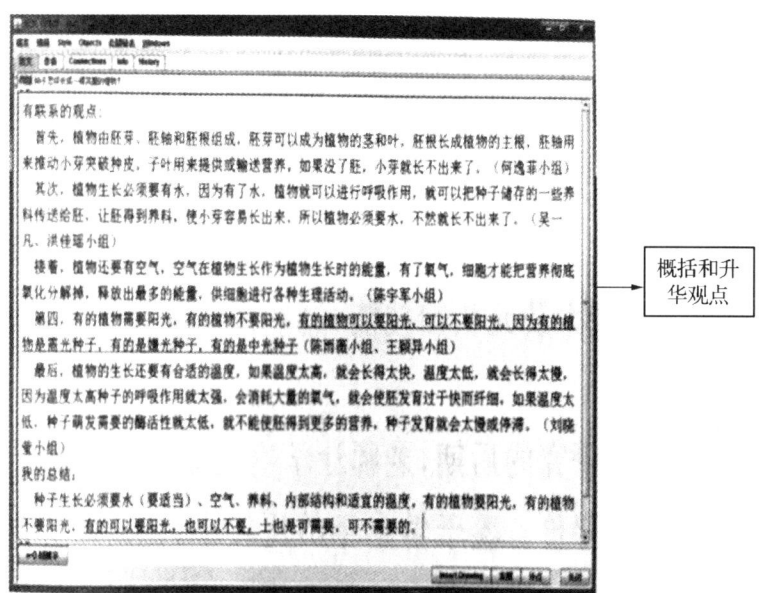

图5-6 学生观点总结示例

三、知识建构对话的层次分类及变化趋势

1. 层次分类

随着知识建构教学的开展,问题探究的不断深入,知识建构对话的阶段性推进过程,知识建构对话的内容会有层次上的变化,我们将其分为三类:共享型对话、协商型对话、升华型对话。每一类又含有其子类目,具体介绍见表5-1:

表 5-1 知识建构对话的类型

类型	具体解释	子类目	具体解释	示例
共享型对话	共享型对话是指学生根据自己对主题的理解,在与同伴的交流中提出问题,对讨论主题进行描述、表达自己的观点并进行阐释和澄清	问答	包括寻求信息、讨论性及反思性的问题;详细的回复	1. 动物为什么要冬眠? 2. 动物冬眠的时候不是一直睡着,比如熊,它冬眠的时候经常醒来
		澄清/解释	辨别或叙述概念、观点、假设和事实或对概念、术语下定义;联系事实、概念、观点、主张,用事实、个人经验来解释观点;提出建议	1. 蜗牛是世界上牙齿最多的动物,有25 600颗牙齿 2. 学生×做过实验,发现蜗牛遇到盐后,只会变干,不会化成水
协商型对话	协商型对话是指学生通过比较彼此的观点,分析观点之间的不一致和矛盾之处、识别有争论的地方,利用自身的知识经验或外部资料相互进行解释或论证,修改纠正个人观点,最终形成对某一概念或问题的一致理解	冲突	提出不同的观点;质疑或反驳他人的观点	1. 学生×反驳:蜗牛爬行的时候不一定会倾斜,我们小组就是这样
		支持	对其他人的观点或评论表示赞同;补充、改进观点	1. 学生×:对,不过不叫热血动物,叫恒温动物 2. 学生×的补充:一开始海豚是有腿的,……
		辩护	提供进一步的解释去维护自己最初的观点	1. 根据实验结果,学生×发现蜗牛怕光
		共识	协商相关概念、评价标准;对问题达成一致或同意	1. 如何判断蜗牛是死是活 2. 某小组讨论后,统一的观点:留鸟适应能力强

(续表)

类型	具体解释	子类目	具体解释	示例
升华型对话	升华型对话是指学生能够从辩证的角度综合考虑不同的观点,较低层次的升华可能是一个总结或精炼,较高层次的升华是所有参与者都能够认识自己之前的观点得到了发展、改进,能对最初研究的问题进行解释	综合	得出结论或问题解决答案;得出一般性原则;对问题解决过程进行分析和总结	1. 大自然中,每一种动物都有它最适合的生活环境 2. 这段资料告诉了我们沙漠动物是怎么蓄水的,……
		评论	对观点、实验方案、论题等做出价值判断或评估	1. 学生×:"建议你们修改一下实验,……"
		反思	对学习的自我评估;学习的收获、心得	1. 学生×:"我已经了解……" 2. 通过和同学们的交流,我们发现北极熊之所以能在寒冷地带生活,是因为有厚厚的脂肪
		引用	引用权威观点、资料、参考书目等;链接其他网址	1. 学生×从资料查到:变色龙变色是因为皮肤表层内的色素细胞

2. 三种类型对话变化趋势

已有研究表明,随着知识建构教学的进行,这三类知识建构对话的比例并不是一直不变,而是有其内在的变化趋势的。了解并掌握其变化趋势,将有助于实施知识建构教学的一线教师实时监控自己的教学过程,发现学生之间对话的效果及存在的问题,及时调整教学。

其一,共享型对话比例随时间呈现下降趋势。在知识建构教学中,最初学生探究得比较浅,查找的资料不多,学生的知识建构对话集中在分享信息和观点,讨论焦点在于对相应概念和观点的理解上,尚未形成过多的冲突、意见、评论等高水平的对话,共享型对话相对较多。随着讨论时间的延长,学生关于主题的认识加深,不再局限于简单的信息、事实、观点共享,而将讨论重点转移到对观点的改进上,彼此评论和建议,将对话提升到一个新的研究层次。因此,共享型对话比例随时间呈现下降趋势。

其二,协商型对话比例随时间呈现上升趋势。协商型对话主要是学生间观点的碰撞、支持以及最终形成的共识,是实现观点升华、形成社区知识的必经之路。当学生分享信息、提出个人观点之后,必然要对信息进行质疑,或对不同观点进行辩解与讨论,以求能解决问题或寻得共识,因此,协商型对话比例整体随时间呈现上升趋势,允许小范围、小幅度的下降。当出现大范围内的大幅度下降趋势时,教师应及时调整教学,引导学生从多角度、多层面去分析问题,比较相互之间的异同点,触发学生之间产生更多的冲突和矛盾。

其三,升华型对话比例随时间呈现上升趋势。随着知识建构教学的开展,学生在交流时会更关注观点的改进和提升,而不再满足于简单信息、事实的分享,旨在通过不断地发展、点评和引用,来改进社区知识,形成对研究主题的深层认识,因此,升华型对话相对于共享型对话、协商型对话来说,一般出现的时期都很晚,且所占比例较低。

总之,随着知识建构教学活动的开展,知识建构对话整体上是从共享型对话转变为协商型对话进而转变为升华型对话,一个理想的知识建构课堂中,共享型对话是逐渐下降的,而协商型对话和升华型对话逐渐上升,到了知识建构后期,大部分都是升华型对话。因此教学过程中,教师要辅助学生从共享型对话走向升华型对话。

四、从共享型对话走向升华型对话的教学策略

1. 降低对话中浅层次的"问答"频率——促使共享型对话走向协商型对话

由于问答是引起共享型对话波动的主要因素,即同伴之间问答比例的增加,会导致共享型对话比例的增加。而共享型对话与协商型对话呈负相关关

第五章 知识建构对话

系,因而教师应尽量控制共享型对话的增长,也就是尽量降低对话中浅层次问答的频率,以提高学生之间协商型对话比例的增加。

教师应尽量创设多样化的真实情境,包括实地观察、设计实验、专家访谈、调查问卷等,引导学生从多角度、多方面思考问题,而不局限在简单的外在事物的现象上;对于大部分学生都没有相关知识经验解释的概念性问题,如"什么是冬眠?什么是动物保护色?",教师应组织集体讨论,协商对这些概念的认识;要求学生在引用权威性资料的时候,用自己的话去解释信息,而非简单的复制和粘贴。

2. 引发认知冲突——提高协商型对话比例

冲突是引起协商型对话波动的主要因素,学生在进行知识建构对话时,冲突的增加会带来协商型对话比例的增加,而升华型对话是知识建构期望达到的目标,因而教师应采取措施提高同伴之间的协商型对话比例,进一步说,教师应引发学生之间形成较多的认知冲突,从而促进学生不断改进观点,对所研究问题形成更全面的认识。

具体可以从以下几点出发:第一,介绍其他学生的不同的探究性实验;第二,引导学生去阅读与自己观点差别较大的短文,创设寻求共识的问题情境;第三,提供现实生活中存在的特殊现象,引发学生的认知矛盾;第四,鼓励学生在知识论坛中对他人的观点多发展和点评;第五,建立引发学生多方位思考的支架,如"他人不同的观点""一种新的观点"等,建立同伴之间观点、个人新旧观点之间的联系。

3. 促进对问题形成共识——促进升华型对话的增加

在知识建构教学中,共识、冲突对于协商型对话都具有很大的作用,他们影响协商型对话的比例,而协商型对话的比例又影响升华型对话的比例,因此,共识和冲突对升华型对话的影响最大。

为了促进升华型对话的增加,教师在教学中应采取措施,促进学生对问题形成共识。可以从以下几个方面出发:第一,提高学生进行知识建构对话的频率,包括知识论坛讨论和面对面讨论,强调"无处不在的知识建构";第二,构建平等民主、自由轻松的对话环境,要求所有学生都参与讨论,允许错误观点的出现,鼓励同伴互相帮助改进错误观点;第三,在知识论坛中,鼓励学生多运用支持、鼓励的支架,如"我补充:""我对你的建议是:""我同意你的观点,但我有更好的理论解释",减少"我反驳""我反对""我强烈不同意"等批评式的语句,强调平等民主的知识建构对话。

4. 培养评论和反思能力——促进升华型对话的增加

知识建构是一个持续的过程,在经过一段时间的观点共享和协商后,学生相互理解,达成共识,能够从多方面辩证地考虑问题,最终能够从一个更广的角度认识问题。教师在组织知识建构教学时,应保持较好的耐心和信心,在遵循这个规律的基础上,教师在主题开展的前半阶段,引导学生进行多层面的观点共享和协商,包括组内、组间和全班范围内,加深对彼此观点的理解。在主题开展的后半阶段,创设有利于学生进行综合、评论、反思的情境,尤其得重视培养学生"评论"和"反思"的能力,具体可以从以下几方面出发:在促进学生评论方面,教师应带领学生明确评论的目的,即让学生明白彼此的评论是为了协同改进社区知识,创设民主和谐的课堂,让学生敢于相互评论;培养质疑精神,敏锐地捕捉学生的疑问,大胆放手,让学生自主探索;以学生的认知发展水平和已有经验为基础,注重启发式和因材施教,给学生足够时间表达出对同伴观点的感受和建议;在互评之前,与学生协商评论的要求和标准;评论之后,学生之间应互相反馈,提高评价的有效性。在促进学生反思方面,有四个策略:利用"自我提问单"引发学生反思;通过自我总结引导学生反思;运用自我评价促进学生反思;利用小组成员的对话反思交流"反思技能"。

5. 组织知识建构圈讨论——促进全班共享型对话走向升华型对话

知识建构圈可以为课堂讨论提供一种民主与平等的氛围,在自由安全的环境中,学生更容易质疑、协商和改进观点。知识建构关注社区知识与协同认知责任,以社区知识的发展为目标,最终形成以班级为共同体的社区知识。这个过程包含两个方面:一方面,每个学习者都需要了解他人的观点,对他人

第五章
知识建构对话

的观点提出自己的看法,帮助同伴改进观点;另一方面,每个人都需要吸收他人的观点,升华自己的观点,向社区展示自己的理论。因此,教师要不定期地组织全班进行知识建构圈讨论,引导学生进行多层面的观点共享和协商,吸收别人的观点来解释、加强、质疑、概括、升华自己的观点,进而促进共同体知识的形成。

第六章
知识建构中的支架

支架(scaffold)本意为起支撑作用的构架,建筑界又称作脚手架,是指施工现场为方便工人操作并解决水平运输而搭设的各种框架。多数情况下,支架被用来作为在建房时的一种临时性的支撑架构,设计师首先设计建筑蓝图,建筑工人搭配砖瓦、钢筋水泥等材料实践其创意理念,楼房建成后,施工过程中的临时支架会被拆除,而美轮美奂的建筑物则永远屹立。维果斯基的最近发展区理论认为学生的发展有两种水平:学生的现有水平和学生可能的发展水平,两者之间的差距就是最近发展区。教学过程中,教师应考虑学生的已有发展水平和最近发展区,为学生提供相应的有效支持和帮助,调动学生的积极性,发挥学生的潜能,帮助超越其最近发展区而达到更高的水平,然后在此基础上进行下一个发展区的发展。为了帮助学生渡过最近发展区,教师需要为学生搭建有效的学习支架,如图6-1。建构主义思潮的兴起,使人们越来越关注在教学中教师和学生的角色应如何分配,延续认知学习中教师应帮助学生内化知识的思想,建构主义者同样开始强调在学习中教师应帮助、支持学生学习的思想。

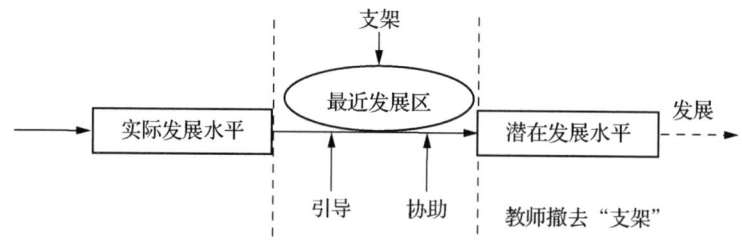

图6-1 基于学生最近发展区的支架运用

第六章
知识建构中的支架

一、学习支架简介

学习支架是设计者针对学生学习的需要,有意识地提供对解决问题和建构意义起辅助作用的概念框架、问题情境、学习方法、学习方向、学习工具等,作为一种临时性的支持,帮助学生穿越最近发展区,获得进一步发展和独立自主学习的能力。

1. 学习支架在教学中的作用

- 学习支架使得学习情境能够以保留了复杂性和真实性的形态被展示、被体验。离开了学习支架,一味强调真实情境的学习是不现实、低效率的。
- 学习支架让学生经历了一些更为有经验的学习者(如教师)所经历的思维过程,有助于学生对于知识,特别是隐性知识的体悟与理解。学生通过内化支架,可以获得独立完成任务的技能。
- 学习支架能够保证学生在不能独立完成任务时获得成功,提高学生先前的能力水平,帮助他们认识到潜在的发展空间。
- 学习支架对学生日后的独立学习起到潜移默化的引导作用,使他们在必要的时候,可以通过各种途径寻找或构建支架来支持自己的学习。

2. 学习支架的设计原则

- 适时性原则。教师要在学生恰需帮助时提供适合的支架,要在适当的时候撤出支架。随着学生能力的提高,支架需要在学生不断进步的过程中逐渐撤出,从而给学生更多的意义建构空间,但绝不是全部一次性地撤出支架。这个撤出的过程是在与学生的学习进度不断磨合中逐渐完成的,当学生开始表现出对任务的掌握,支架就可以慢慢逐渐撤出,直至最后学生达到理想的学习发展水平,能独立解决学习任务和问题,才完成整个支架的最后撤出。支架是为帮助学生学习而采取的一种过渡性措施,在设置时就需要考虑如何拆除。在高职英语教学中也同样如此,在一个单元或一篇课文中,支架从开始的"多台阶、小步子",逐步演变为"高台阶、大步伐",直到"没台阶"。

- 适度性原则。学习支架应当有坡度,要给学生留有恰当的发展空间。一方面,学生站在支架上,必须经过自己的奋力一跳,才能达到目标;另一方面,又要让学生经过努力,能够达成学习目标。
- 适量性原则。学习支架的设计不是越多越好,应该做到"恰到好处",给学生提供的支架要精,不能多多益善。
- 动态性原则。学习支架要随着"最近发展区"的变化而变化。
- 个性化原则。不同水平的学生需要不同程度的学习支架。要根据学生的年龄特征、学科特点、学习内容及学习环境的需要,选择适当的支架类型和具体内容。

对一些学习能力较强、基础较好的学生,可以提供抽象一些、相对数量少一些的支架,并且可以较早撤出支架,让学生尽早获得学习的自主权。而对一些基础较差、学习能力较弱的学生,就要提供相对更为具体和全面的支架。

- 引导性原则。学习支架在于引导学生,而不是给出答案或替代学生完成任务。
- 多元性原则。支架角色的多元:支架并不是只能由教师给出,学友、家长、专家,甚至学生自己都可以提供支架。知识论坛中的支架与课堂支架相结合,完整知识建构学习包括在知识论坛中的学习和传统课堂的学习,因此在学习中,教师应注意将知识论坛中的学习支架搭建与课堂中的学习支架的使用结合起来。在使用知识论坛中的学习支架时,教师必须帮助学生明确每一条支架的意义和用途,以帮助学生正确使用学习支架,更好地进行知识建构。

3. 学习支架的分类

不同学者对此有不同的分类,见表6-1。

表6-1 支架的分类

提出者	分类标准	学习支架类型
伯尼·道奇	支架的使用目的	接收支架、转换支架、产品支架
艾根	互动类型的角度	双向型支架和单向型支架

第六章
知识建构中的支架

(续表)

提出者	分类标准	学习支架类型
彭尼	教学情境	偶发型支架和策略型支架
西格尔	提供策略	低层次、中层次、高层次
闫寒冰	学习支架的表现形式	范例、问题、建议、向导、图表
赵楠	学习支架提供的顺序	罗列式、逻辑式
张丽霞	学习支架的作用	方向型、任务型、情境型、资源型、交互与协作型和评价型支架

从闫寒冰对学习支架的分类，可以重点关注如下支架。

一是范例。范例是符合学习目标要求的学习成果（或阶段性成果），往往包含了特定主题的学习中最重要的探究步骤或最典型的成果形式。如教师要求学生通过制作某种电子文档（多媒体演示文稿、网站、新闻稿等）来完成学习任务时，教师可以展示前届学生的作品范例，也可以从学生的视角出发自己制作范例来展示，好的范例在技术和主题上都会对学生的学习起到引导作用。范例展示可以避免拖沓冗长或含糊不清的解释，帮助学生较为便捷地达到学习目标。范例并不一定总是电子文档等有形的实体，还可以是教师操作的技巧和过程。教师在展示这种非实体的范例时，可以边操作边用语言指示说明，对重要的方面和步骤进行强调。

二是问题。问题是学习过程中最为常见的支架。与"框架问题"（Frame Question，是指用于框定单元研究范围，引导学生深入学习与探索的问题）相比，支架问题的系统性较弱，更加关注细节和可操作性，有经验的教师会在学生的学习过程中自然地、随机地提供此类支架。当教师可以预期学生可能遇到的困难时，对支架问题进行适当设计是必要的。

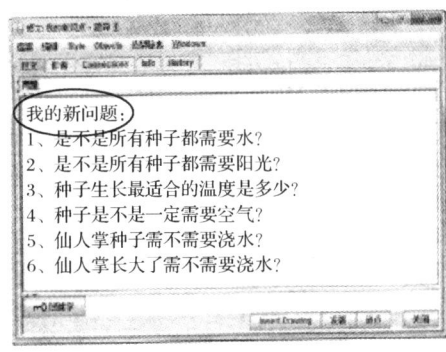

图6-2 知识论坛里的问题支架

三是建议。当设问语句改成陈述语句时，"问题"支架就成了"建议"支架。与"问题"支架的启发性相比，"建议"支架的表现方式更为直接。

举例：学生在比较全国各主要城市的安全性时，采用"主要城市"+"安全性"进行搜索,没有取得预期的效果。教师建议可以通过关键字"犯罪比例"+"司法部"+"主要城市"进行更具针对性的搜索。

四是向导。向导(亦可称为指南)是问题、建议等片段性支架根据某个主题的汇总和集合,关注整体性较强的绩效。如观察向导可以避免学生错过关键细节;采访向导可以帮助学收集特定信息;陈述向导可以帮助学生组织思维等等。

五是图表。图表用可视化的方式对信息进行描述,尤其适合支持学生的高级思维活动,如解释、分析、综合、评价等。图表的形式变化多端,即便是基本的图表形式也有数10种,皮尔斯博士(Pierce J. Howard)的《知识工作者的可视化工具——批判性思考的助手》一书中总结了48种图表(书中称为组织信息的可视化方法)形式,包括概念地图、维恩图、归纳塔、组织图、时间线、流程图、棱锥图、射线图、目标图、循环图、比较矩阵等。在这里,我们整理了学习支架中最常见的5种图表加以介绍。

● 概念地图

概念地图适合于展示概念、要素、实例之间的相互关系,还会通过对思维过程的记录激励创造性思考,便于学生自由而有效地产生新的想法或者问题解决方案。

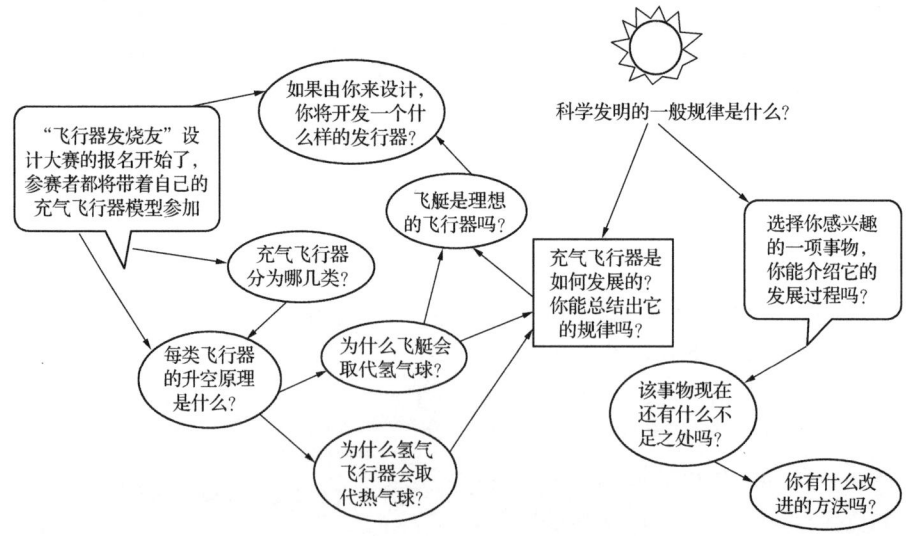

图6-3 "飞行器发烧友"概念地图

举例:在主题为"飞行器发烧友"的单元,教师和学生可以通过头脑风暴的方法共同"织"就图6-3所示的概念地图,从而使得整个单元的问题解决思路明了清晰,体现出对"高级思维能力"的追求。

● 维恩图

维恩图便于学生整理、分析、归类几件事物之间的相似性和差异性。

举例:在研究性学习中,学生确定了"从超市发展看上海经济的变迁"的主题,教师可以借助自己的研究经验,为学生提供下面维恩图,提示学生可以从物品质量、物品价格、购物环境、货物品种、服务态度等方面比较零售店、小超市与大超市的异同,从中寻找超市发展的外在与内在动因。

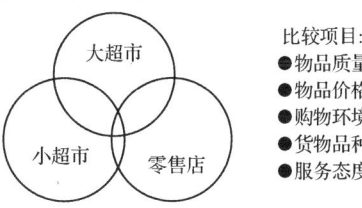

图6-4 "从超市发展看上海经济的变迁"维恩图

● 时间线

当某个序列包含着重要的、随着时间发展的事件时,时间线可以帮助学生感受这种序列。

举例:在"飞行器发烧友"单元里,教师提供了一个不完整的时间线,要求学生随着资料的收集整理不断完善这个时间线,借此帮助学生理清飞行器的发展历程,为学生的深入研究提供脉络框架。

● 流程图

流程图帮助学生了解问题解决的关键步骤、前提条件及因果关系等要素。

举例:学生在访问专家网站时,教师提供如下一个简单的流程图,帮助学生提高资源的访问效率。(如图6-5)

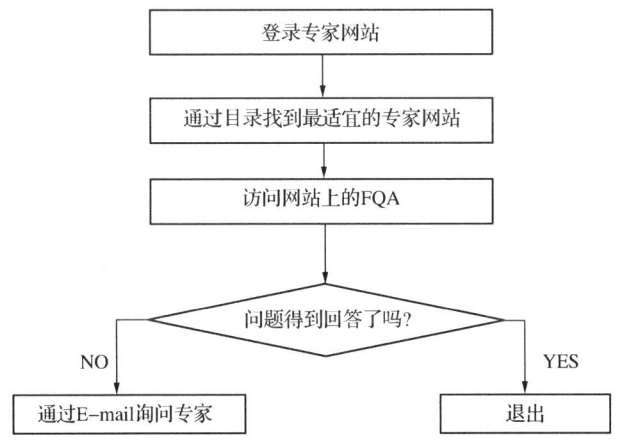

图6-5 "访问专家网站"流程图

● 比较矩阵

比较矩阵便于展示和分析一系列可供比较的项目特征。当学生需要从3件以上的事物中归纳整理出它们的相似性和差异性,特别是希望以类聚的方式辨识出这种相似性与差异性时,比较矩阵可以提供有效的支持。

举例:教师在学生研究凡·高的绘画时,提供下面一张表,要求学生整理凡·高的人物绘画中哪种色彩运用得最多,哪种色彩运用得最少。通过比较与类聚,弄清楚凡·高绘画的色彩特征。

表6-2 凡·高绘画的色彩运用

	艾米丽	艾米丽的姐姐	艾米丽的哥哥	艾米丽的妈妈	艾米丽的爸爸
红色		√		√	√
蓝色	√				√
绿色	√	√	√	√	
黄色	√	√	√		
白色		√		√	
黑色	√		√	√	√
褐色					

二、学习支架的应用

在学生出现困难的时候设置支架才有效果,这就需要教师很好地关注学生的学习进度。过难或过易的支架也会造成支架的无效性,只有让学生"跳一跳,够得着"的支架才是适度的支架,不至于引起学生消极情绪的产生。支架也不是越多越好,数量不是关键,关键在于精,只要切中要害,就算只有一个支架也是好支架。要记住,只有适合学生的,才是好支架。在支架的设置过程中,教师应当根据实际情况随时调整,而不是根据自己预期的或设计好的来进行教学,要随时根据学生的进度添加、调整或者撤出支架,使教学达到效益和效率最大化。

了解了学生目前的最近发展区后,可以根据进一步的递进发展目标层层搭建支架,这个阶段的支架可以是丰富多彩的,只要是适合学生需要的都是

值得选用的有效支架。教师可以通过设计生动活泼的课堂活动,在创设的英语情境下,组织和调控协作学习活动,使学生可以共享集体思维成果,从而增强学生间的交流,帮助学生提高对所需掌握的语言知识或技能的理解和运用。教师还可以利用支架引导学生进行独立探索,完成教学任务。这种独立探索可以在课内进行,也可以在课外进行。教师应随时进行多角色的转变,随时监控学生的个性化学习与小组协作学习,成为教学活动的设计者、组织者、促进者、引导者和监控者。

知识建构最常用的教学平台就是知识论坛,知识论坛中的学习支架如图6-6。

支架	Theory Building	Opinion	Idea Improvement	Idea Advancement
分类	My Theory	Opinion	Idea advancement	Current statement of idea
	I need to understand	Different opinion	What do we need this idea for	How idea could be advanced
	New information	Reason	Problem/question	Problem/limitation
	This theory can not explain	Evidence		How could we test X?
	A better theory	Example		This idea fits with
	Putting our knowledge together	Conclusion		

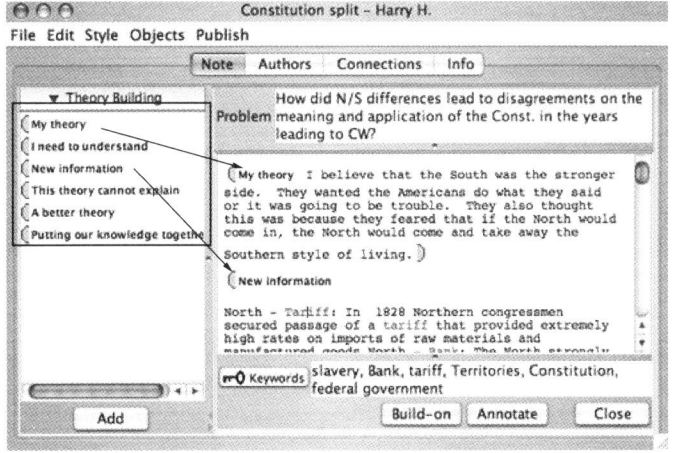

图6-6 知识论坛里的多个支架

1. 学生观点提出

在"植物"主题的学习中,学生使用到的学习支架包括"我的观点""我的依据""我的问题""我的回答""我的补充""我还需要了解""我的观察"。

- 我的问题:学生在初始接触知识建构学习时,比较倾向于对其他同学观察到的现象、其他同学提出的观点和猜想等提出质疑。
- 我的猜想:学生对自己的问题的一个初始的观点和对其他同学问题的一个尝试回答。
- 我观察到的:学生在进行实地观察或者进行实验时观察到的现象。
- 我想到的:让学生写出自己提出问题时能想到的相关方面的已有知识。

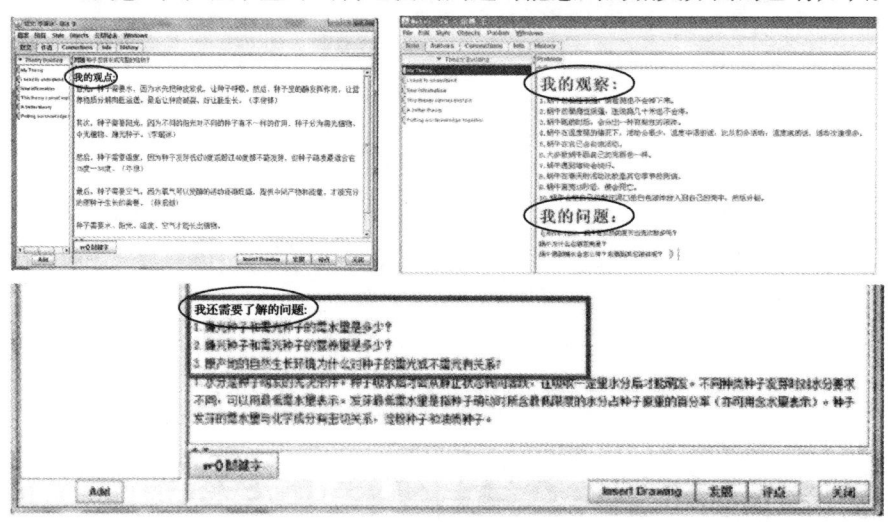

图6-7 知识论坛里学生观点提出的支架运用

2. 学生建构活动

在这一部分的学习中,教师按照学生观点的相近性将学生分成了12个小组,学生进入小组学习,围绕小组的观点共同进行知识建构学习活动的设计和实施。把学生分为小组学习的目的是增强学生协作学习能力、保证学生能比较顺利地进行学习活动的设计和实施,提高学生的学习效率。教师为学

第六章
知识建构中的支架

生在小组中进行知识建构学习搭建的学习支架包括"我们的观点""我们的发现""我们还想研究的问题""我们的问题""我们的回答""我们的新观点""我们查到的资料"。支架形式按照学生可能发生的学习行为顺序搭建,包括小组研究活动学习支架和小组交流支架。

- 我们了解到的:学生在进行建构学习时,倾向于针对问题直接进行相关资料的检索并进行整理,并没有融入自己对资料的理解。
- 我们的发展:学生对其他小组同学短文的发展,可以包括提出问题和建议。
- 我们的回答:基于小组同学之间提出的问题而搭建的一支学习支架。

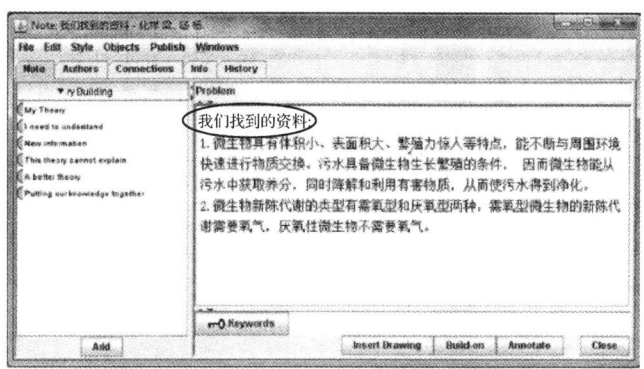

图6-8　知识论坛里学生建构活动的支架运用

针对实验设计提出四种支架:"我们研究的问题""我们的研究方法""我们的实验发现""我们的实验结论"。

以下是吴双、吴旭阳、王艺翔三位同学组成的小组学习案例,该小组的观点是"种子生长不需要阳光",具体转化成问题"种子生长成完整的植物需不需要阳光?",三位同学设计、实施的是一个对比试验。

- 我们研究的问题:种子生长成完整的植物需不需要阳光?
- 我们的研究方法:拿4颗健康的种子,平均放在两个玻璃瓶中,一个放在盒子里,一个放在有阳光的地方,玻璃瓶要一样大,两个瓶子中放入一样多的土和一样多的水,每天看看哪个玻璃瓶里的种子长出来了,哪个长得好。

  查资料。
- 我们的实验发现:

表 6-3 实验结果

时 间	有阳光的种子	没有阳光的种子
第一个星期	种子皱了,就快裂了	种子皮也皱了
第二个星期	发了一点小芽。又发了一点小芽,但小芽有点偏紫	小芽比有阳光的长得好。两三天后,长得更大,更好了。长得比有阳光的好,都长成豆芽,成果了
第三个星期	发了一点芽,变成绿色的了。小芽大了一点,长了一点。两个小芽把种子撑了起来,长出了茎和根。长出叶子了,但很小	比以前更大,更高,更好了。更高,长出叶子了,茎上长出小刺。叶子大了,高了,生出根了,小芽也高了。叶子黄了

- 我们的结论:黄豆种子发芽不需要阳光,没阳光的长得更快、更好。我猜豆类种子都是没阳光的长得好、快。
- 我们查找到的资料:在没有阳光的条件下,种子仍然可以生长。但发芽后一定要阳光,否则长势不良,影响它后期生长。
- 我们的观点:大多数种子发芽前不需要阳光,但在发芽后需要阳光。

3. 学习总结

在学期末,教师组织学生针对"种子为什么能长成一棵完整的植物"主题的知识建构学习进行总结和反思。学生在这一部分从小组学习中跳出来,进行的是个体的学习和总结。学生在知识论坛中可以使用的学习支架是"关联观点"和"我的总结"两种支架形式。

- 关联观点:支架的作用在于弥补学生在小组学习中对其他小组的学习内容不关心和对其他小组学习内容和成果了解程度不够、收获不够等的不足。学生使用该支架时,要对其他小组同学的学习内容了解,并将其他小组同学得到的观点进行整理,并用自己的话描述出来,通过这种方式,学生对其他小组的研究能获得一定的了解和认识,从而对主题学习的各个角度有更广泛的了解。
- 我的总结:支架旨在让学生将自己的学习观点与其他小组获得的学习观点融合起来升华为自己对该主题的理论,并对自己的学习过程进行相应的反思。

三、学习支架的补充

表6-4 不同阶段的学习支架运用

分 类	支 架	功 能
交 流	"我的建议" "我认为可以改进的地方" "我的不同观点"	帮助学生走出只是进行问答的交流误区,使学生更好地协作、交流,共同建构,形成更好的个人知识和社区知识
引 导	"我从中得到的收获" "我得到的启发"	帮助学生适时地从建构活动中跳出来,合理使用建构学习活动为自己的观点推进和知识的建构进行服务
观点 多样性	"小组观点集中的是" "小组观点产生的分歧是"	保证每位小组成员都有机会在短文中发表自己的观点,保证学生观点的多样性,减少小组观点的流失
反 思	"本阶段我的学习反思" "本阶段的学习成果总结"	帮助学生提高反思和总结的意识和能力
权威性 资料	"我查找到的资料" "我从该资料中收获到"	学生在使用权威性资料的同时注入了自己的观点和想法,有助于推进学生观点的发展

知识建构教学中,支架的运用是主要的教学策略。但是,随着学生问题研究的深入,拆除表面的支架,进而形成知识建构的思维方式则更为重要。

第七章
建立知识建构圈

知识建构圈讨论的是一种比较特殊的知识建构对话形式,在对话时,教师和班级全体学生聚集在一起就当下研究的某个大主题或者某个具体问题提出想法和假设,不断吸收集体智慧,进而重新审视并不断改进自己的观点,是促进全班共享型对话走向升华型对话的有效策略。在知识建构圈中,教师挑选一位举手学生发言,该学生发言后在举手想要发言的学生中挑选下一个发言的学生,其他学生在想表达自己的想法时,耐心地举起手等待着刚发完言的学生(不是老师)来挑选下一位学生发言。知识建构圈通过平等的就座方式,营造积极的课堂氛围,让学生处于安全自由的环境,可以毫无顾忌地表达出自己"冒险"的想法。本章将详细介绍知识建构圈的由来、特点以及对知识建构课堂的有效促进,并给出知识建构圈的实施策略以及什么时候组织知识建构圈的建议。

一、知识建构圈简介

知识建构圈(Knowledge Building Circle)是指在投入知识建构课堂讨论时的一种经过特意安排的就座形式,讨论时,学生和教师围坐成一个圈(如图7-1)。知识建构圈鼓励学生交流、讨论并发展对方的想法。

第七章
建立知识建构圈

图 7-1　知识建构圈

1. "知识建构圈"的由来

采用"知识建构圈"并不是凭空的新奇想法,它符合由来已久的传统文化。早在 2500 多年前,中国思想家孔子就提出:"不愤不启,不悱不发。举一隅不以三隅反,则不复也。"孔子的启发式教学法强调,当学生对某个问题正在积极地进行思考,一时还找不到解决方法的时候予以启发;当学生对某个问题已经思有所得,但还不是十分明确,还表达不出的时候给予开导。而差不多同一时期,西方思想家苏格拉底提出"产婆术",即与学生谈话的过程中,并不直截了当地把学生所应知道的知识告诉他,而是通过讨论问答甚至辩论方式来揭露对方认识中的矛盾,逐步引导学生最后得出正确答案的方法。孔子和苏格拉底都重视营造和谐民主的教学气氛、重视激发学生的学习主动性、注重启发学生思考,发展其思维能力,这给知识建构圈提供了借鉴。

图 7-2　启发式教学

图 7-3　产婆术

后来，人们就开始利用"谈话圈"(talking circle)的方式。在谈话时，大家轮流表达自己的观点。另一种具有代表性的应用形式为"苏格拉底圈"，是众多讨论式教学法中的一种，学生分坐成外圈和内圈两个圈，通过对课前阅读文本的讨论交流进行学习，促进了学生们的学习和社交方面的能力。

"知识建构圈"最直接的灵感来源于"Harkness table"（哈克尼斯圆桌教学法）教育方式。这种教育方式于 1936 年由美国著名教育慈善家爱德华·哈克尼斯(Edward Harkness)提出，该教育方法中较为突出的一个教学工具便是一张椭圆形的大桌子，教学中教师和学生都围绕椭圆形桌子坐在一起，以讨论为主要方式进行教学。(如图 7-4)

图 7-4　哈克尼斯圆桌教学法

2. 为什么采用"知识建构圈"

应用"知识建构圈"组织知识建构会话，将有益于知识建构课堂讨论，原因在于：

其一，该策略可促使学生更加专注。圆圈状的物理形状为学生间进行面对面的对话提供便利。表示尊重和积极聆听的一些身体语言（目光接触和表示"专注"的身体语言）变得更加易于观察。

其二，知识建构圈消除等级层次性。"圈"中的我们都是平等的，没有隐形的等级之分，所有的学生都处于一个平等的位置，没有一个学生优先于另一个,实现了生生平等。在一个"圆圈"里,教师也将自己置于圈内,成为一个"共同学习者"(co-learner),实现师生平等。作为这一平等的知识建构社区内的一员,学生不仅能从其他同学的观点和理解中"学习得到"并且要能够对他人的理解做到"贡献付出"。在知识建构圈里,学生们轮流发言并且在等候发言时要有耐心。在低年级或者才接触知识建构对话这种教学的班级,要组织知识建构圈的话,可能需要教师指导对话的进行:在举手想要发言的学生中挑选下一个发言的学生。这么做的主要目的还是要让学生在想表达自己的想法时,耐心地举起手等待着刚发完言的同学(不是老师)来挑选哪一位同学来进行下一个发言。

其三,"知识建构圈"培养对一切生命的尊重。学会如何尊重地和他人沟通是学生社会发展的一个重要方面,同时发展了他们对于一切生命的尊重感。

二、怎样实施知识建构圈

1. 知识建构圈的基本要素

"知识建构圈"涉及不少基本要素,而要想使得策略实施不致失败,就要将各个要素即各基本要素之间的关系理顺摸清,和谐处理。(如图7-5)

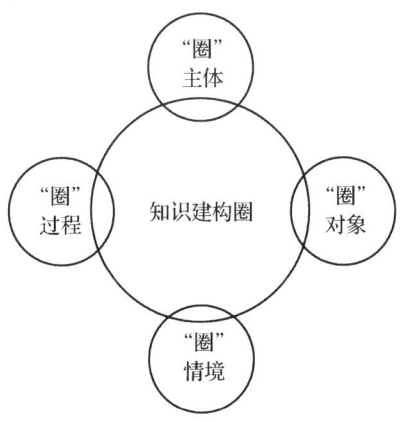

图 7-5 知识建构圈的基本要素

1.1　"知识建构圈"的主体：学生、教师

学生成为"知识建构圈"中绝对的主角，他们自己决定讨论的走向，生成讨论的内容，就连当次"知识建构圈"为何而建，讨论什么，从根本上说，都由学生定，教师只是抓住进行讨论的时机，成为辅助者。学生之间良好的协作和交互关系是"知识建构圈"的实施基础。在"师生关系"方面，知识建构教学中强调对等民主的学习关系，"知识建构圈"中的教师是共同学习者，和学生们一同学习和探究，建构知识。教师被要求"放权"给学生，相信学生们能够处理好自己的学习过程。

1.2　"知识建构圈"的客体：讨论目标、讨论话题

用于"知识建构圈"中的讨论主题或是具体的某一问题，也随着教学阶段的不同而有所不同。教学起始阶段用于"知识建构圈"讨论的话题，教师要依据维果斯基的"最近发展区"理论，联系学习者的认知水平，认真挑选问题。如果选的太小，接下来的探究性学习就很难推进。再接下来的讨论问题或话题，便将会是学生在进行知识建构学习时所产生的，观察某个具体事物，参加某个活动，进行实验或是在阅读权威性资料时所遇到的理解上的困难等等。例如在进行"动物"的主题学习时，学生在饲养和观察蜗牛的过程中，产生了这样的疑问："蜗牛为什么喜欢阴暗潮湿的地方？"

1.3　"知识建构圈"的场景：课堂氛围、讨论地点和座位安排、讨论时间

课堂氛围——安全自由的：营造安全和自由的课堂讨论环境是深化知识建构讨论的先决条件。学习的环境氛围必须保证安全和自由，这样学生们才敢勇于"冒险"说出自己不成熟，甚至是显得有些幼稚天真的想法，并且勇于去迎接批评与被批评。只有当他们感觉安全的时候，才能激发出思维的火花，迸发出创造性的想法，为个体以及班集体的知识进步做出贡献。

讨论地点和座位安排：教室选择主要出于以下几点的考虑，即一是能够满足全班同学围成圆圈而坐的空间需求；二是是否需要多媒体展示平台；三是是否需要其他辅助性教室。关于座位的安排，即为教师和学生一起围成圆圈而坐，可以是席地而坐，也可以是坐在排列好的凳子上。

讨论的时间：进行"知识建构圈"式的讨论，时间并不是一成不变的，可以根据讨论内容、讨论话题来灵活调节。

1.4　"知识建构圈"行进过程：准备、讨论、总结

知识建构圈的推进过程一般分为准备、讨论、总结三个阶段。首先在准

备阶段,教师和学生要明确讨论的规则和主题,做好讨论前的准备工作;其次是知识建构圈的关键阶段——讨论阶段,学生在这一阶段进行观点的共享、质疑、协商、改进、概括和升华,教师作为共同学习者参与讨论,把握讨论方向;最后在总结阶段,教师要对讨论过程中的观点进行归纳,对学生的表现进行点评并提出对下一步研究的想法。

2. 知识建构圈中教师和学生的任务

在知识建构圈讨论中,教师和学生有着与传统课堂中不同的任务和表现。表7-1呈现了在知识建构圈的不同过程中教师和学生的任务。

表7-1 教师和学生在知识建构圈不同过程中的任务

	准 备	讨 论	总 结
教师	● 和学生一起商定"知识建构圈"的讨论规则(初次) ● 确定学习的主题,由一系列的真实情境引入(初次) ● 申明讨论规则 ● 了解每一位或每一组学生探究的进展情况 ● 清晰讨论目标及重点 ● 观察记录学生们的观点、想法和行为表现	● 创设并维护一个安全自由的课堂讨论氛围 ● 充当合作学习者,参与学生讨论 ● 观察记录学生们的观点、想法和行为表现 ● 提供帮助,把握讨论的方向,不偏离主题,但不过多干涉和控制 ● 在讨论肤浅或是无法深入时提出刺激性问题,或者引入权威性资料	● 对讨论内容的概括和提升 ● 对在讨论过程中学生表现的点评 ● 对下一步教学的想法
学生	● 和教师一起商定"知识建构圈"的讨论规则(初次) ● 针对教师或者同学的问题分享自己已有的知识经验 ● 清楚本人或本小组的研究问题及研究进展 ● 对其他人或其他组的研究问题进行了解	● 规范好自己的言语与行为,尊重他人 ● 积极参与讨论,为社区知识的形成贡献自己的知识 ● 涉及对本人研究问题有帮助的,要及时记录 ● 分享并协商对所研究问题的最初想法、新问题、新收获 ● 发言后决定下一个发言者 ● 对其他同学的观点进行发展	依据自己课堂上的记录,总结经过该次"知识建构圈"的讨论,自己的收获

3. 知识建构圈的讨论规则

在第一次知识建构圈讨论准备时,需要教师和学生一起制定规则,在之后的知识建构圈讨论准备时,需要教师简单申明规则。加拿大格罗夫社区学校的阿曼达(Amanda)(幼儿园、小学教师),在进行知识建构圈讨论时,会提醒学生遵守规则,如图7-6所示。

> **知识建构圈:**
> **毛毛虫、蝴蝶和蝶蛹**
>
> 阿曼达:希望同学们来分享一下,关于毛毛虫、蝴蝶和蝶蛹,你们想了解哪些知识。现在闭上眼睛认真思考,话筒(可用笔或其他物品代替)会顺次传递。如果你需要更多的时间来思考,可以传给下一位同学。还记得我们发言时要注意什么吗?
> 学生1:要发表自己的观点。
> 学生2:发言时要尊重别人。
> 学生3:拿话筒发言的同学是说话者,其他人是倾听者。

图7-6 知识建构圈原则示例

知识建构圈的讨论规则可以参考下面列举的规则:

- 在他人发言时,仔细聆听,涉及对本人研究问题有帮助的,要及时记录。
- 待他人发言完毕,自己有话想说时,可举手等待,被已发言的人选择后再发言。
- 对话的目的是寻求真理,不是为了斗争,要为社区观点的改进做出贡献。
- 不做人身攻击,要尊重别人。
- 保持主题,不偏离方向,不做与主题无关的发言。
- 辩论时要用证据,要注意权威性资料的引入。
- 虚心听取别人的建议,不要坚持错误不改。
- 不要当话霸,分清对话与只准自己讲话的区别。

第七章
建立知识建构圈

三、组织知识建构圈讨论的时机

理想情况下,在学生的后续知识建构活动中,知识建构会话要定期并且频繁地组织(不管是课外还是课堂中)。经常性的知识建构会话可以鼓励学生留心他们的调查过程,防止粗略地观察或者草草地阅读相关资料。当学生习惯于向小组成员汇报时,他们培养了一种学习的责任感,渴望为社区知识与协同认知做出有意义的贡献。当出现以下几种情形时可以组织知识建构圈:

第一,一旦每位学生记录了自己的观察,或者有了初步的想法之后,就需要组织讨论。卡罗尔·斯蒂芬森(Carol Stephenson),是加拿大多伦多大学附属实验学校的幼儿园教师,她询问孩子们关于树了解多少,鼓励他们画一棵树并做出解释。卡罗尔将孩子们关于树的观点都描述在纸上,一旦收集到所有学生的观点,她就会组织幼儿园学生们进行这一学期的第一次知识建构圈会话。

第二,教师要了解每个小组的调查研究的进展情况,如果发现学生的调查研究停滞不前、没有进展时,可以进行知识建构圈的讨论。例如,本(Ben Peebles)(五六年级教师)在进行"植物和生物多样性"这一主题的知识建构教学时,第一节课本让学生们去校园收集各种各样的生物,学生将收集到的生物分成植物、动物和第三类,他们都不知道第三类是什么,应该怎样命名,探究停滞。于是,本拿来一块长满苔藓的石头让学生观察,并让学生在知识建构圈中讨论这个问题:"它是第三类吗?它是植物吗?我们怎么知道的?"学生们对于这些问题的回答让本了解了学生最初关于植物和动物的定义。

第三,进行研究的初始阶段,如果发现学生的问题涉及方面较广时,可以进行知识建构圈讨论,对问题建立联系,分组研究。例如,凯西(Cathy)(五年级教师)将学生聚集到一起,对每位学生提出的问题进行分类。凯西先让一位学生分享他的问题并把记录问题的便利贴贴到黑板上,然后询问其余学生他们的问题是否和黑板上第一个问题有某个联系,如果和黑板上已有的相同或者相关,就贴到同一栏中,如果和黑板上已有的没有联系,就将问题贴到黑板上其他的位置,最后引导学生们思考为什么一栏中的问题具有相关性,并为几类问题命名,建立联系。

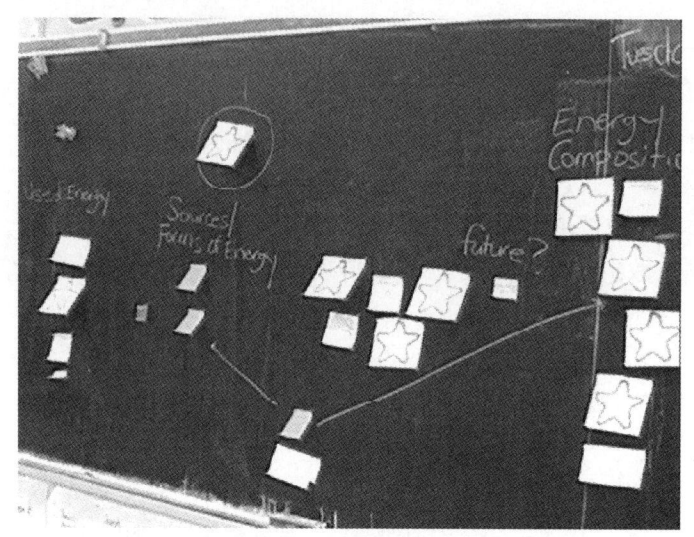

图 7-7　问题分类示例

第四,在教师决定开展主题探究之前或者进行实地考察之前,可以组织知识建构圈讨论来了解学生们已经知道了什么、想了解什么。例如,罗宾(Robin Shaw)(三年级教师)认为,给学生提供动手探索的机会能够促使学生学习范围更广,她决定让学生真正地接触土壤,来学习土壤生态系统这个单元。罗宾好奇孩子们对于这个主题会有什么样的发展方向以及她该怎样做才能让这个方向有意义,于是,她组织了讨论,以此来了解学生们知道了什么或者想知道什么。在这次知识建构圈讨论中,学生提出了很多问题以及观点,且很多问题与土壤的成分有关,罗宾根据这些问题制订了下一步的计划。

第五,如果前一阶段的调查研究已告一段落,学生发现新的兴趣或新的现象时,可以进行知识建构圈的讨论。例如,罗宾(三年级教师)在进行土壤生态系统教学时,学生刚开始一直在关注土壤以及土壤中的蚯蚓,直到有一位学生读了史尼奇的一本书并对书中的毒蘑菇产生浓厚的兴趣,于是罗宾决定开展讨论"关于真菌你认为是什么或者了解哪些?"来进行下一阶段的探

第七章 建立知识建构圈

究。图 7-8 是他们的知识建构圈讨论情况。

> **知识建构圈**
> **"关于真菌你认为是什么或者了解哪些?"**
> 学生 1：蓝奶酪不是真菌。
> 学生 2：蓝奶酪是真菌，食用真菌。
> 学生 3：不是毒药。
> 学生 4：真菌与藓类有关。我和妈妈烤香蕉面包时，妈妈把橘子放置到一边，
> 　　　　过一会就会发现上面长出绿色的苔藓。
> 学生 5：关于学生 1 说的，我认为蓝奶酪不是真菌，是霉。
> 学生 1：我认为它们是一样的。
> 学生 6：所有的奶酪都是霉，我妈妈告诉我的，蓝奶酪是蓝色的霉。
> 学生 7：……

图 7-8　知识建构圈讨论记录示例

第六，当学生进行了一段时间的实验研究，有了新的发现或新的问题时，可以组织讨论。例如，本(五六年级的老师)在进行"植物和生物多样性"这一主题的知识建构教学时，孩子们对植物的生长进行了严密的实验观察之后，组织了一次知识建构圈形式的讨论，他记录的学生们的问题和想法，如图 7-9 所示：

> **知识建构圈**
> **"所有的植物生长都需要阳光吗"**
> 学 生 1：我们的问题是——所有的植物生长都需要阳光吗？
> 学 生 2：我们注意到，与在暗箱中的植物相比，经阳光照射的植物需要更多的
> 　　　　水。我们认为这是由于植物需要在阳光的照射下生成纤维素从而促
> 　　　　使其成长。经阳光照射的植物用了 2 厘米高度的水。
> 学 生 1：但是当我们第一次加满水的时候，暗箱中的植物只有很少的水。
> 　　本　：所以你的理论是光合作用可能并没有在这发生。还有别的同学想在
> 　　　　这个基础上提出自己的观点吗？
> 学 生 3：本文中所说的在这应该是指叶绿体内的叶绿素为植物生成了必要的
> 　　　　食物，我猜想这些食物是会扩展的。可能它会弹出一些类似的东西
> 　　　　来分散食物。

图 7-9　知识建构圈讨论记录示例

第七，如果每个小组的研究方向不一样并且经一段时间研究后，可以进行知识建构圈的讨论，分享每个小组的观点与进展。南京市白云园小学的刘老师，开展了"不同环境里的动物是如何适应各自的环境的？"主题探究活动，在讨论开始前，学生们依据各自研究的不同类的动物分成小组共同商议总结，并对其他组的问题与观点进行了了解。而该"知识建构圈"（如图7-10）的讨论则由某一小组的分享开始，他们研究的是沙漠动物。

> **知识建构圈**
> **"沙漠动物是如何适应沙漠环境的？"**
> 李　想：我们的观点是沙漠里的动物都有自己的特点，比如说，有些动物可以钻进沙子里逃跑（躲避被捕食），还有些动物可以钻进沙子里伪装，捕捉食物，还可以钻进沙子里解暑，沙漠里的动物擅长储水，比如骆驼，它可以用自己背上的驼峰储水。
> 刘筱莹：我想问一下，你们知道骆驼它是怎么储水的吗？
> 李　想：用驼峰。
> 刘筱莹：知道，那你的意思是说骆驼把驼峰插在水中，它就能储水吗？
> 奚　悦：它们是怎么找到水的？

图7-10　知识建构圈讨论记录示例

四、知识建构圈活动具体示例

本次"知识建构圈"活动的实施时间是2013年6月18日，讨论的背景主题是"不同环境里的动物是如何适应各自的环境的？"，讨论的目的就是升华各组的观点，由分散的观点进行社区知识的建构，而该"知识建构圈"的讨论由某一小组的分享开始，他们研究的是沙漠动物。在讨论开始前，学生们依据各自研究的不同类的动物分成小组共同商议总结，并对其他组的问题与观点进行了了解。

第七章
建立知识建构圈

知识建构圈

"沙漠动物是如何适应沙漠环境的?"

李　　想:我们的观点是沙漠里的动物都有自己的特点,比如说,有些动物可以钻进沙子里逃跑(躲避被捕食),还有些动物可以钻进沙子里伪装,捕捉食物,还可以钻进沙子里解暑,沙漠里的动物擅长储水,比如骆驼,它可以用自己背上的驼峰储水。

刘筱莹:我想问一下,你们知道骆驼它是怎么储水的吗?

李　　想:用驼峰。

刘筱莹:知道,那你的意思是说骆驼把驼峰插在水中,它就能储水吗?

李　　想:骆驼它是先要喝到水,喝了大量水以后,就可以把一些水储藏在驼峰里面。

刘筱莹:我知道有些动物它在饿了的时候,会把之前吃下去的食物,再吃一遍,是不是骆驼(储水)也跟这个类似?

奚　　悦:它们是怎么找到水的?

李　　想:通过一种菌类,叫链霉菌。

刘老师:你的意思是说,链霉菌发出一种气味,骆驼通过闻气味来找到水源的。

曹田甜:我想说,找到水源和它储水有什么关系啊?

王治越:我想问一下,驼峰的内部结构是怎么样的?

李　　想:有一些骆驼,它有两个驼峰,有些骆驼是只有一个驼峰的。

刘世宇:骆驼驼峰里面有一种脂肪,这种脂肪可以储存水分。

刘老师:但是,据我了解,也有不同说法,这种说法是说骆驼的驼峰里面主要储藏的是食物,而不是水分,骆驼在沙漠生活,当食物不足时,可以从驼峰中获取营养,而水分主要不是通过驼峰获得的。

刘以恒:它其实大多数都从胃下半部分获得的,我从电视上看的,就是解剖骆驼的胃,好多水流出来了。

高　　屹:那就是死骆驼了。

刘老师:我为他补充一下,我看到的资料也是这样的,关于骆驼储水的问题,好像是和它的胃有一定关系,因为胃的内部结构比较特殊,非常有利于它们储水。我希望你们能对他们的观点提出意见和想法,关于他们总结的,你有什么想法?

徐天睿:沙漠里也是会下雨的,只不过那些水会渗入地下,所以地下有水,骆驼可以喝地下水。

刘以恒:还有,夜晚都会比较潮湿一些,所以,它还可以在夜晚获取一些露水。

刘筱莹:我想,在沙漠里,夜晚并不像白天那样炎热,沙漠里的夜晚可能有零下多少度。

陈立峰:我补充,沙漠里不仅会出现地下水,而且有时候也会出现"沙漠河"。但维持时间只能达到一天。

刘老师:谢谢。到目前为止呢,大家都围绕着水的问题进行讨论,的确,沙漠里的动物确实要面临这一问题,有的动物是借助了"胃"这种特殊的身体器,有的呢是通过各种不同的方式找水,比如地下找水,利用夜晚的露水,各种相应的方式生活在沙漠中。那关于其他方面的观点呢?

李　丞:钻进沙子里捕食的动物有哪些?

李　想:响尾蛇。响尾蛇遇见壁虎,壁虎跑得非常快,而响尾蛇跑不过它们。所以它就钻进沙子里,皮肤和沙子的颜色差不多,再把它的尾巴翘起来装成草,蚂蚁喜欢吃草,壁虎又喜欢吃蚂蚁,所以就会跟过来。

陈立峰:我补充,还有一种动物,它的皮肤颜色更接近沙子的颜色,它捕食的时候,就是藏在草后面的沙子里,等猎物经过,就出来吃掉。

刘老师:躲进沙子里伪装不仅仅只为了捕食吧,还有的是为了自身安全吧。

王冶越:那遇见流沙怎么办?

刘筱莹:像水一样,他是会流动的,在里面一定要保持身体平衡,要不然你就会陷下去。

曹田甜:我在书上面看到过,如果你不小心陷入了流沙,千万不要挣扎,会愈陷愈深,要游泳,慢慢游出去。

陈立峰:我补充一下,响尾蛇和其他普通蛇的游动方法是不一样的,是斜着身体,不全部接触沙子。

李　丞:那摩擦力不是很大么?

陈立峰:摩擦力不会很大,因为沙子很软,一磨的话,沙子就下去了。

第八章
知识的可视化

随着电视、电子影像、网络等媒体的普及,我们已进入读图时代——图形、图像成为传递信息的主要工具。概念图、思维导图、认知地图等构图方法的发明,不仅能帮助人们组织和阐述自己的想法,而且这些想法更易于被同伴理解、探讨、改进和利用等。知识可视化是指所有可以用来建构和传递复杂见解的图解手段。目前,如何利用知识可视化提高教学效率已成为教育领域的热点话题。知识可视化方法能够为知识建构的教学实践提供重要的帮助。

一、知识可视化的理论

1. 可视化

人自从出生以来,就学会用视觉来获取信息,观察其四周的环境。有心理学研究表明,由视觉获取的信息占人类获取信息总量的83%。视觉是个体感知信息的主要条件,这一点普遍得到心理学家和教育学家的肯定。从学习知识的角度来说,视觉的重要性大大超过其他知觉。

"可视化"一词源于英文的"Visualization",原意为"可看得见的、清晰地呈现",也可译为"图示化""图形化"等。可视化,即把本来不可见的东西成为可见的图形、图像,以促进人类对该事物的理解。

图 8-1 可视化示意图

2. 知识可视化

一般来说，知识可视化是指所有用以建构和传递复杂见解的图解手段。知识可视化领域则关注视觉表征在改善两个或两个以上人之间知识创造和传递中的应用。

知识，可分为显性知识和隐性知识。显性知识是外化的知识，易于传播；隐性知识是存在于个人头脑中的尚未表示出来的经验、观点、意见、态度、期望、价值观等，需要经过大量的分析、总结和归纳等，才能转化成显性知识。知识可视化的实质是，将人们的隐性知识（个体知识）以图解的手段表示出来，形成能够直接作用于视觉的显性知识制品，从而促进知识的传播和创新。（赵国庆，2005）

知识可视化为知识创造提供了可能。例如，个体可以通过使用启发式草图或者图形隐喻创造新的知识。与文本不同，图形可以被快速地、整体地进行修改，并且由于图形的整体性，这些知识变得易于整体性改善。

知识可视化为知识的传递搭建了桥梁。知识可视化不仅能够促进个人学习，而且能够促进多人之间的知识创造和传递，这一点主要体现在人际的交流、讨论和协商上。知识传递在个人之间、个人和群体之间、群体和群体之

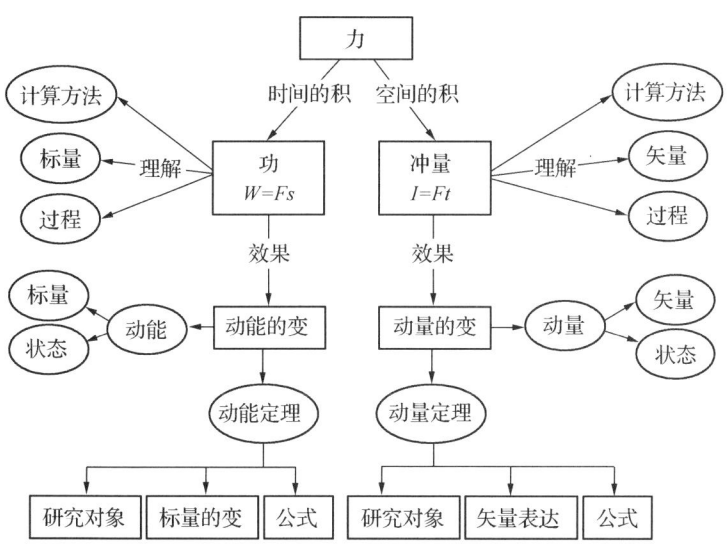

图 8-2 知识可视化示例

间、个人或群体与整个社会之间等多个层面上发生。在上述的任何层面上,知识可视化都可以充当一个连接桥(conceptual bridge),它不仅连接着个体的思维,还连接着群体的思维。

二、知识可视化的图形化表达

图解手段是知识可视化表达的视觉表征。相比较而言,印刷出来的文字是一种视觉表征,但却不是图解手段。图解的知识是以图形、图像的形式呈现的,所以通俗地说,知识的可视化可理解为知识的图形化表达。

在教学中,图形、图像不限于简单的几何图形,它包括学生用于表达观点、知识等所绘制的图画和使用到的图片等,比如实物图、简笔画、概念图、思维图等。可以说图形化表达是知识可视化的常用手段,当然这里的"图"指的就是广义的图形。在知识建构的教学过程中,这些图形不仅能够促进学生的个人知识建构,而且有助于社区知识的形成。在教学中,教师在使用图形化表达时,需注意:① 理清自己的思路,明确想要表达的内容,再选择适当的图形;② 教师应提前演练,包括板书的设计、图形的画法等,以免出现图不达意的情况。课堂上师生会用到的图形通常包括以下几类。

一是简笔画及漫画。小学阶段的教学,特别是小学低年级阶段,学生识字不多,其文字水平还处于低级阶段,注意力有限,很难理解大段文字所蕴含的信息,更难以用文字去表达某种复杂的想法。而简笔画是教师和学生的必修课,往往寥寥几笔就能表达出文字难以说清的意思,运用在课堂上既简练又高效。而且教师当堂作画,能够吸引学生的注意力,激发学生学习的兴趣,促进学生积极地理解学习内容。

二是实物、图片及画像。教材由于排版和装订的原因,内容和形式往往比较单调,教师使用实物、图片及画像可以弥补教材的单一性,开阔学生的视野,给学生一定的思维空间,引发更多的学生自由表达想法和观点。实物、图片及画像在教学中的应用已经非常普遍,比如用图片来解释词语的含义,利用图片渗透情感等;英语课上利用学生准备的各种实物等来进行教学,激发学生学习的兴趣,为学生营造了真实的学习情境,让学生乐在其中而不觉得枯燥。

图 8-3 简笔画示例

第八章 知识的可视化

三是概念图、思维导图与脑图。概念图是用来组织和表征知识的工具,它用节点代表概念,用线表示概念间关系。在国外,概念图已经成为中小学教学的一个常用方法,教学效果也比较明显。

思维导图又称为心智图,其提出者的基本前提是认为"大脑进行思考的语言是图形和联想"。将思维导图应用于教学与学习,能够将思维过程清晰地展现出来,隐性的知识显性化,从而提高人的学习能力。发达国家已经将思维导图作为中小学教育改革的实践,特别是英国将思维导图作为中小学的必修课。

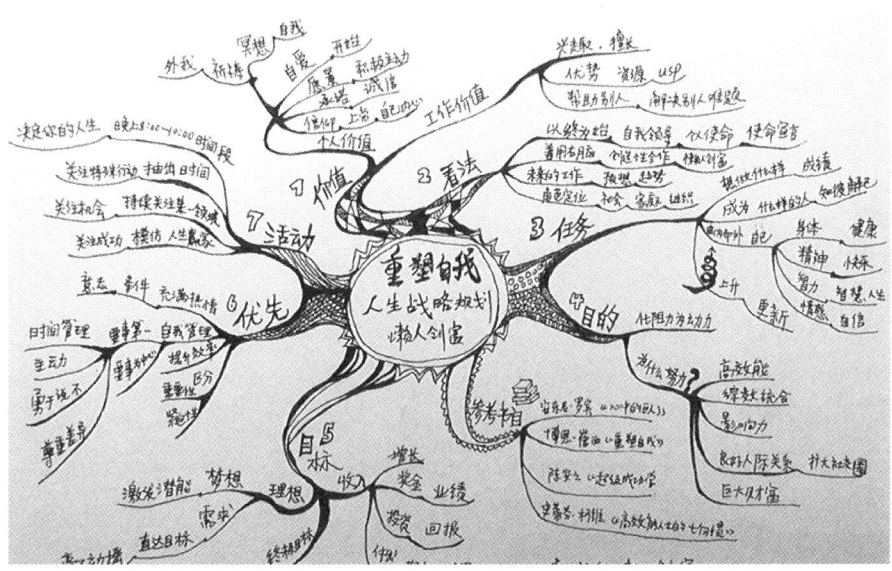

图 8-4 思维导图示例

脑图是思维导图和概念图的别名,或者说是二者的合成体,三个概念之间没有明显的界线。小学教学的实践证明,思维导图和概念图经常结合起来用,发挥各自的特长。

图形、图像在教育教学中实践已早有先例,现有研究已表明:一是图形化表达能够促进个人知识的建构,主要体现在促进个人知识在广度上发散和促进个人知识在深度上推进;二是图形化表达能够促进社区知识的形成与发展,主要体现在图形化表达引起更多人的注意,且增加学生之间的交流互动。

三、知识可视化与知识建构教学

虽然知识建构的教学活动是动态生成性的,但其中一些基本的活动是固定不变的,只不过教师开启和引导它们的时机和方式不同而已。它们分别是:引入新主题、头脑风暴、查找资料、实验设计、汇报交流和实地考察。图形化表达具有直观、形象的特点,在引导师生提出问题、表达思路、问题解决等方面能够代替文字简洁明了地表达丰富的意思。把图形化表达融入这些活动之中,可以起到支架的作用。

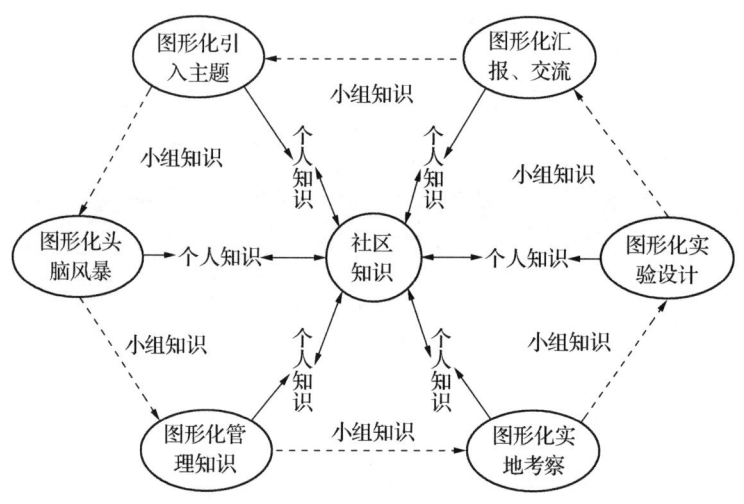

图 8-5　图形化表达支持下的教学框架

3.1　图形化引入主题

主题引入,是指当教师在开始教学时创设情境,引入学习主题,激发学生的学习兴趣,激活先前相关的学习经验,促进新旧知识间建立联系。图形化引入主题,能提高学生的注意力,明确思维方向,引起学生的求知欲望,为教学活动创造一个良好的开端。

戴尔的"经验之塔"指出,人类的认知成长过程是从亲身经历的实际经验开始的。只有当直接经验积累到一定程度时,才有能力通过观察真实事物的代替者或比较接近事实的符号来学习,如利用媒体呈现的图片、图形、视频、动画资料等。小学生认知水平处于具体运算阶段,有一定的逻辑推理能力,能够把图形、图片传达的信息与现实经验联系起来,因此以图形化的方式引入主题比较适合小学生的认知水平。如图8-6所示,在"养蚕经验交流课"上,教师使用图形来引入主题。

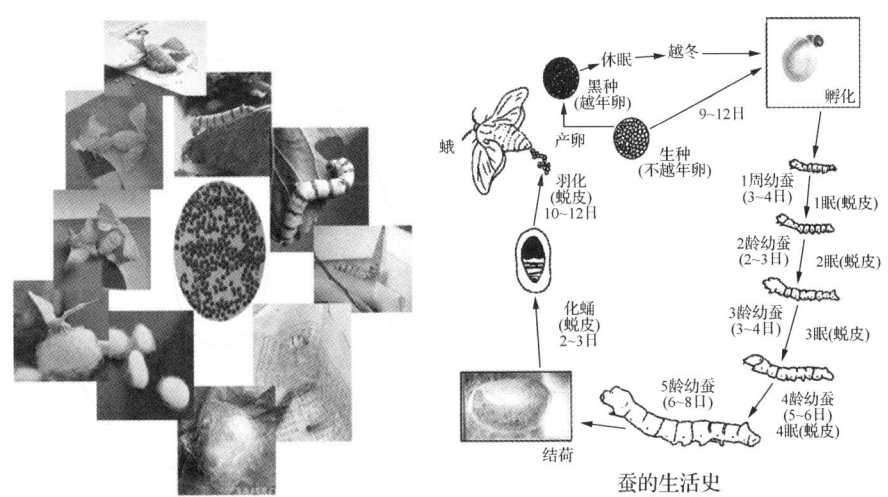

图8-6 "养蚕经验交流课"主题引入

图解:学生自己动手经历了四十余天的养蚕过程,对蚕的一生的发展变化有了一定的经验,但是教学中教师不可能把图片上的从蚕卵到蚕蛾整个过程的实物带到课堂上,同时图片通过箭头、文字等标注,清楚地把蚕的一生展现在学生面前,学生不仅回顾了上一阶段的知识,同时也引发学生思考自己在养殖的过程中是在蚕生长的哪个阶段遇到了问题。

3.2 图形化头脑风暴

头脑风暴是指一个群体围绕特定的主题,进行自由思考和表达观点的方法。它是由美国现代创造学的奠基人奥斯本提出的,是培养创造能力的有效方法。头脑风暴法为建立开放的班级文化、让学生自由提出自己的真实想法提供了保障。知识建构课堂不同于以传授"正确"知识为目标的课堂,学生提出的与实际不相符的观点不再被视为是错误的和必须被纠正的,而是被看作可以进一步完善的观点。头脑风暴可以激发学生的学习兴趣,使平时不爱发言的学生鼓起勇气发言,对于活跃课堂气氛有较好的推动作用。当然,教师用图形来归纳学生的头脑风暴时,不仅是为学生理清了思路,教师自己的思路也会更加清晰,并在此过程中进一步了解学生的关注点和经验水平等。

图形化头脑风暴,就是教师利用概念图或思维导图将学生的方法记录下来并呈现给学生的教学方法。在此过程中,教师要做到以下两点:一是明确学生提出的问题,并对其作适当的归类,当场记录下来。这就要求教师有一定的应变能力。二是对学生纷繁杂乱的观点进行概括和升华,为选择下一步的研究问题做准备。

例如在"水单元四大主题探究课"中,学生观看了相关视频后,提出自己的问题和设想,教师从学生的话语中提取关键概念,并把它们一一列出来。接着,教师按照概念的分层和分支在黑板上进行排列,并用直线、箭头等建立概念之间的连接,在连接线上用连接词表明两者之间的关系。

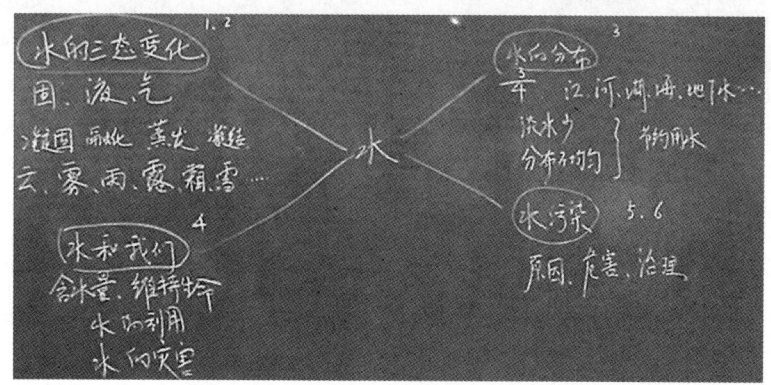

图 8-7 "水单元四大主题探究课"头脑风暴

3.3 图形化管理知识

经过"主题引入"和"头脑风暴"后,学生已经对要研究的问题形成了一个质性与量性的知识系统,但很多知识和概念仍没能真正理解,有待进一步完善。他一方面可以通过自己查找、归纳资料,解决自己的疑惑或验证自己的猜想,另一方面可以查阅小组和社区中的知识并与之互动,把获得的新知纳入自己的知识系统中——这些都可以理解为学生对自己知识的管理。图形化的知识管理能够在以下三个方面优化知识管理的效率。

一是便于记录和归纳个体的观点。学生在记录个人观点时,使用的图形与关键词组合的方式,而非完整的句子,大大提高了记录的效率。例如,学生在发展观点时需要建构性地使用权威性资料。但在使用权威性资料的过程中依然需要保持一种批判的立场,建构性地使用。经过教师的引导,学生意识到资料来源和版权等问题,于是在自己复制的图片后添加注释。如图8-8所示,一个学生的研究问题是"海啸是怎么形成的"。他查阅了相关资料,发现不同的资料说法不一,于是就把描述各种海啸的原因的关键词记录下来,以便后续的研究。

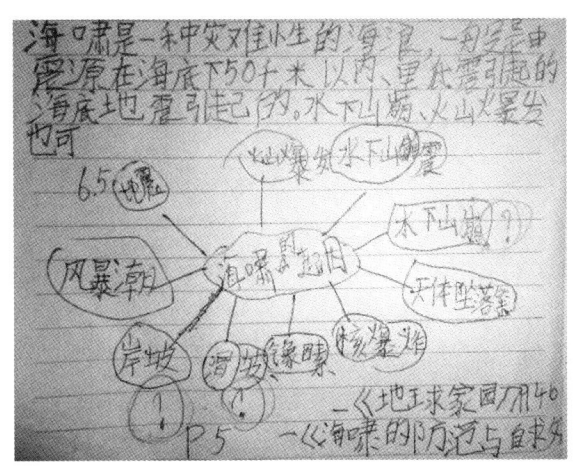

图8-8 研究"海啸形成的原因"的学生对资料的总结

　　学生绘制图形的过程,就是主动参与知识建构的过程,是对头脑中已有的知识进行系统检查、修正、完善。图形化表达以其非线性结构,更加清晰地表征了概念或关键词的相互关系,促进了新旧知识的融合。连接主义学习理论认为,学习就是不断优化脑中的知识网络。而图形化表达,特别是概念图和思维导图绘制的过程就是对大脑知识和想法进行"碎片整理"并"不断优化"的过程。对观点的概括、升华是学生知识管理的重要步骤,图形化表达恰能使这一步骤简易化。学生在图形中能清楚地看出观点之间的联系、层次,为观点的概括、升华提供思路。

　　二是便于知识社区中其他成员的阅读与理解。在知识建构的教学中,学生知识管理的目标不仅是发展与升华自己的观点,而且还要把自己的知识在知识社区中表达出来,以供其他成员参考和利用。这是因为知识建构是以社区知识的发展为目标的,它认为把个人的知识分享给社区的成员是每个学生的责任。

　　因此,学生分享知识的方式直接影响社区知识建构的效率与效果。如果社区知识是大段文字,那么其他成员阅读起来会非常费力,不会积极主动地阅读和理解这些文字。学生根本没有看清楚别人发表的观点,缺乏交流互动,只是闭门造车,自然很难提出有价值的观点。图形化表达的知识,能够引起社区成员的兴趣,提高其认知的积极性。图形可以把知识高度浓缩,特别是概念图能将复杂的概念及其关系以层次化的结构排列、组合,清晰地呈现知识与过程。

三是便于师生互动,便于教师指导。学生根据自己查找到的资料和获取的小组、社区知识画出图形,虽然不完整,但是能够如实地反映每个学生头脑中的认知结构和概念的转化。教师在这个过程中,应及时了解学生的研究进展,给予合适的帮助与指导。

例如,在"养蚕经验交流课"上,有学生对"蚕为什么会摇头"进行了研究。通过查找资料,该学生把自己的观点用图形表示出来,如图8-9所示。图形上的一个分支是"蚕因为胃疼而摇头",教师发现后及时追问:"蚕有没有胃?它的胃在身体的哪个部位?"学生的兴趣顿时而起,学习的积极性更高了,便主动地查找"蚕胃"的相关资料。每个班有几十名学生,教师很难有时间仔细阅读每个学生的观点,如果学生没有画出这个图形,教师可能无法及时发现他的闪光点,并给予指导。图形则让学生的观点一目了然,节约了教师的阅读时间,为个别化指导赢得了宝贵的时间。

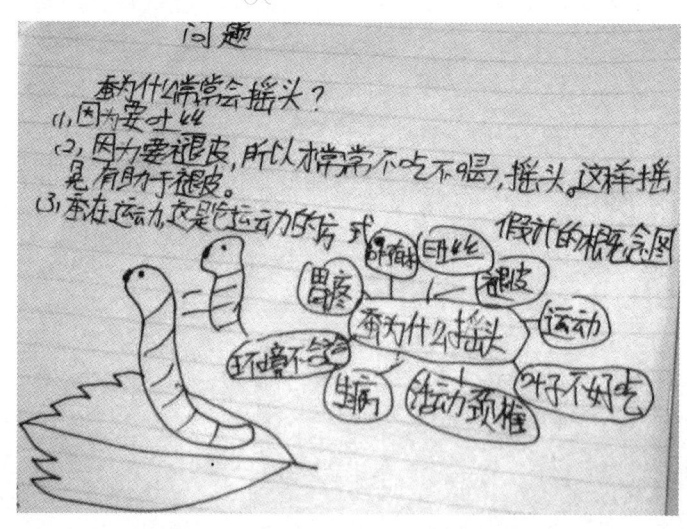

图8-9 "蚕为什么会摇头"资料总结

以上所述的三个方面是密不可分的,它们都得益于知识可视化表达的直观性、整体性特征。当然,图形化表达不是万能的,它只是作为知识管理的工具,学生个体知识和社区知识的发展,更有赖于真实的问题和观点的不断改进,需要教师及时的指导与帮助。

3.4 图形化实地考察

实地考察是由学生直接向调查对象搜集第一手资料的过程。常用的方法有:① 观察法,即学生用直接观察、记录、摄影、录像等方式收集资料的方法;② 问卷法,即设计问卷、发放与回收问卷、统计问卷以获取调查对象信息的方法;③ 访谈法,即根据研究目标,有针对地提问,让调查对象回答的方法。

学生走出校门,带着疑问到大千世界去实地考察,正体现了"无处不在"的知识建构原则。对于小学生而言,实地考察新鲜有趣,但是要达到实地考察的目的,学生必须掌握适当的方法。在使用观察法和访谈法实地考察时,学生普遍遇到障碍,即如何在有限的时间内记录调查到的巨量信息?以访谈为例,被访谈者的语速明显高于学生文字记录的速度,采用文字记录的方式可能会遗漏某些重要信息。在教学实践中我们发现,有些学生自发地用画图来记录信息,回到教室后再把图中的信息转化为文字,或直接把自己的记录图整理后发表在知识社区中。

例如,加拿大的教师提醒学生们在秋天观察校园里的树叶,并把自己看到的记录下来,如图 8‑10 所示,学生把九十月份看到树叶的情况分别画下来,并附加拍摄的照片。

图 8‑10　加拿大学生观察树叶的记录(在此过程中学生看到树叶开始变黄了,学生观察得很仔细,能够画出树的哪部分树叶先变黄)

在"里圩河水污染"的实地调查中,未使用画图记录时,学生常常因无法按时完成调查而不愿离开现场。后来教师鼓励学生画图记录自己的观察,这种现象得到明显改善。下图是两个学生的记录表,它们的信息量大概相同,A 学生用画图的方式来记录,在少于规定的时间内完成记录;B 学生用文字的方式来记录,恰好在规定的时间内完成记录,但是考虑到 B 学生的写字速度较一般学生快,所以大部分学生都不能在规定时间内记完实地调查的信息。可见,利用图形进行记录比利用文字语言记录的速度要快,提高了学生获取信息的效率。

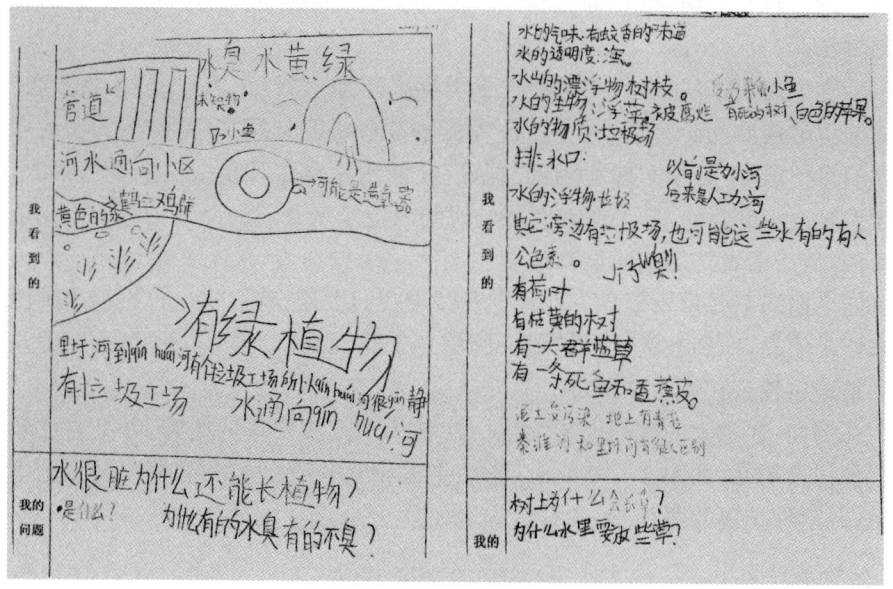

图 8-11　图形化记录与文字记录表(观察记录表,左图为学生 A 的记录表,右图为学生 B 的记录表)

值得注意的是:第一,无须强制每个学生都用图形来记录信息,而是在文字记录无法按时完成任务时,提醒学生用图画记录。第二,学生需要及时完善自己的图形,做好标记,便于回到教室交流讨论。

3.5　图形化实验设计

实验是验证学生猜想的通常做法。传统课堂总的实验教学往往是教师一个人的表演,即使教师把学生带到实验室,学生也只是按照教师设计好的实验流程按部就班地操作。在知识建构的课堂中,教师的角色是学生学习的引导者、提醒者和帮助者,教师应放手让学生进行自主的探究。在实验时,教师引导学生自己设计实验,学生用自己所掌握的知识和理解方式去解决问题。

用图形化的方式表达实验设计,相比于纯文本实验设计,不仅能够清晰地将实验的假设、实验器材、实验对象的各种特征和实验结果预期等表现出来,而且有利于小组内与小组间的交流,符合儿童的认知特性。清晰的图形能够让学生真正领悟到实验设计的要义,有利于建构出与实验相关的知识。

例如学生在研究"蚕丝为什么会有不同的颜色"时,猜测可能是因为桑叶被涂上可以食用的色素,于是学生就想到把各种颜色的水果榨成汁,涂在桑叶上,晒干后喂给蚕吃,如图8-12所示。这种想法看起来比较幼稚,但是在此过程中学生能够学到对照实验的设计方法。

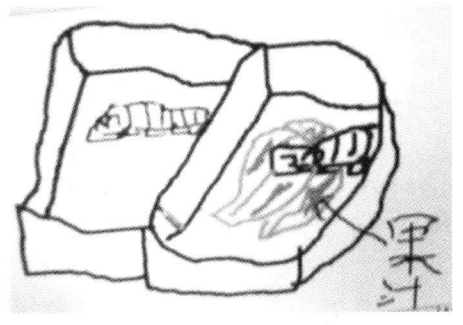

图8-12 学生设计"彩色蚕丝"实验

再如,"水单元四大主题探究课"中某学生研究海浪的作用时画出自己的设想,如图8-13所示。他设想用淡化海水的方式补充淡水,并利用海浪中巨大的能量来发电,解决能源危机,为海水淡化提供能源。这幅图虽然只是一个实验的假设,却体现了学生知识与技能的积累、过程与方法的提高,以及情感、态度、价值观的改变等。

图8-13 "海浪的作用与海水淡化"实验设计

3.6 图形化汇报与交流

汇报与交流是社区知识形成的最主要途径,它包括小组内汇报、交流和社区内汇报、交流。由于汇报交流的时间是有限的,学生要在有限的时间内,将自己的观点和知识分享给同伴,就需要简洁、清楚的表达方式来支持。

图形化汇报与交流就是引导学生把自己的想法画成图形,在汇报交流时对图形描述、解释。小学生的注意力无法长时间集中在文字的表述上,他们对形象化的东西更感兴趣,所以引导学生利用图形化表达的第一作用是能够引起他人的注意,从而能使更多的人参与讨论与对话。第二作用是使学生观点易于理解,从而让其他学生提出有价值的观点,这也是社区成员协同认知的责任。

如"养蚕经验交流课"上,有两组学生研究"蚕为什么会摇头"。如图8-14所示,A组学生针对蚕饿了、蚕吃饱、吃的桑叶有水、蚕身上痒、蚕身上沾水、蚕热了六个原因设计了相应的实验。B组学生针对"叶子有水"和"叶子不好吃"两个原因设计实验。

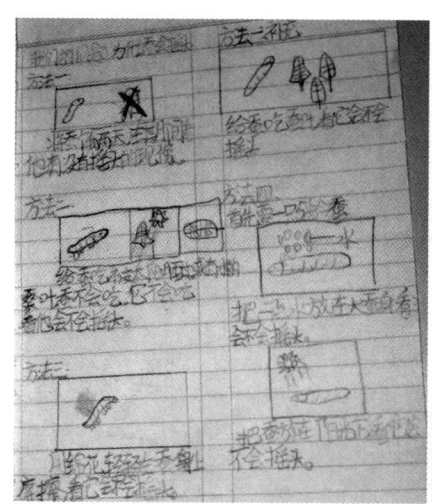

图8-14 "蚕为什么会摇头"实验设计,左图为A组学生设计,右图为B组学生设计

在A组学生汇报过程中,有人提出:"我看到实验中你们把蚕放在阳光下晒会不会把蚕晒晕了,是不是有点残忍?"汇报的学生觉得得到实验结果比较重要,就算蚕死了也值得。教师总结说动物都是有生命的,我们还是要注意保护它们的安全。在这个过程中学生的情感、态度、价值观得到有效提升。针对B组学生的实验设计,有学生质疑实验中蚕的数量问题。如果他们画出相应的图形来表示的话,可能就不会有这个疑问。

如"水单元四大主题探究课"上,有学生研究地下水的分类问题,他从网上找到下面的图片,图中包含了地下水的分类中涉及承压井、自流井、潜水井、承压水、潜水、潜水位等复杂抽象概念,学生一时理解不了。教师及时给予指导,结合图形讲解了概念之间的关系,使学生在头脑中形成了潜水和承压水的位置分布,潜水和承压水分别有哪些形式等。

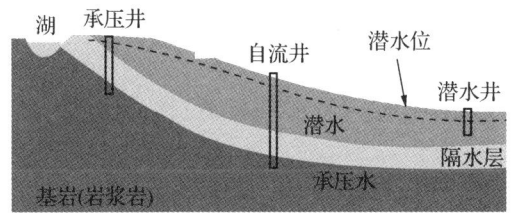

图8-15 地下水的分类

单元三
技术工具

知识建构教学中,学习共同体中的个体、小组、社区等,不同层面上的参与者都需要及时记录知识建构过程中所形成的"观点",不断地修改、推进这些观点,以形成理论体系。因此,只要能够有助于知识建构过程所需要的创新、积累、传播、交流和应用新知识,各种类型的工具都有可能成为知识建构的工具。广义地说,所有的教育技术工具都可以作为知识建构的工具。各种类型的笔记本、黑板、墙报等,仍然是当今知识建构教学活动中不可或缺的工具。信息技术的发展,所形成的很大众性的社交媒介(Social Media),如QQ、博客、微信等,都是进行知识建构活动中简单易行的"零技术"工具。

知识建构的专业平台是由加拿大多伦多大学的专业团队开发出来的,前面已经经历了三代:第一代是计算机支持的意向性学习环境(Computer Supported Intentional Learning Environment,简称 CSILE),奠定了早期的学习社区、成员阅读与评论等基本功能;第二代是 1995 年改版成了以发展社区知识为核心的知识论坛(Knowledge Forum),全面转向"观点"的提出与不断发展、提升,形成社区公共知识的过程。目前的第三代,正在待发布中,但是在适应多种终端、嵌入多种应用工具、支持深度学习等方面,其智能化分析进展很大。中文版的知识建构工具是"数课"论坛,该论坛以知识论坛为蓝本,结合中国教育的实际提出"数据支持下的自主合作生成式学习";与之相应的支持策略,将包括课堂教学方式、评价系统、课程设置模式、课堂和校园文化价值取向、教师专业发展模式及学校管理制度等方面的全面变革。

在知识建构专业平台的使用中,仍然需要结合其他专业的知识获取与加工、存储与表达、交流与管理等方面的深度学习工具,特别是日新月异的 APP,比如概念图的结合使用等。实践者在选用技术工具时,可以根据实际条件因地制宜。是否应用信息技术工具不是判断是否属于知识建构教学的标准。

第九章
知识建构的专业工具
——知识论坛(Knowledge Forum)

一、知识论坛来源

1983年,以加拿大多伦多大学安大略教育研究院马琳·斯卡达玛莉亚和卡尔·布莱特教授为主的研究小组设计开发了能促进协作学习的"计算机支持的意向性学习环境"(Computer Supported Intentional Learning Environment,简称CSILE),计算机支持下的协作学习模式是指通过使用计算机网络平台来促进学生小组的协作学习,以提高学习社群内的知识的传播与分享。为能更好地支持知识建构和创新,在之后的十多年时间里,研究小组进一步与计算机专家、一线教师以及学生共同合作,研发了CSILE二代产品,即知识论坛(Knowledge Forum),图9-1所示为知识论坛登录界面。

知识论坛适用范围广泛,包括澳大利亚和新西兰在内的19个国家和地区都在使用它,最新的研究聚焦在商业、医疗和学校等有知识建构社区存在的机构。并且,知识论坛不受年龄限制,从幼儿园的孩子到研究生都可以使用。

知识论坛提供了一个公共的合作空间,学生和教师可以围绕一个主题发表自己的观点和评论,也可以借助图片、视频等多媒体资料丰富自己的观点,知识论坛提倡将每个人内隐的知识,借助观点的表达形式外化出来。同时,观点可以被修改、发展和升华,知识论坛期待观点能在持续的讨论碰撞中不断生长、深化甚至达到创新,如图9-2所示。

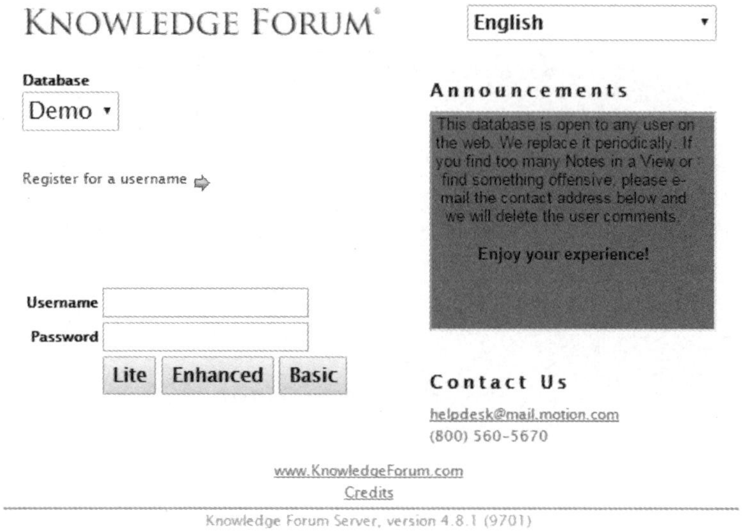

知识建构：
新教育公平视野下教与学的变革

图 9-1　知识论坛登录界面①

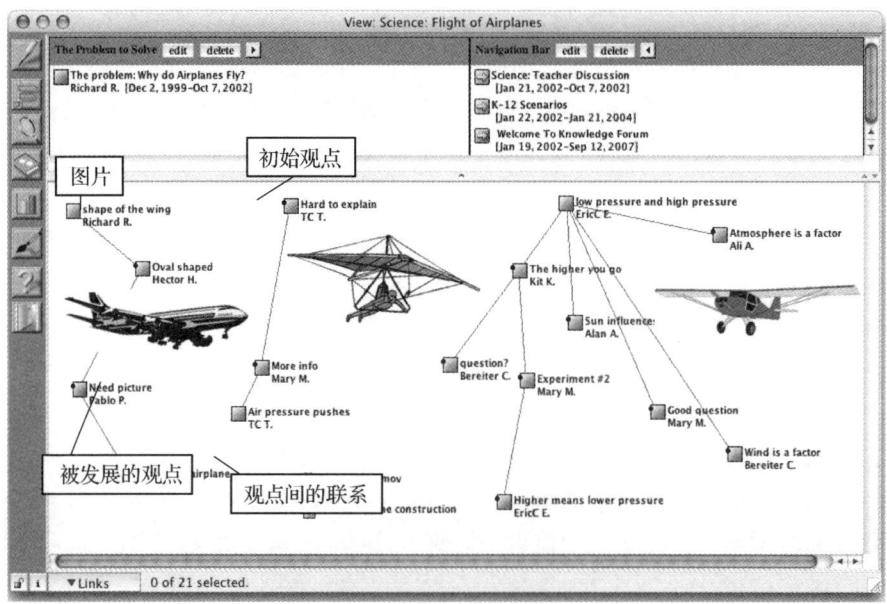

图 9-2　知识论坛观点以及图片展示

---

①　http://kfserver01.motion.com:8082/login?DBGroup=.

特别是,知识论坛提供了多种可选择、可定制的脚手架,如"我的理论""我的假设""新发现"等,为学生的表达提供策略,鼓励学生引用参考资料,如图 9-3 所示。

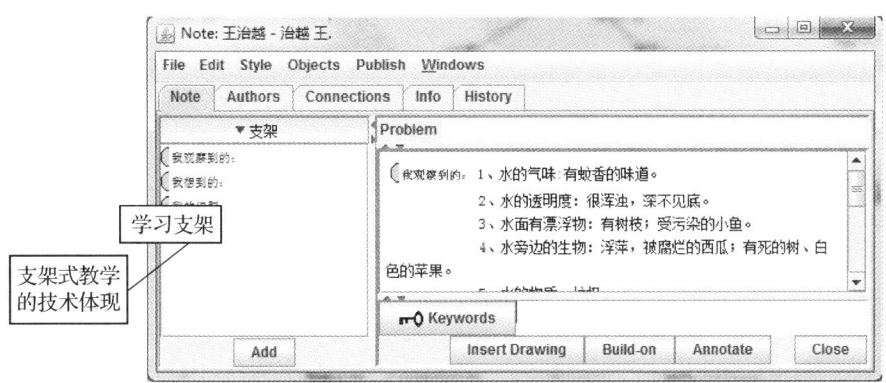

图 9-3　短文(note)中的脚手架

知识论坛的整个操作简单灵活,极易上手,每个人都可以将所有观点记录在系统里,方便教师运用多种内嵌的分析工具及时、全面地对学生进行形成性评价。最重要的是,观点及其相互间的关系以可视化的网络拓扑结构呈现在一个公共的视窗里,每个人都是知识的贡献者,知识论坛将个人知识转化为公共知识,让学生和教师可以方便地利用知识、提高知识、创造知识。

二、知识论坛的操作
(以 Enhanced 版本为例)

知识论坛有三种版本,见表 9-1。

表 9-1　知识论坛的三种版本

版　本	功　能	效　率
Lite (简约版)	无作者、小组 无新建支架功能	安装 JAVA 运行稍慢

(续表)

版　本	功　能	效　率
Enhanced （提升版）	功能完备 （建议使用）	JAVA环境运行稍慢
Basic （基础版）	界面功能少 （不能显示网状拓扑结构）	网页运行稍快

1. 系统登录

输入用户名和密码，进入主界面，如图9-4所示。

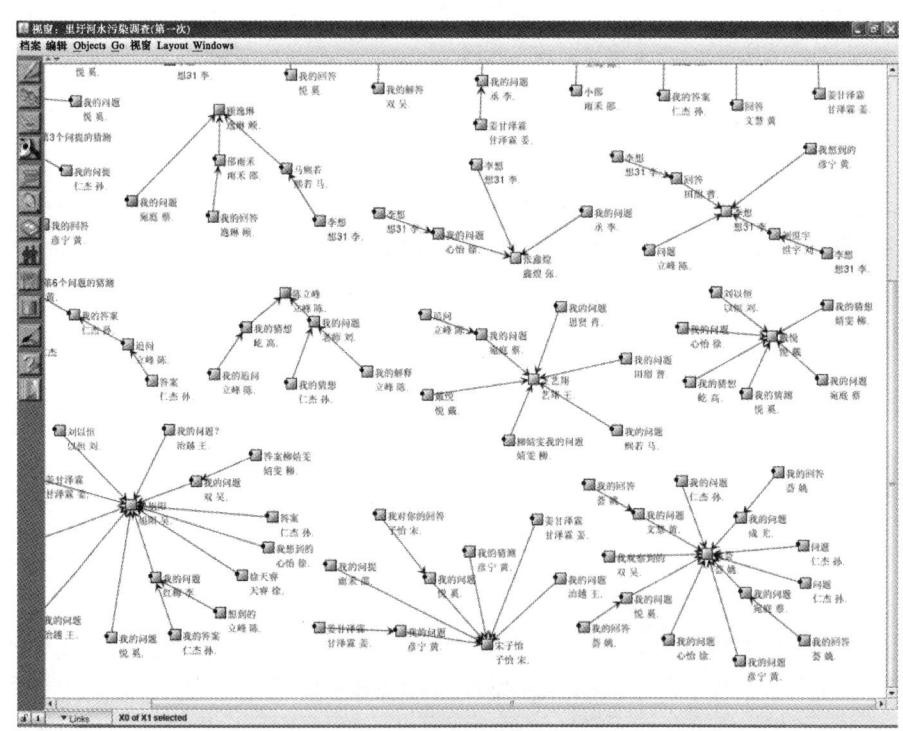

图9-4　知识论坛主界面

知识论坛中有视窗（view）和短文（note）两种主要的元素。视窗可用来划分不同的主题、不同的班级、小组等。图9-4所示的知识论坛主界面就是一个视窗,主题是有关里圩河水污染调查(第一次)的内容。短文是学生观点的载体,学生将自己的学习过程和观点记录在短文中,学生与学生之间、学生与教师之间可以通过短文进行交流和讨论。图9-5所示为学生之间的知识推进形成的学习小网络。

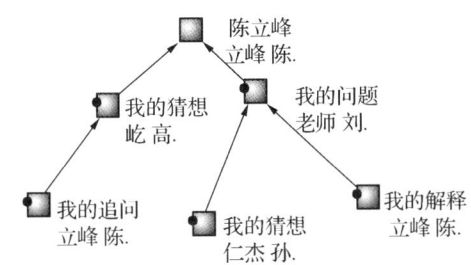

图9-5 学生之间的知识推进形成的学习小网络

2. 工具栏介绍

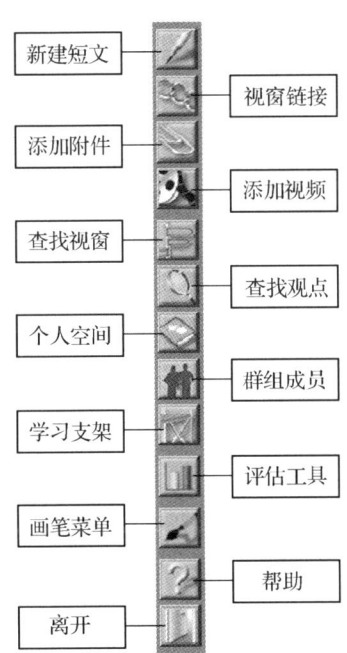

图9-6 工具栏

图9-7的短文界面包括学习支架、主题(Problem)、短文内容、关键词等内容。

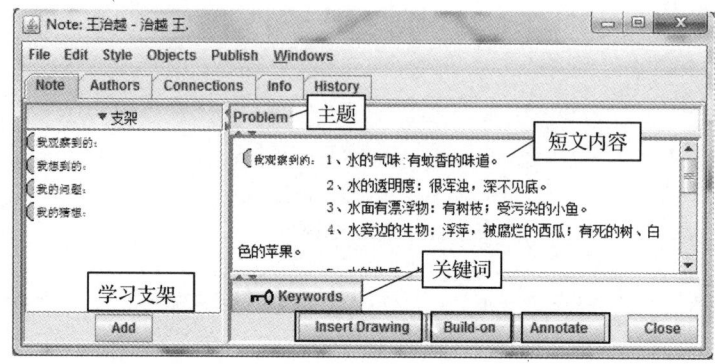

图9-7 短文界面

学习支架,教师可以自行设计、添加供学生使用,学生利用学习支架可以有助于知识推进和思维的拓展等。

InsertDrawing,用来在短文内容中添加插图等,点击会出现一个新的窗口和 工具栏。

Build-on,用来对本短文进行发展,即用来记录学生与学生的交流和知识的不断推进。直观效果是形成短文的网络结构。

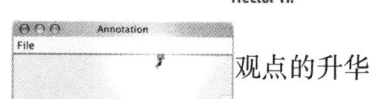

Annotate,对学生的短文进行点评。观点的升华

在视窗中选中要升华的多个观点,在对象菜单选择升华(Rise-Above)。

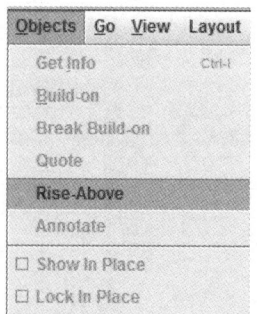

3. 评估工具网址[①]

3.1 贡献和参与评价工具

提供关于学生贡献的观点的类别及数量的统计数据,包括阅读的记录数、发表的记录数、发展的记录数、合著数、参与的视图数等。可以在小组和个人两个层次展开比较,判别小组和个人在知识建构方式上的差异,教师是否需要及时干预,如图 9-8 所示。

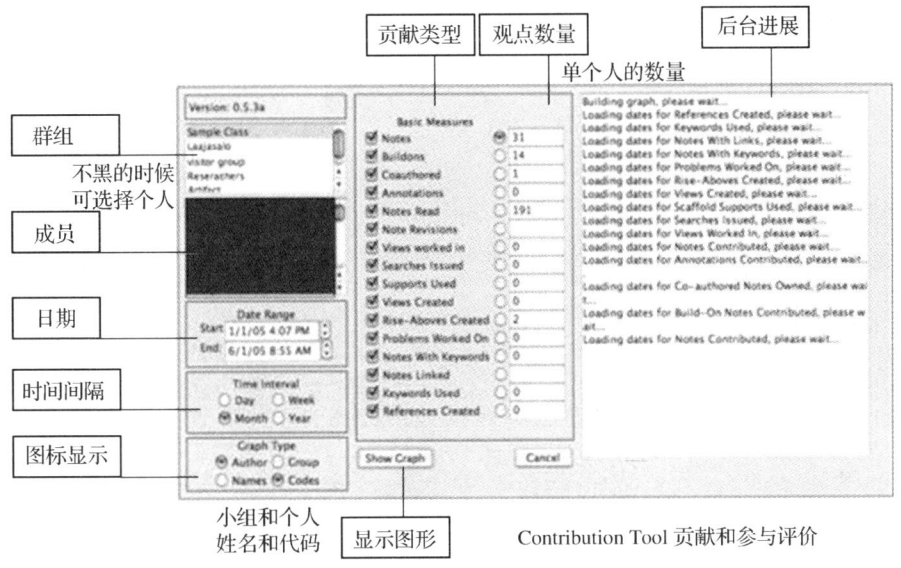

图 9-8 个人贡献列表

对比趋势图(图 9-9):5 个月中,群组中每个人观点数量的变化趋势,每一条线代表一个成员,不同成员以不同颜色区分。

---

① http://ikit.org/kf/46/help/enhanced/Contribution_Tool.htm

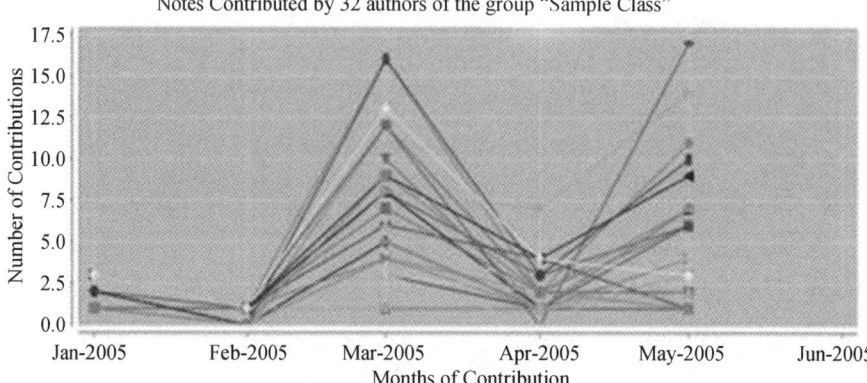

图 9-9　个人贡献曲线图

对比柱状图(图 9-10):群组中每个人观点贡献的数量对比。

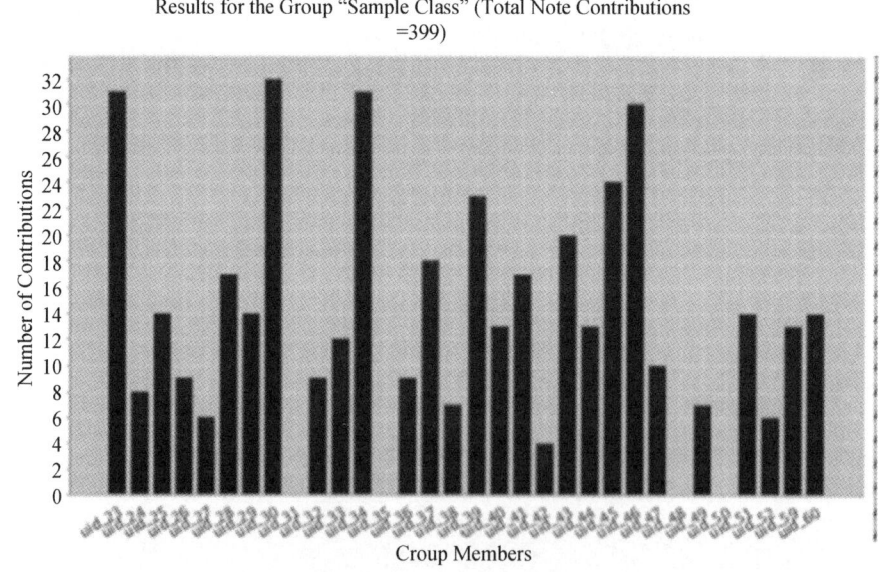

图 9-10　个人贡献柱状图

3.2　社会网络分析工具

社会网络分析工具包含了大量社区成员之间关系的数据,谁读了谁的记录、谁发展了谁的观点、谁引用了谁、谁和谁合著过，如图9-11所示。

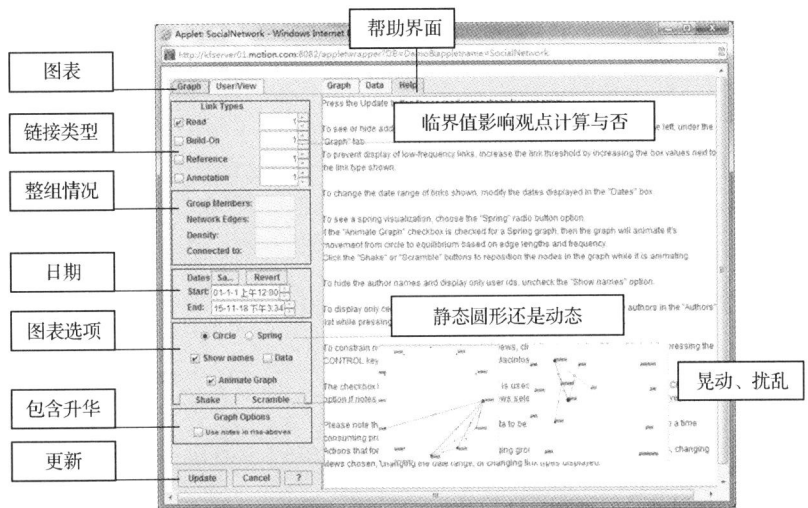

图 9-11　社会网络分析工具设置界面

连线代表有交互，期待随着时间增长，交互密度有增长，如图 9-12 所示。

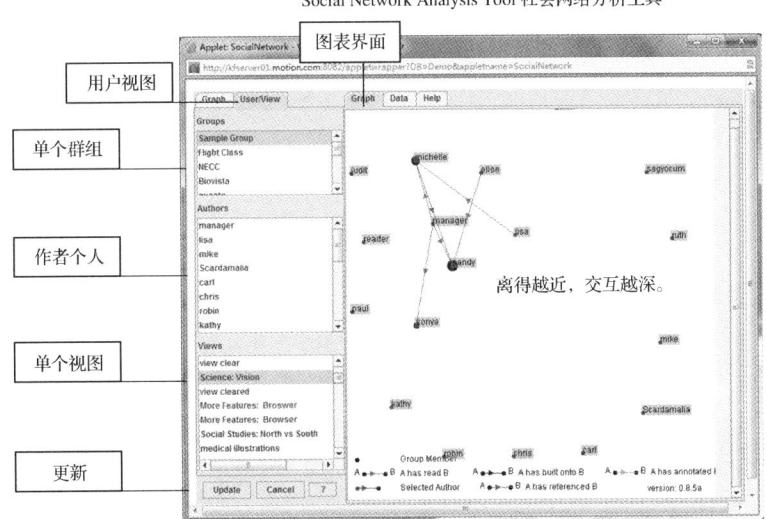

图 9-12　社会网络分析图表界面

3.3 词汇分析工具

词汇分析工具将观点与系统数据库对比,统计每个月词汇的数量和层次的变化,如图9-13所示。

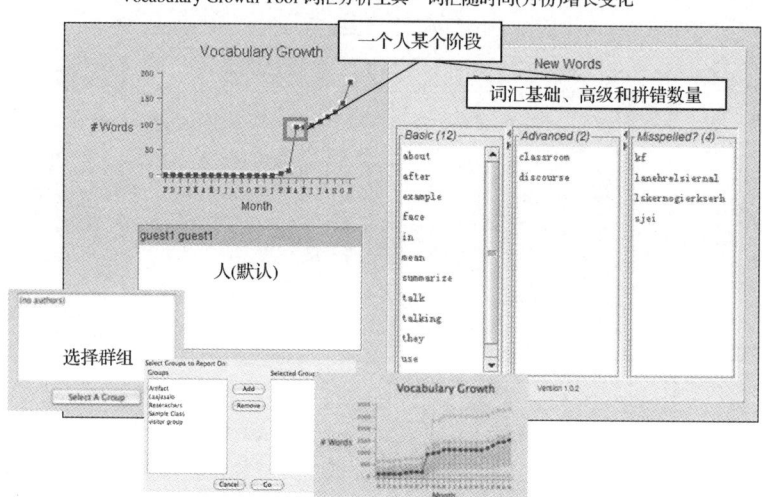

图9-13 词汇分析工具

3.4 写作分析工具

写作分析工具分析学生观点的句子长度以及词汇丰富度的变化趋势,评价学生写作的篇幅以及新词的运用能力,如图9-14所示。

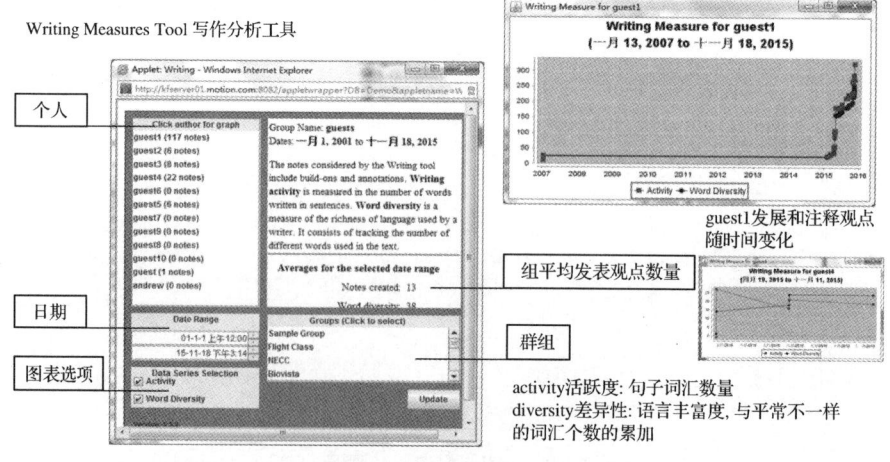

图9-14 写作分析工具

3.5 语义分析工具

提取两个视窗文本中的关键词和短语，分析相互重叠，如图9-15所示。可分析学生的作品和课程大纲之间的重叠范围，进而推断学生的达标程度。

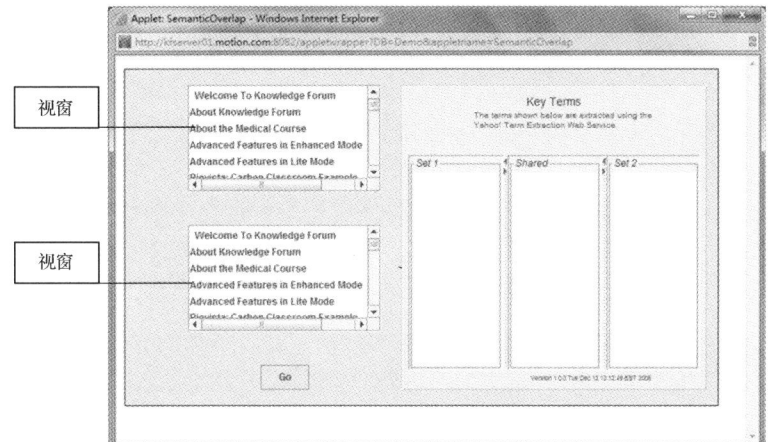

图 9-15 语义分析工具

三、知识论坛对知识建构的支持作用

知识论坛对知识建构的支持主要表现在三个方面。

1. 知识建构的前提：可以通过知识论坛的技术支持把隐性知识显性化

在前信息时代，一般而言，隐性知识无法外化，或者只能是简单外化、短期外化。知识论坛的设计处处体现以观点（idea）为中心的思想，即把内隐的知识先以观点的表达形式外化出来。观点被看作具体真实的事物，在知识建构过程中沿着各自的轨迹发展，可以被讨论、建立联系、发展和升华。学生可以通过反复修改自己的记录提高自己的观点，每次修订都会被保存在后台数据库中。

知识论坛的核心是一个多媒体知识空间,里面的学习以学生熟悉的现实世界中的真实问题为切入点展开。"视窗"(view)用来组织学习者书写的"短文"(note),学生可以自由拖动记录的位置,按自己的方式组织视窗。图9-16是某班学生活动的视窗。

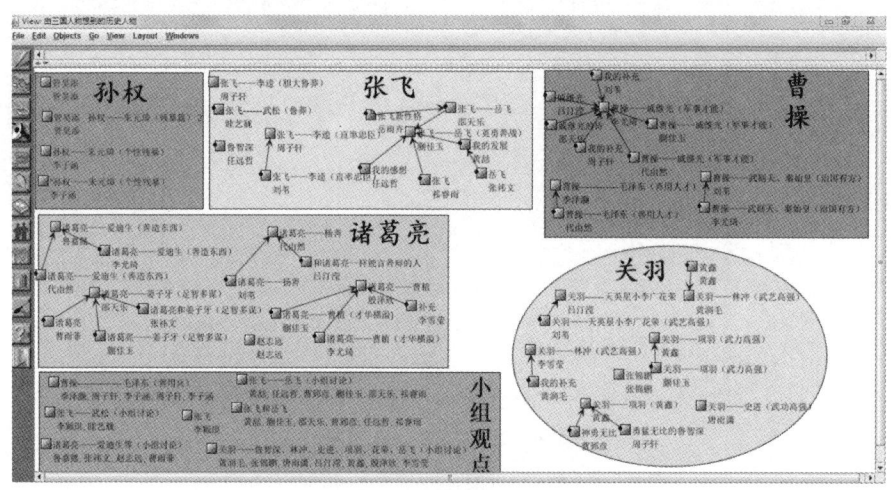

图9-16　某小学五年级学生组成的不同小组的视窗

不同的学习者可以在同一个视窗里共同交流学习,同一个学习者也可以参与到不同视窗的同伴对话中,各个视窗之间的链接还可扩大各主题之间的交互范围。视窗还允许学生跟踪个人对社区做出的贡献并回顾整个学习过程,个人观点的持续发展被自动保存在视窗中,观点之间的联系清晰明确,实现了隐蔽、抽象过程的可视化、公共化和可操作化。

2. 知识建构的目标:知识论坛促进个人知识转化为公共知识

传统的教育观念认为学习是个体行为,知识存在于个体意识中。而知识建构理论则认为知识存在于群体实践中,人们可以利用知识,也可以提高或创造知识。因此,知识建构的机制是引发新知识的持续的创造与提高。即便是年幼的孩子也可以进行知识的建构,知识建构伴随着人的终身学习,儿童与成人的知识建构过程是一样的,只是程度与水平有差异。建构的知识是学习社区的"产品",是学习社区不断发展的认识。

作为一个开放、协同的社区平台,知识论坛是社区内协作和对话的中枢。学生的观点都发表在知识社区中,同时学生也会阅读他人的观点并帮助他人提升观点。社区内的成员关系就是通过相互之间的阅读、发展、讨论、辩论以及连接等建立起来的。知识社区提供"合著"功能,多个作者可以一起写同一条记录,如图9-17所示。

图9-17 新建笔记中添加作者进行合著

知识社区支持丰富的对话方式,支持以图片、绘图、视频为载体的多种媒体的交互。知识建构强调权威性知识的建构性使用,知识社区通过整合语义分析技术,可为学生提供权威性知识的推荐,帮助学生推进社区观点。知识社区的这些功能支持社区知识、民主化的知识和知识的共同进步。

3. 知识建构的保障:知识论坛强调嵌入式的形成性评价

及时的、有意义的反馈对促进知识建构起着重要作用。知识论坛中贡献和参与评价工具、社会网络分析工具、词汇量增长评价工具、写作分析工具、语义分析工具等嵌入的形成性评价工具,和知识论坛分析工具包(Analytic Toolkit,简称ATK)可以为知识论坛中的所有重要活动提供详细的统计学分析数据。

社区成员的各种交互活动都会被知识社区记录下来,这些数据为开发基于证据的形成性评价工具提供了条件。形成性评价工具可以在知识建构过程中不断地向学生和教师提供有关个人和团队的评价信息,帮助诊断社区中存在的问题,引导知识建构活动朝着有利的方向发展。图 9‑18 是某班学生第一次使用知识论坛的社会网络分析,可以看出交互的频次很高,学生的积极性很高。

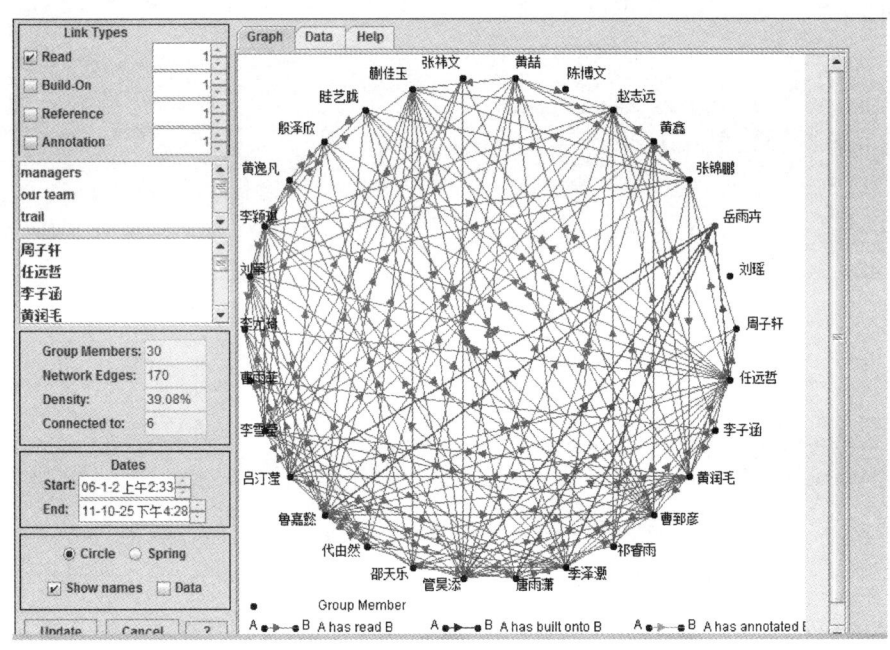

图 9‑18　某小学五年级学生第一次使用知识论坛的交互图

四、知识论坛的教学实例

　　什么时候才是引入知识论坛的正确时机呢?有经验的知识建构教师认为一旦学生开始阅读和书写时即可使用知识论坛。下面就知识论坛是怎样第一次介绍给一年级的学生而展开论证,并描述关键性的允许教师建构知识论坛讨论的课堂活动。

第九章
知识建构的专业工具

1. 使学生做好使用知识论坛的前期准备

这里提到的学生已经具有了两年的知识建构理论的相关学习,在学生进入一年级之前,"知识建构社区"已经形成。他们已经知道如何提出自己的观点,倾听和改进彼此的观点。

知识创造的下一个重要的阶段即将开始:将新观点挪到新家——知识论坛,在这里观点可以被记录,被改进。由于写作和阅读过程的认知起点非常高,在谈到阅读、系统地阐释、拼写或抄录自己的观点时,很多学生会遇到困难。此时,确保学生在身临其境中发展这些过程显得尤其重要。

在开始用知识论坛讨论之前,讨论的主题应该能用于各式各样的环境,被讨论假想和质疑,并且紧密联系学生的直觉、习惯和身边真实的世界。这样,写作和阅读就很自然地进入到知识建构的过程中,十分合理恰当地扩展观点。这就是一年级教师如何为学生创造一个真实的环境来解决这个难题,是他们做好使用知识论坛来阅读和写作的前期准备。

一年级孩子长达一年的调查,是着眼于"周期(cycles)"这个观点。正像在幼儿园,他们开始一个真实的活动:密切观察学校操场边的一棵枫树的四季变化。(如图9-19所示)孩子们每个月都需要在他们实验书上画出树的轮廓草图,画油画或素描,教师进行拍照,如图9-20所示。

图 9-19 学生在课堂外观察一棵枫树　　图 9-20 学生正在为观察到的树画画

十月份,孩子们注意到树的叶子由绿变黄了,这种现象就引导他们思考一些问题。在知识建构谈论中,孩子们围坐成一个圈,分享他们自己的关于树叶如何以及为什么变色的理论,见表 9-1。

表 9-1 学生提出的理论

涉及的知识点	学生的理论
秋天气温的变化	气温越低,变色越彻底
秋天树根缺少水分,气温降低导致树叶腐朽,风吹落了叶子,树干和茎的颜色进入了树叶	当气温降低时,枫树就知道叶子该变色了,所以叶子就和树干和茎的颜色保持一致了
树叶	当叶子落下时,树叶变了颜色

2. 引入知识论坛

当学生们的第一个观点生成、测试、组织之后,就可以把这些观点在社区中记录下来,并进一步改进。这个时候教师就可以演示如何运用知识论坛工具。下面介绍一下怎样在 45 分钟的课堂上给一年级学生介绍知识论坛工具。

在这节课的前 10 分钟,教师让学生坐在地毯上,把知识论坛可视化到一个空白的大屏幕上。教师讲说在埃瑞克·杰克曼博士的儿童研究学院的每一个孩子都有一个电子空间用来写下自己的观点,这样,观点就可以被保存和改进。教师和学生一起讨论决定这样一个新观点:"树叶是怎样变色的?"——这是一个全体学生讨论过的问题。然后教师再解释如何书写短文、如何命名和保存。

第二天,教师单个指导学生,询问他们解释颜色发生变化所使用的理论,教师帮助学生将所说的一切书写在知识论坛所对应的个人名字下,因为此时书写技能对这些学生来说有些困难。为了帮助学生明确表达自己的理论,教师会持续不断地问问题,澄清问题(例如"关于茎你还知道什么?它们到底是怎样改变了树叶的颜色的,能再详尽些吗?")但是要注意,教师不能非要把学生推到一个非常特定的答案中。学生根据自己的观点自由发展,教师只是起到引导作用,不做具体答案的引导。一旦学生完成了自己的观点并把观点记录在知识论坛视窗中,教师就要求学生对自己的短文进行命名。教师要强调命名的重要性,

所命的名是短文的主要观点,或者问:"在你所有的理论中,什么是最重要的?"有时候,教师需要通过问题来帮助学生找到自己的主要观点。

例如:

师:是什么让树叶变成了棕色?	生:是风。
师:所以我们的主要观点应该是"风"?	生:是的。

一旦发布了一个小短文,教师给学生演示如何打开和浏览其他人的短文,并解释关于树叶变色,每个人都会有自己的观点(例如,A 认为是风,B 认为树叶腐烂了,D 认为气温下降了等等)。教师也强调说这是一个存放学生观点的地方,这些观点之后还需要再考虑。在接下来的两天里,教师应帮助每个孩子在知识论坛工具中记下自己的观点。

在教师细心的引导下,学生开始设计实验来验证自己的观点。学生把一片树叶粘贴在窗户上,看是否是阳光让它变色,也有学生把一片绿叶放在一杯水中并置于阴暗处,或是电冰箱中,或冷冻机中。通过进一步的实验、观察以及知识建构对话,教师把学生改进的观点记录在"一定基础上的改进"(build on)短文中。有些学生的观点会和之前的观点相似,有些学生的观点就反映出了他们对于树叶变色的认识上的改进。

> 叶绿素的存在使得树叶是绿色的,之后树叶落下来,叶绿素消失了,所以树叶原来的颜色就显现出来了,即棕色或黄色抑或红色。
> 我觉得叶绿素消耗完了之后树叶又回到了树中,所以当冬天过后,那么多的小芽又发出来了。

之后学生的阅读和书写能力有了明显的提高,他们开始独立地建立资料库,很快地学会打开、阅读班级短文并创建自己的短文。学生对于这样新的挑战感到很兴奋,他们在社区空间里有权限管理自己的观点。学生的观点不再是简单的文字,而是可以被他人记录、增建的观点。

3. 从观点形成到观点改进

学生对知识论坛的最初兴奋消失后,许多教师就开始面临"改进"的困难。实际上,低龄学生对于能够发表自己的观点并可持续书写短文能够保持一定的热情。但是,一旦提到学生相互之间点评短文以及改进自己的观点,那么这种热情很明显地随之消失。因此,观点改进并不按照观点形成的那种天然方式,而且把这些困难的动作行为变得普通易行和充满乐趣更是一个挑战。下面是一年级教师用来促进观点改进的一些策略:

孩子们打开知识论坛,一周两三次。权威资源,尤其是书籍,不要一开始就介绍给学生,不然他们就没有机会阅读其他孩子的短文,而是因为受他们所阅读的资料影响,观点获得改进。

在线学习和脱离资源库学习的相互影响在帮助学生促进知识改进上依然是有争议的。随着学生打开知识论坛,课堂上就开始了知识建构讨论。学生可以彼此聆听他人的观点和问题并彼此改进。当学生下一次打开知识论坛时,就可以把这次讨论所产生的观点书写进去。当学生书写短文时,教师可以教他们如何使用支架,支架即用来帮助指导学生书写思维的诸如"我想知道""我的理论"或新的信息等等这些提示。为了鼓励和教会孩子们怎么使用支架,教师也可以坐在孩子身边,查看他(她)所写的每一篇短文,然后一起决定该使用哪个支架。

动手操作,如实验,亦可以形成观点来写入到短文,或拿到面对面的知识建构讨论中。实验结果可以帮助孩子们修正他们的理论或给他们做下一步实验的启发。图9-21是学生做的有关植物的研究。

图9-21 物种侵略的实验研究

邀请嘉宾来参与相关观点的讨论亦可激发学生的兴趣,从而改进观点。当学生在观点发展过程中呈现出兴趣消减的趋势时,是引入权威资源的最佳时机。教师要提供给学生多种多样的资源而不是单单一本书。查阅资料这个过程是互动的,即教师要适时地让学生们停下来问问题,讨论,建立理论,并且叙述自己在生活经历中所听到的。这些新观点和信息的注入可以激发在知识建构中的火花。图9-22展现的是学生正在认真查阅图书资源。

图9-22　学生正在查阅图书资源

使用权威性资料的另一种方式是让学生和同伴一起阅读书籍。让阅读经验丰富的学生和刚开始阅读的学生组成一组,当他们遇到阅读困难时就会彼此帮助,且会讨论他们各自读到的内容。学生自然就会分享他们已经知道的知识和他们正在学习的知识。

知识建构就是在孩子们在线学习、参与知识建构讨论、阅读权威性资料、动手做实验、短途旅行、和专家交谈这一系列活动中,使得孩子们逐步转变。这是基于课堂需求的一个状态到另一个状态的自然转变。观点自然流动,然后基于这些活动的结果,观点开始向前推进。这样相互作用的结果就是,孩子们最初的观点得到改善和改进。

五、知识论坛使用注意点

总的来说,知识论坛的使用可以分为准备、引入和推进三个阶段。准备阶段是知识建构的初期,是学生拟定探究问题、生成初始观点的阶段。教师本身要熟悉知识建构的12条原则,在这个阶段主要是创设一个真实的情境,让学生的讨论贴近生活、自然,激发学生的兴趣。可以通过头脑风暴、实地考察等方式引导学生拟定探究问题、提出初始观点,运用知识建构圈来帮助学生主动建构初始理论。

引入阶段是教师对知识论坛的介绍和指导阶段。对于尚未接触知识论坛的学生,教师可以抽取20—30分钟的时间给学生做一次集中的培训,而后在学生实际运用的过程中进行个性化指导。

当学生慢慢熟悉了知识论坛之后,可以共同讨论制定一些规则,让使用知识论坛成为一种常态,一种文化。

可以制定的规则参考如下,见表9-2:

表9-2 知识论坛讨论规则

知识论坛讨论规则
1. 尊重他人,不能进行人身攻击
2. 观点表达简洁、概括,可以用画图的形式表达观点,但不能做和主题无关的发言、绘画等行为
3. 引用权威性资料(比如时事新闻、学者理论、名人名言、网上资料等)时,需注明资料的来源,不能直接复制粘贴,要在别人的基础上有自己的理解
4. 多阅读他人的观点并做出点评,点评需要有依据,不能只说"不对""我反对",需要写出你的理由,发表有价值、有意义的看法
5. 在写自己的观点的时候,要多运用支架,可以引用其他同学的短文,但必须要在理解的基础上引用,说明理由并标注出处
6. 不要随意拖动图标
7. 不能随意修改别人的短文,修改自己短文时不要删除原来的内容,修改部分以下划线的形式做上标记

推进阶段是知识建构的精华所在,教师可以使用如下策略鼓励学生进行知识建构和网上讨论:

- 降低教师的干预,培养学生独立思考解决问题的能力。让学生自行掌握学习进度、研究的深度与广度。在使用知识论坛过程中,不能框定学生的答案,要以引导的方式帮助学生学会思考和表达。
- 鼓励学生质疑、猜测,培养学生发现问题的能力。质疑的过程是学生

第九章
知识建构的专业工具

反思题目的定义和讨论焦点的一个很好的方式,有时候在质疑、猜测的过程中还能开辟新的探究方向,提升讨论的层次。要及时将新的问题记录在知识论坛中,不断深化观点。

- 为学生提供个性化指导,协助学生更好地利用知识论坛的功能。标题要简洁、明确、有意义,帮助学生学会反思总结核心问题;鼓励学生使用支架,制定特色支架;在合适的时间引入权威性资料;鼓励学生使用关键词及检索功能;坐到学生身边做指导,给部分沉默的学生多一点时间和耐心等。
- 适当的表扬鼓励。教师把写得比较好的笔记展示给全班,比如灵活运用支架的观点、互动良好的视图等。也可以让学生上台来自我展示,让学生分组讨论,继续改进深化观点。
- 结合课堂讨论,让学生在线上线下间互相建构。线上的交流往往存在意见表达不及时、困难等问题,课堂讨论正好可以弥补不足,让学生在观点碰撞中不断深化观点,也让学生在遇到问题的时候不再是第一个找老师,而是可以找同伴。同时,学生在讨论过程中出现错误,老师不能立即做出批评,要以开放宽容的态度让学生进行讨论。同伴之间的交流有互助和互评的作用,能让学生认识到自己的错误和不足,并做出改善。只有当大部分同学的讨论方向出现偏差时,才需要教师的适当引导。
- 过程性评价。教师可以使用反思总结的方式让学生进行自我评价与比较,比如写一篇反思性短文,将反思做成提纲加入到支架中等。也可以借助知识论坛的评估工具,对学生的参与贡献、交互情况、词汇、作文、语义等各个方面进行阶段性的评估与改进。

总之,要想成为一个优秀的知识建构教师,并不意味着简单地把每日的课堂工作做一个转变,而是要在理解教育目标等方面做一个大的转变:从关注学生学习活动到建构社区知识的一个转变。同样,知识建构中,学生的任务是逐步改进他们对世界的理解。知识建构教师要坚持不懈地帮助学生改进他们对自身实践的理解,这样,这些实践就可以被进一步探究。

第十章
知识建构中文版工具——数课论坛

中文版知识论坛的设计与开发,既要反映国际学习科学发展的新思维,也需要结合中国的教学实践。所提出的"数课"概念就是哲哲结合的体现,即"数据支持下的自主合作生成式学习",是一种大数据时代针对21世纪人才的要求下学习方式的一种描述。在这个基础上,是相应地支持这种学习方式的课堂教学方式、评价系统、课程设置模式、课堂和校园文化价值取向、教师专业发展模式及学校管理制度。

"数课"是以学生的观点生成和持续改进为中心,以知识建构为理论基础,以学习分析技术为支撑,以课堂教学为抓手,以课程建设为手段,以教育评价为核心的创新学习。"数课"强调行动、分享与合作,并注重与新科技手段结合,逐渐发展为跨学科创新力培养的新途径。在数课教育中,学生被看作是知识的创造者与贡献者,而不仅仅是消费者,教师是知识建构的组织者与对等参与者。过去,教材是学生的世界;今天,世界是学生的教材。"数课"教育是生成性教学,鼓励学生参与其中并针对现实世界的问题探索创造性的解决方案。

数课理论提出要关注七大要素。其一是大数据。数课是建立在足够的可以获取、应用,继而生成的大数据基础之上;数据获取与应用是学生自主学习得以实现的必要条件,大数据给予了这种条件;大数据的生成是学生学习的元认知过程,学生通过数课留下自己的学习经历,这是任何学习方式都难以企及的结果。其二是数字。数课的运作在于一个公共的社区论坛,学生有自己的个人工作空间,有教师引领下的班级空间,有与家长在课堂学习过程中可以沟通的社区空间;有能够跨越文化、国界进行交流的全球化空间,有获得大数据支撑的链接空间,有属于个人求助的定制空间等。学生通过社交媒体等还可以随时随地留下自己的行走历程,学生的"足迹"踩在了互联网上。现代教育技术无缝对接课程与教学,促成了学生自己的"数课"。其三是课程。自下而上完全由学生自主生成与建构的课程成为现实。课程作为产品、作为学生的消费品是我们这个时代认知重建的巨大成就。课程开发过程就是实现学生、教师、学校的发展,学生已经成了课程开发过程的主体。其四是

第十章 知识建构中文版工具——数课论坛

课堂。数课的基本理念之一就是学习是在互联网发表自己的观点。学习在课堂内,却又不在课堂内,这就打破了一直困扰我们的学校围墙、教室封闭问题,也破解了实践性学习、课外探究性学习面临的难以组织、难以控制、安全因素等问题,学生在课堂内就可以预知课堂之外,开放生成具有了个体的自主建构性。其五是创新共同体。现实空间里面的合作必须以"小组"为组织,"化整为零"便于交流,便于合作,但数课的推行恰恰是"化零为整",数课论坛的运用带来了这种可能,一个个的创新共同体在班级授课制的体系下由此生成,学习成为一种广义的合作,自组织理论因信息技术而得以实现。其六是公共知识。数课的核心理念,意味着社区公共知识的产生和发展。数课不仅仅是提供课程,而且是创建课程,并将创建的课程留在一个公共空间里促进知识的再加工、再生产。在数课背景之下,学习是合作生成公共知识,并将公共知识推进和发展的过程。以学生的思想生成和持续改进为核心要务,这些公共知识是在知识建构背景下兼具小数据与大数据价值的学习产品。总体来看,这样的公共知识经历的过程是"知道是什么—知道怎样把知识运用到生活中去—高阶思维—创新"。学习过程的层次和学习结果的价值都在提升。其七是学习分析。为了预测和指导学生的学习,通过智能数据、学生产生的数据以及分析模型的应用,来发现信息和学生之间的社会联系。利用数

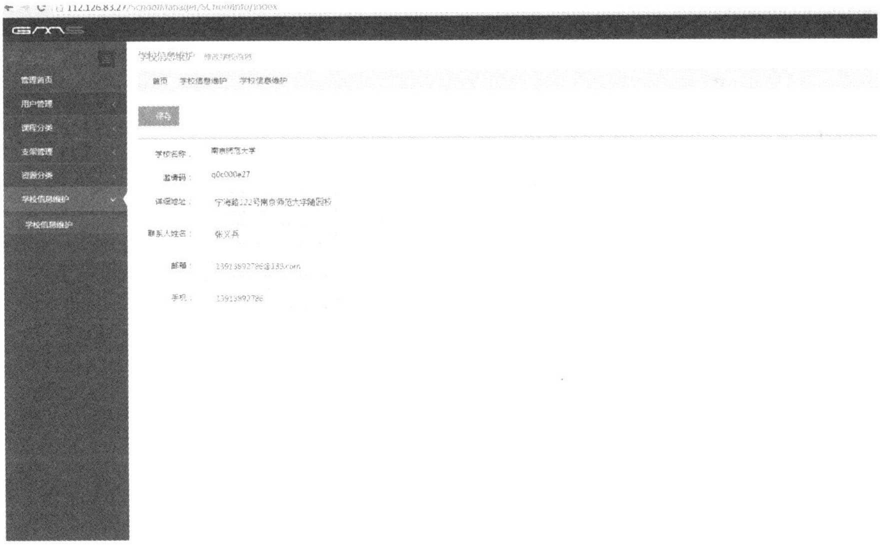

图 10-1 数课论坛界面

据挖掘、数据解释与数据建模的优势来改善对教学和学习的理解,以及为个别学生量身定制更有效的教育。数课论坛的运用需要集合这七点变化,理论结合实践开展教学。

一、用户注册

在浏览器输入网址(http://112.126.83.27/shuke/Home/login)进入数课论坛登录页面。用户点击下方箭头所指点击注册,弹出用户注册页面,填入相关信息进行用户注册,如图 10-2 所示。

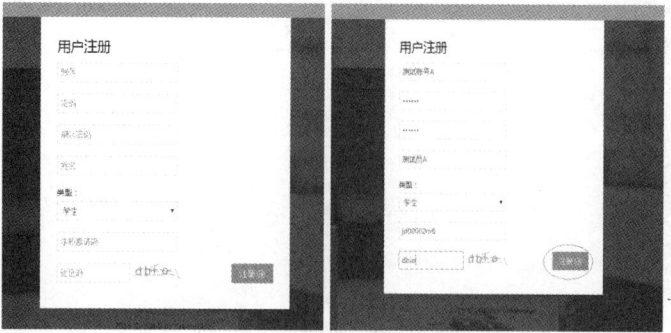

图 10-2　用户注册界面

第十章
知识建构中文版工具——数课论坛

用户注册完成后回到登录页面进行登录,如图 10-3 所示。

图 10-3 用户登录界面

用户登录后,进入论坛首页(因为是新用户,所以没有任何数据),如图 10-4 所示。

图 10-4 论坛首页

二、板　块

首先,在左侧菜单栏中选择"我的板块"进行创建/加入一个板块,如图 10-5 所示。

163

知识建构：
新教育公平视野下教与学的变革

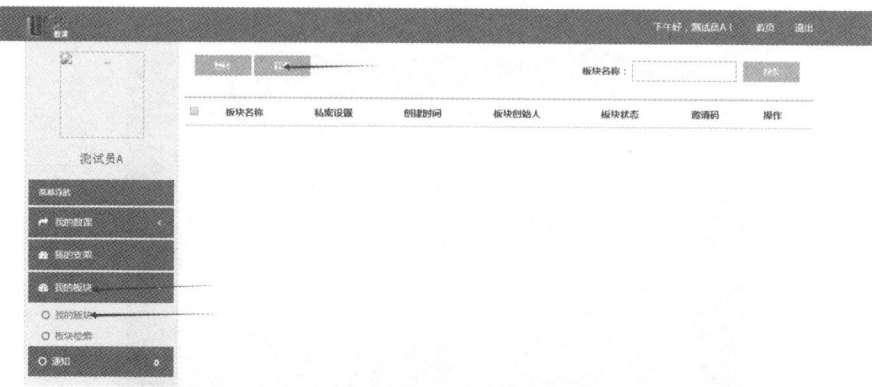

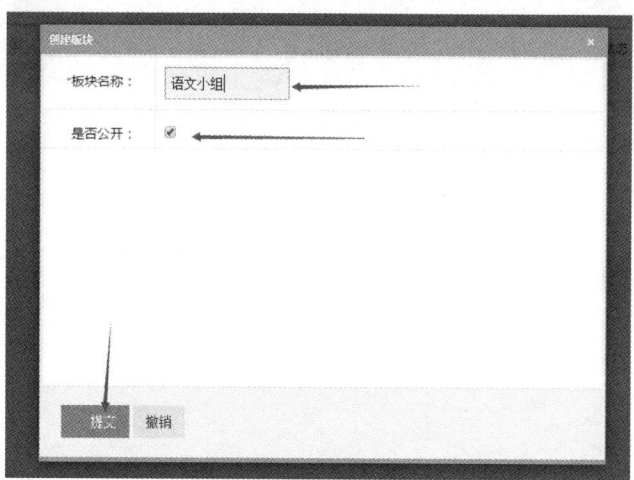

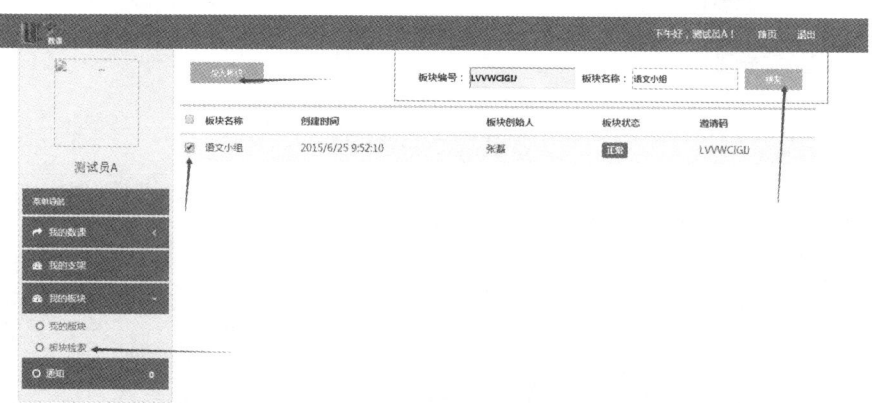

图 10-5　创建/加入一个板块

三、我的数课

加入板块以后,在"我的数课"一栏下拉菜单中出现刚才添加的板块,如图 10-6 所示。

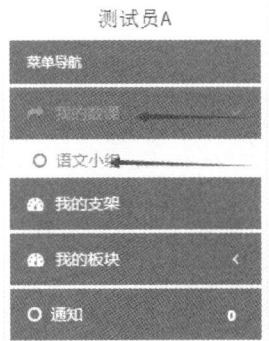

图 10-6 创建/加入板块后的界面

点击"语文小组",进入"语文小组"板块,如图 10-7 所示。

图 10-7 "语文小组"板块

进入板块后就可以使用上图方框发观点(发帖子),从上到下依次是发短文、发图片、发视频、发音频、升华、返回顶部功能。

在观点中我们可以进行发展(回帖)、收藏、点赞等操作。

播放视频时,等待缓冲完成播放最宜,,如图10-8所示。

图10-8　播放视频

四、统计分析

点击"统计分析"进入"统计分析"界面,我们提供了多种样式的统计分析,为教师提供数据支持,,如图10-9、图10-10、图10-11、图10-12、图10-13所示。

第十章
知识建构中文版工具——数课论坛

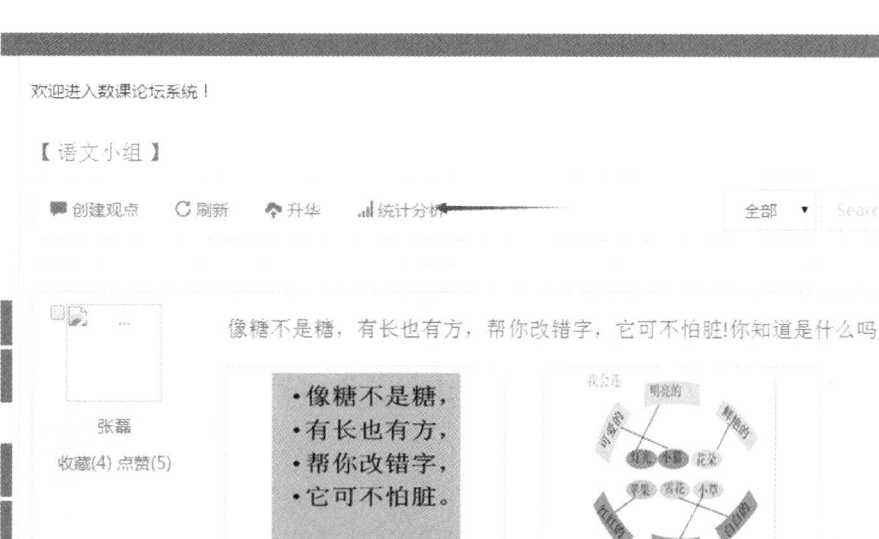

图 10-9　统计分析

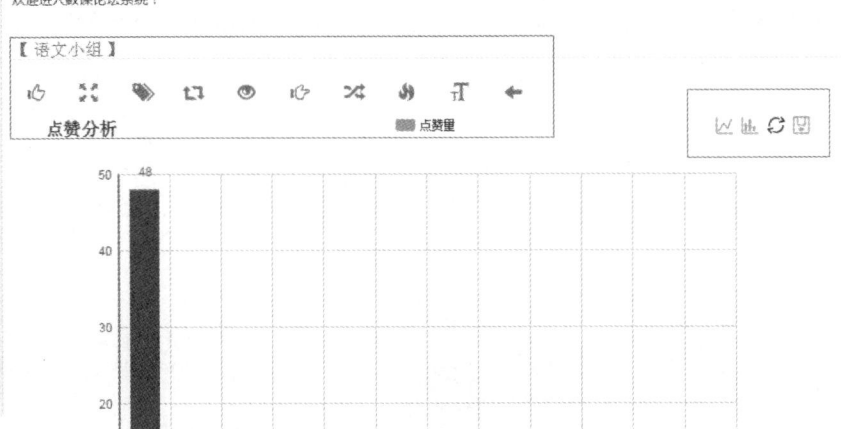

图 10-10 点赞分析

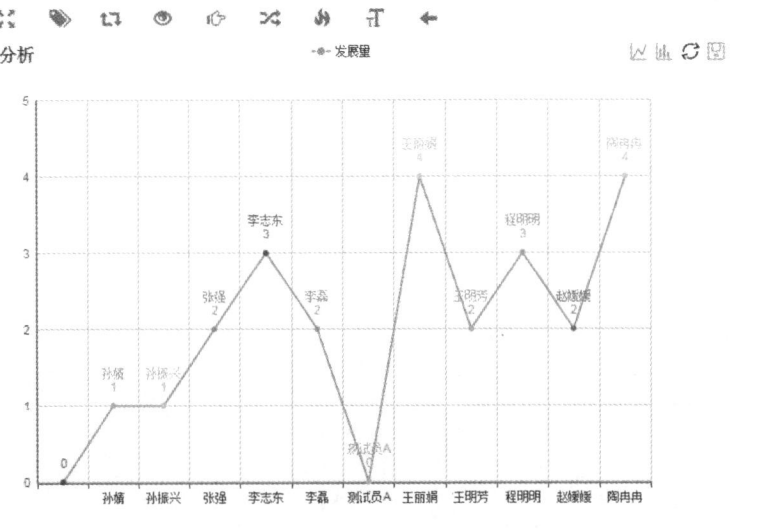

图 10-11 发展分析

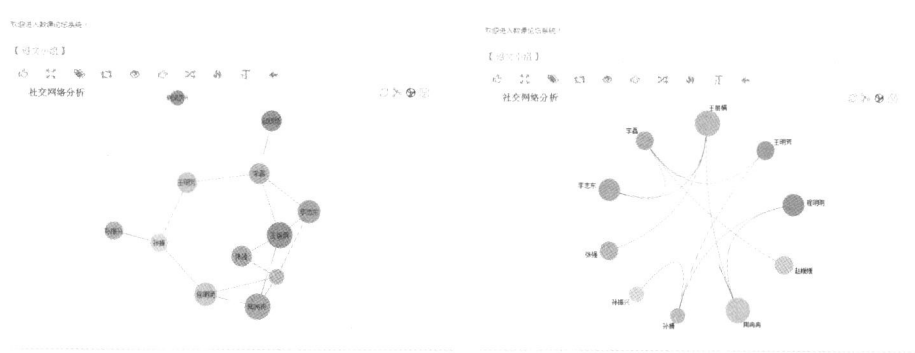

图 10-12 社交网络分析

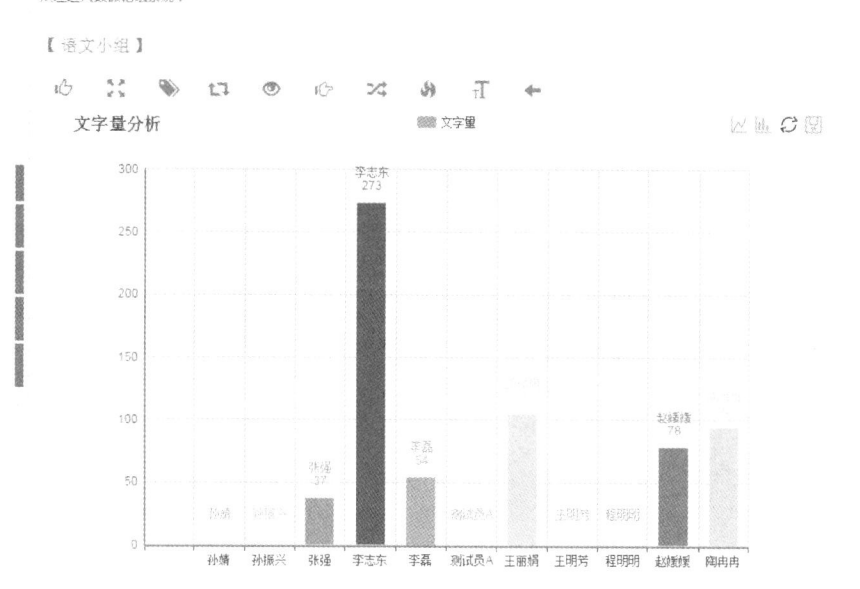

图 10-13 文字量分析

第十一章
知识建构教学的辅助工具

一、知识建构记录本

要运用好记录本,首先,要认识到知识可视化的重要性;其次,要从知识建构理论角度看待记录本的作用。知识建构理论认为,学生在知识建构过程中提出的所有观点都是有价值的,需要及时记录下来,才能被长期保存;记录下来的知识,也才能被赋予生命,在此后不断地修改中进行提升和发展;通过记录本对学过的知识进行梳理,有利于知识在学生认知中生成系统性;基于记录本的持续记录,知识建构才有可能向前进。

记录就是把听到的话或发生的事写下来,或者是在实地考察的当场及时记录下材料。记录是阅读的一种方法,需要长期反复地使用。上课时、阅读时、看到有用的知识时,都会很自然地拿出记录本来记,这种知识的积累和形成的笔记习惯是很有价值的。重读笔记,能再现学习的经历、分析学习中的闪光点。知识建构过程的每个环节都需要运用记录本:探究了的课题、收集到的与课文内容相关的资料与信息、课前预习所产生的问题、课堂中了不起的发现和提出的有价值的问题、探究活动后提出的新问题、本课的重要知识点、科学概念与结论等。

记录本的使用还有利于家校之间的沟通,按照知识建构过程学生是积极的认知者的原则,可以在开学初就引导学生讨论记录本的作用、价值与应用方法。让每个学生准备一本知识建构记录本,讨论与制作表格评价课堂表现(参与是否积极、提问是否有研究价值、设计是否有创新意识、是否学会倾听他人的意见、是否会收集整理信息、同伴之间交往合作的能力等),单元总结性评价,结合自评、家长评语,为家校联系搭建平台。

知识建构教学过程中,教师在记录本的使用中要做好一个引导和鼓励的

第十一章
知识建构教学的辅助工具

工作，一般可以从以下方面展开。

1. 科学规划

新学期开始，教师可以要求每个学生配备一本连续使用的记录本，并让学生对记录本进行"包装设计"，激起学生的兴趣。如在扉页贴上自己最崇拜的人物照片，写上自己最喜爱的名言，创作自己的"学科感言"等。一开始就要让学生有分类规划意识，把知识归纳成若干部分，便于分类整理、记忆、运用。如语文：让学生按顺序分成字、词、成语、文言文、名言警句、诗歌鉴赏、文学文化常识、精彩语段摘抄等专栏，并自制目录。

2. 培养习惯

培养学生意识习惯的时候，教师需要引导学生记什么、怎么记，在这两者之间要收放结合，关注内容，告诉学生记什么，怎么记可以由学生决定，教师只需找准时机提供相关的支架和策略。知识建构教学中主要是记录"观点及其演变"的过程，但也需要分门别类，根据生成性课程具体开展，以下就语文、科学和数学三门课程为例展开：

- 语文课中：知识建构课上阅读与写作是一个个体不断建构的过程，在与班级社区成员的交互中，涉及拓展的字词、补充的成语、名句等，这些内容都需要立即记录下来，及时整理，积累成为字词和成语集；小组、班级成员所讨论、写作的中心句、关键词、过渡语、照应语和结构层次、修辞等都可以用不同的符号标记出来。通过课后的整理，形成自己建构的知识体系。
- 科学课中：在知识建构情境中所观察到的现象、所发现的问题、所提出的观点是需要记录的基本元素。记录本要记录所有的实验过程，包括设计实验方案、不断改进方案、及时记录实验现象、分析实验结果等。很难想象，若是没有记录本，我们如何跟踪研究的过程（如热空气上升的原因）、记录描述客观事物与现象（如各种各样的叶子及生长方式）、记录课前研究（如不同地方空气中灰尘多少比较）、记录研究结果（如紫甘蓝汁滴入不同溶液后的变化情况）等。

● 数学课中:数学课的知识建构教学是为了培养学生的数学素养,而不是仅为了知识与技能。因此,记录本的主要作用不是用于简单记录课堂上的知识要点(尤其是数学概念、公式等),更不能等同于练习本。知识建构数学课上的记录本运用,更多是要记录学生自己对数学问题的分析、解决问题的观点、不同的解题思路等。当然,记录本不仅是知识建构过程中的"碎片"的记录,更是不断勾画、修正数学理论体系的过程。这种体系包括:数学课上学习的回顾与反思,写练习或检测中存在的典型的、出错的问题的归类、不同单元内容之间的关联等。

在记录本上,学生可以"圈、点、勾、画、批注",可以用不同颜色的笔、不同的符号把不同观点、观点与观点之间的关系标记出来,并随时把自己的想法和疑问写在旁边,如图11-1所示。因为知识建构是无处不在的,所以也需要培养学生课外运用记录本的习惯:查找工具书、阅读报刊书籍、上网查阅信息等,要及时在记录本上记录,写下个人的思考。教师在引导知识建构的过程中要及时提醒学生拿出记录本,每次研究的过程及结果都要让学生及时归纳整理,进而提出新的问题。

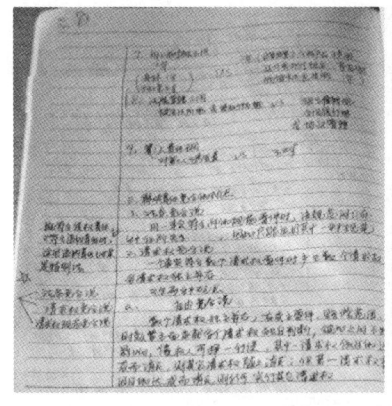
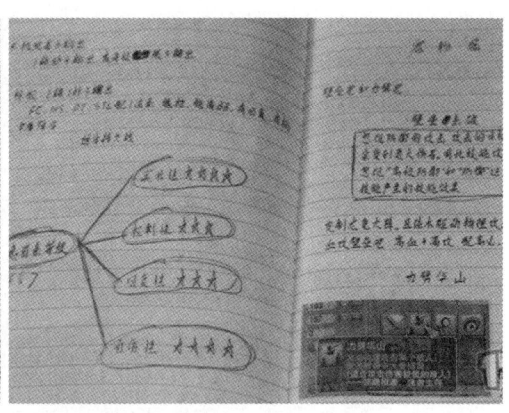

图 11-1 不断建构的记录本

当然,教师要鼓励每个学生都形成其具有个性特征的记笔记方式,要尽可能让学生选择喜欢的形式,不要强调千篇一律。适宜的记录形式既能提高记录速度,又可以更好地发挥记录的实效性。比如,低年级学生可以用直观形象的简笔画、体现学生个性的符号、简单的话、不完整的句子、关键词甚至贴上剪下来的图片、标本等多种形式来记录,如图11-2、图11-3所示。

图11-2 简笔画和贴照片

图11-3 关键词和贴树叶

3. 强调提出真实观点，不断推进问题研究的深度

记录不是为了简单记忆，而是为了引发持续的研究。不要让记录成为负担，继而草草了事，教师应当激发孩子真正的内心需求，使研究记录成为探究活动的必然环节，成为表达探究成果的重要方式，保证孩子的探究是有价值的行为。教师可以为学生设计一些简单的笔记支架，提供一些记笔记的策略。比如图11-4所示"我的研究信息记录表"，上部分是我研究的问题和我的理论，左侧是查阅的权威性资料，右侧是我的发现以及我的问题。这个表可以印发给学生，添加到记录本；也可以让学生仿造该表，在自己的记录本上勾画出记录的线索。这样就可以在一定程度上让不会做记录的学生有所参照，让学生明白自己需要把提出的观点及相关知识，通过语句、问题等形式外化出来，让停留在浅层现象的学生积极发现问题、思考更深层次的问题。

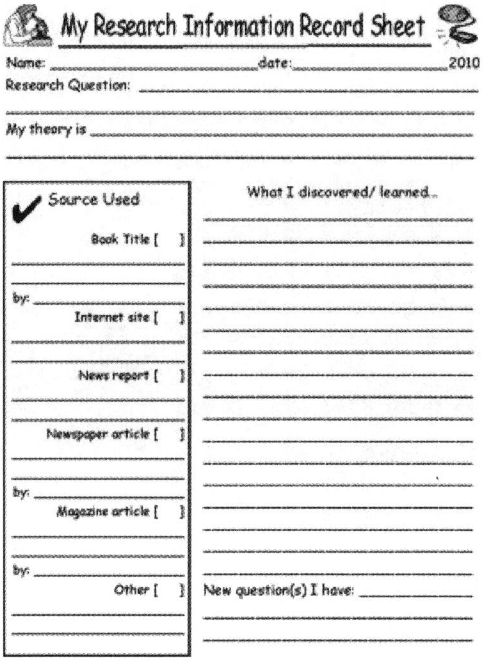
My Research Information Record Sheet

Name: ______________ date: ______________ 2010

Research Question: ______________

My theory is ______________

Source Used

Book Title [ ]

by: ______________

Internet site [ ]

News report [ ]

Newspaper article [ ]

by: ______________

Magazine article [ ]

by: ______________

Other [ ]

What I discovered/ learned..

New question(s) I have: ______________

图 11－4　我的研究信息记录表

4. 关注交流记录，及时概括表达

为了切实做到这一点，教师可在开始上课时先指定两三名学生宣读笔记内容，交流评价。通过回顾，找到本次课的研究起点。这也会让学生有成就感，形成自我鼓励和社区成员的相互督促。

学生的分享交流可以是：发现问题的交流，及时让同伴知道自己的新发现，并使别人接受自己的发现；发现结果的交流，会促使学生学会用自己的语言对探究的结果进行概括和表达；发现情感的交流，让学生表达自己的愉快、兴奋、紧张、沮丧等情感，并让同伴和教师共同体验、感受这种情感。

记录本的运用需要给予学生充分的时间和机会去说明、描述记录的内容。对学生不清楚的和模糊的发现或语句，教师可给予知识建构话语指导下的启发，让学生学会用简洁明确的语言表达、描述科学探究的过程和结果，提高他们概括、总结科学现象的能力。

5. 适当运用形成性评价,反思知识建构轨迹

在教学过程中,教师可以引导学生讨论自己的研究记录,如哪些地方做得比较精彩,哪些地方还需要改进等。此外,在每一主题单元学习结束后,教师都可以开展一次单元学习小结课,其中一项重要的内容就是对记录本的评价,采用的主要方式是小组成员之间的互评、小组间的互评交流、教师的书面评语评价等。还可以通过课后展示上墙、学期评比等手段激发学生的成就感,鼓励学生经常翻阅自己的记录本,感受自己的点滴进步。对记录本的形成性评价,不仅能够增强学生的自信心,还可以描画出学生的成长轨迹,是一种较好的知识自我建构的过程。

6. 在知识建构的不同环节中,如何运用好记录本?

分析这个问题,可以以《养蚕》一文为例子展开:

6.1 课程引入阶段

教学起点是学生已经经历过一个养蚕的观察阶段,所以一开始没有要求学生准备一个个性化的记录本。首先是要求学生从自己的经验出发,提出自己养蚕时发现的问题。教师的话语可以是:在养蚕的过程中你遇到了哪些问题,你对哪些问题感兴趣,哪个问题是你想深

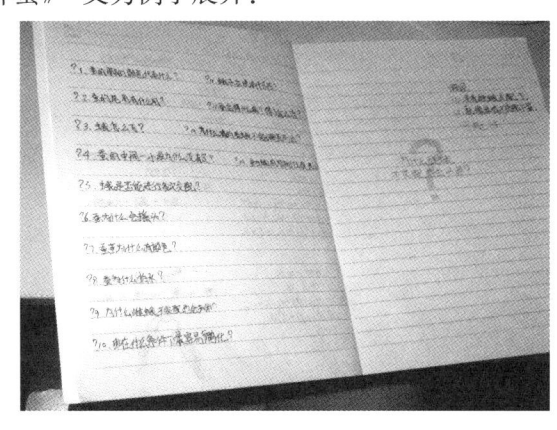

图 11-5 一位学生的问题

入研究的。小组到班级的口头讨论后,再要求学生根据自己的实际情况进行思考,然后把自己的问题写在记录本上。图 11-5 是一位学生提出的问题。他口语交流时提出了很多问题,并把自己的问题一一写到记录本上,进而决定聚焦一个最感兴趣的问题。

教师在这个环节帮助全班学生进行问题的汇总,围绕相近或相同的问题

进行归类,如图11-6所示。在黑板上写出学生的多个问题,也是另外一种记录方式。教师接着引导学生进行3—4人的分组,以便展开讨论,聚焦问题,进入下一轮的假设阶段。

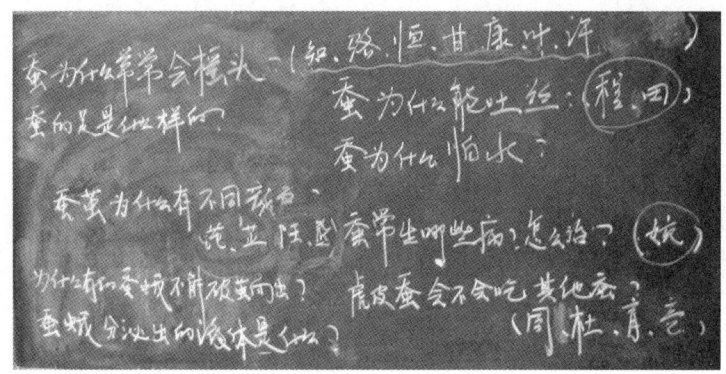

图11-6 教师帮助学生问题汇总的板书

6.2 观点的提出与发展阶段

小组讨论后提出初始观点,用以支撑自己的问题的解释。引入权威性资料验证观点,提出小组新的观点或假设,并整理到记录本上。在这个引入权威性资料的过程中,就可以引入上文中提及的问题推进记录,这样做可能对于学生来说更有帮助。图11-7为两个小组的假设。

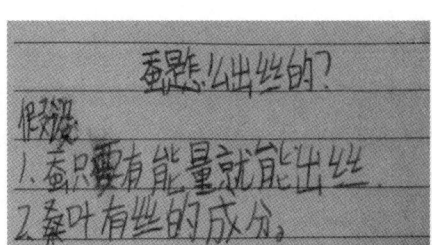
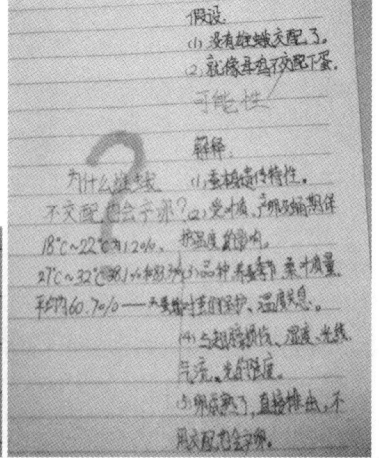

图11-7 两个小组的假设

6.3 实验方案的设计

教师介绍一些支架给学生,鼓励学生按照支架的路径写出思路,比如"验证时应该使用几只蚕?蚕应该放在什么地方?是干燥的还是潮湿的?"图11-8为教师给学生设计的实验支架。

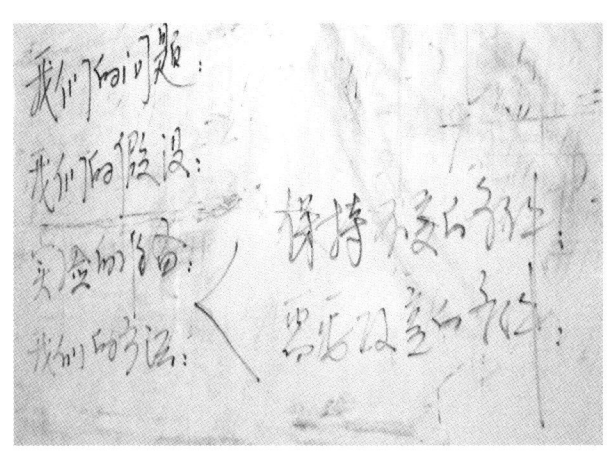

图 11-8 教师给学生设计的实验支架

教师要求学生对实验有一个预期的结果,对于进度比较慢的学生,在活动过程中教师会展示一些相对优秀的案例来引导鼓励学生,图11-9为学生设计的实验。

当然,在初始观点的提出、假设的形成、实验的设计以及最终汇报的过程中,还用到了其他的交流工具,比如汇报用的 office 工具,以及展示交流观点的知识论坛,最后记录在纸上的是一个阶段性讨论的成品。虽然没有直接对记录本上的内容进行一个全班的展示,但是学生的观点每时每刻都能通过网络平台进行相互的讨论和碰撞。这种线上线下的整合方式或许更适合现代化的教学模式。在这个教学活动中,记录本记录了学生在每个阶段对于问题的深入过程,记录了学生整个的成长过程。当然,由于这个班处于知识建构初期,每一次的记录任务都是教师布置给学生的,尚未涉及评价的过程。

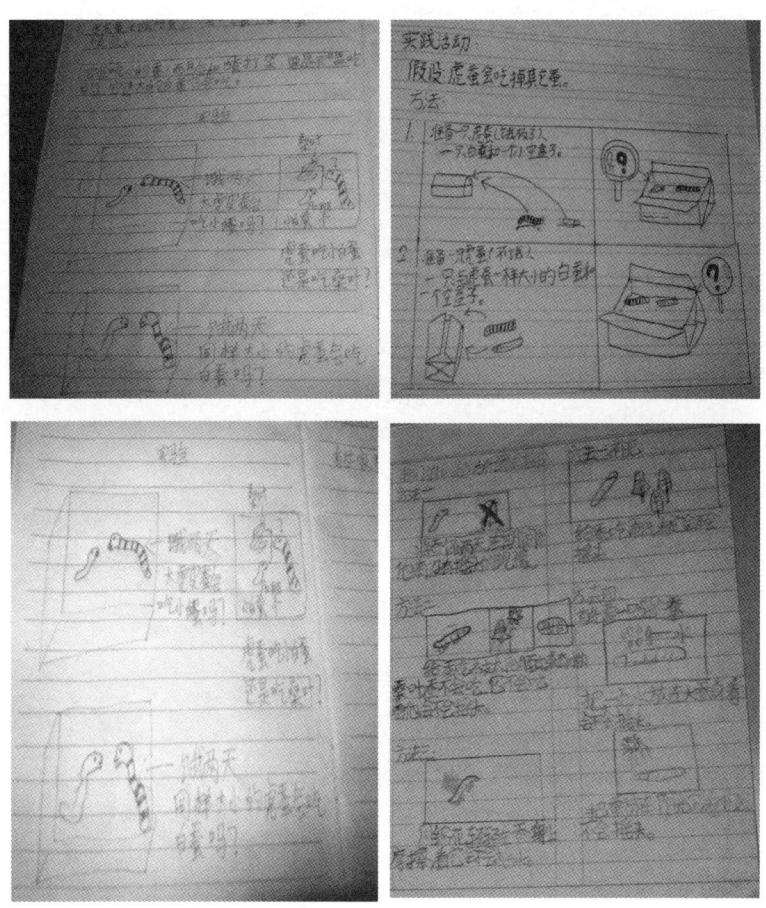

图 11-9　学生设计的实验

二、便利贴与美术纸

1. 便利贴的使用

便利贴也叫便签、报事贴，贴纸背面带有黏性，可在便利贴上记录下你想

要做的事情,然后撕下贴纸粘贴在你容易看见的地方,提醒自己有待办的事项。并且还可以用来告知人们信息,十分方便。(如图 11-10)

在知识建构课堂中,便利贴有什么作用呢?

课堂中的团体知识建构是通过学生共同参与的集体智慧和思维碰撞,社区中每个人将自己的观点充分地表达出来,形成集体决策和群体行动的过程。具体来说,每个人可以将自己的观点写在便利贴上,大家一边表达自己的想法一边将自己的便利贴贴在墙壁、黑板或是海报纸上,通过将便利贴合并或移动,对所有观点进行分类、整理与合并、删除等。这种方法既可以根据问题进行小组分类,也可以形成群体的观点和进一步的行动。

图 11-10 便利贴的日常使用

在课下,学生可以在知识建构墙上就某些学习主题或时事题发表意见,他们将意见的便利贴贴在黑板上,同学们相互阅读,然后将回馈的问题写在另外的便利贴上,并粘贴在墙上。这种便利贴交流的方法,可以让学生们互相分享他们的意见,互相回应,一起建构观点。(如图 11-11)

图 11-11 便利贴的张贴与移动

若要采用在线便签协同创作,也可以使用网站(https://mural.ly/),具体如图11-12所示。

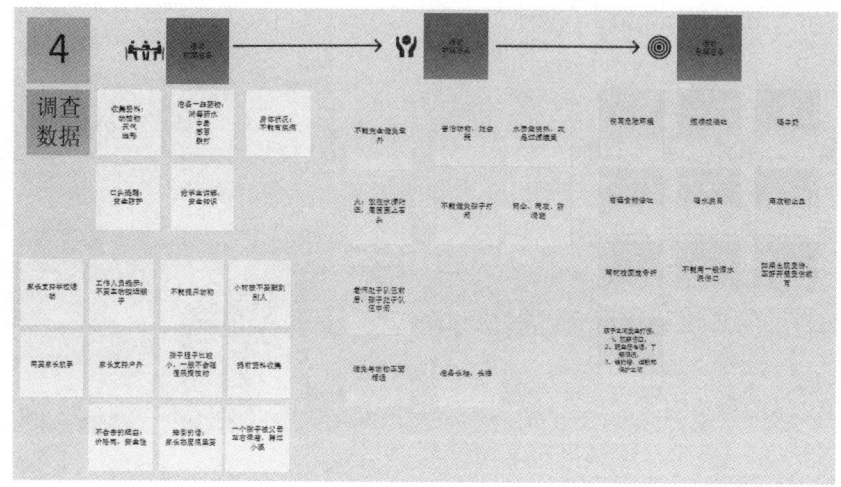

图 11-12 在线便签

在良好的知识建构文化下,学生在发表意见时无须顾虑自己的观点是否完善、是否准确、是否被同学老师接纳等。教师让学生使用便利贴,是要让学生明白,精辟的意见和回应不一定长篇大论,学生只要将观点表明即可。这样有助于减轻学生的压力,有助于鼓励他们表达意见。这是知识建构成功的必要条件。

2. 美术纸的使用

学生个体或是小组,都可以在美术纸上写出他们的意见或问题,根据自己的观点架构知识体系。美术纸可以张贴在黑板上,或是墙壁上,以便学生展开相互交流。每组学生在课堂上轮流汇报,解释他们为何想探究这些问题,这些问题为什么值得研究等。(如图11-13、图11-14)

美术纸与便利贴适合于三个方面:

- 师生群体共同讨论解决某个教学问题或教研活动,将所有人的所有观点形成便利贴粘贴在项目墙上,将思考过程可视化,帮助理清思路,充分挖掘每个人的想法和潜能。
- 适用于任务分工,将每个人的照片或头像贴在每个人承担任务进度上,可以看到整体任务如何分配给个人,也可随时查看整个学习主题

进展情况,将学习任务可视化。
- 主要用于个人观点表达或活动总结反思,将思路由混乱状态表达得更清晰,将总结反思可视化。

图 11-13　小学生绘制的海报,展示他们对课题的想法和了解

图11-14　学生汇报小组想法,黑板上的纸展示了他们小组的讨论成果

三、博客圈

博客一词,音译自英文单词 Blog,是 Weblog 一词的缩写,由 Web(环球网)和 Log(航海日志)结合而成,意即"网络日志"。中文"博客"一词既指博

客网站,又指博客作者,而英文博客作者的称谓写作 Blogger。

博客是一种介于私人日记和网络向导之间的个人发布平台。人们在博客平台申请各自的网络空间,在该空间内充分利用各种网络技术自由发布和管理自己的各种资源,内容多为对个人生活或网络事件的记录、评论,包括文章、随笔、收藏、相册等,其形式包括文本、链接、图片、音频、视频等等,这些内容都按照年份和日期排列。博客既可抒发个人情感,是个人日记的变体,也可以是一群人基于某个特定主题或共同利益领域的集体创作。

博客又被认为是继 E-mail、BBS、ICQ 之后出现的第四种网络交流方式,它作为一种快捷方便的知识管理系统,也越来越受到教育工作者的关注,并被应用于教育的不同层面,如建立电子档案袋、教师培训、辅助教学、进行知识管理等方面。

博客的流行与其特点有很大关系。首先,博客的技术门槛低,使用者不需要掌握太多计算机操作技术,仅需要会上网和会打字即可。其次,目前有大量免费博客平台可以使用,使用者不需要有经济支出。再者,博客使用者不需要通过管理员即可对自己的博客进行分类管理,具有较大自主性和私密性,便于进行知识管理。最后,博客网站为使用者提供了丰富多样的版式,使用者不需要花太多精力便可获得想要的效果。

1. 博客圈

博客圈是在博客基础上发展起来的,是由博客用户基于共同的话题、爱好或者志向组成的一个社群。博客圈包括三个组成要素,即博客、博主、博客社群。博客是博客圈中的一个结点,故博客圈具备博客的优势,此外它还具备聚合、交流、分享、合作等特点,可作为一个虚拟社区支持学习。与其他虚拟社区相比,博客圈既可以分享信息,又可以兼顾博客的原创性和自由性,做到私密性与公共性的平衡。

国内外很多学校在教学中都采用了可以支持群体功能的博客圈或者是博客群工具,博客在教育实践领域中的应用可以归纳为以下几个方面:① 作为电子档案袋;② 课堂教学的辅助管理;③ 教师职业培训;④ 进行反思性学习;⑤ 研究日志;⑥ 对学生进行评价和教师教学评价的工具;⑦ 学生进

行自主学习、研究性学习和协作学习的平台;⑧ 学校的信息发布系统;⑨ 教师的电子备课本。

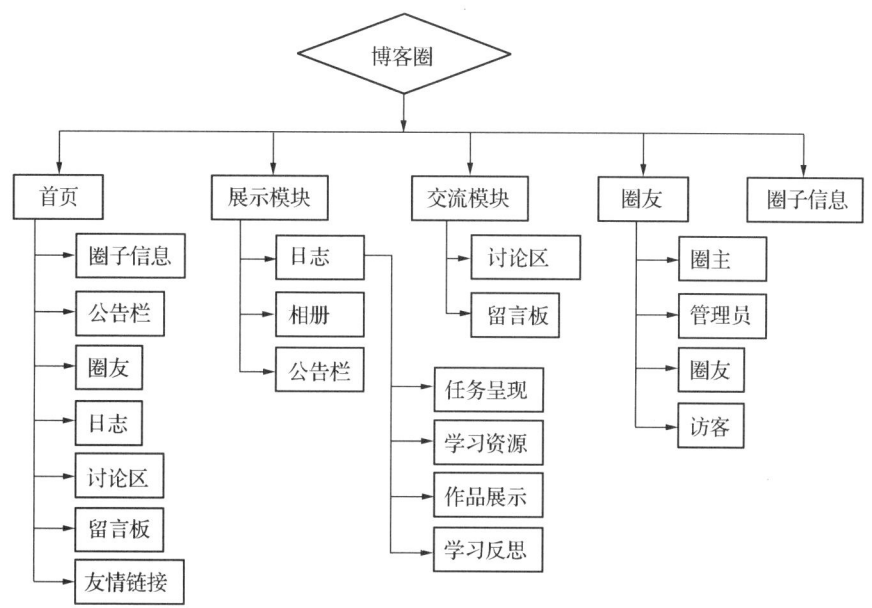

图 11 - 15　博客圈

2. 操作流程

运用博客进行知识建构教学的新手教师,可以参考下面步骤(以网易博客圈为例)。

2.1　注册博客账号

首先,要求学生个人提前申请好个人的博客。对于低年级学生,可以由成人帮他们申请好,这样效率会高一些。

其次,教师将已经建立好的圈子网址告诉学生(如,http://q.163.com/byyxx33＊＊＊＊),学生登录自己的账号后打开网址,单击"加入圈子",提交申请即可。当然,申请加入圈子需要等待管理员的通过方可加入。

2.2　如何修改个人资料

点击"关于我",即可修改基本资料,如图 11 - 16 所示。

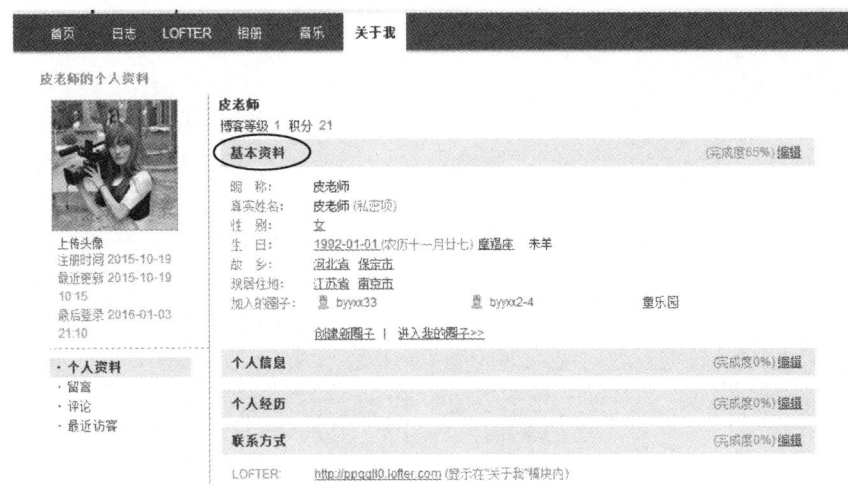

图 11-16　修改个人资料

2.3　已经是圈子成员了,如何进入圈子?

在自己博客的导航中点击"关于我",在基本资料中,点击相应的圈子即可进入,如图 11-17 所示。

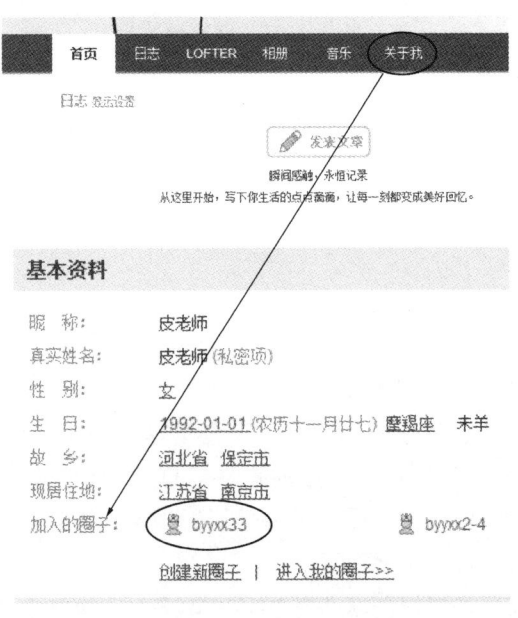

图 11-17　进入圈子

第十一章 知识建构教学的辅助工具

2.4 如何发送圈子消息?

"关于我们"→"管理"→"圈子消息",如图 11-18 所示。

图 11-18 发送圈子消息

2.5 如何在讨论区中进行文档发布?

方法一:在圈子的讨论区中发表自己的观点。

进入圈子后,点击讨论区→发表新主题,如图 11-19 所示。

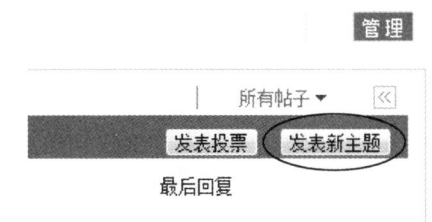

图 11-19 发表新主题

方法二:在自己博客中发表自己的文章,然后推送到圈子,如图 11-20 所示。

图 11‑20　推送文章

2.6　如何在圈子中评论他人的观点？

在发表的主题的右下角，点击"回复此发言"，学生可以互相评论，如图 11‑21 所示。

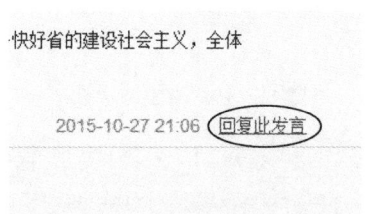

图 11‑21　评论他人的观点

2.7　如何自定义圈子风格？

"首页"→"管理"→"排版"&"设置（一键评论 & 高级风格 & 访问统计）"，如图 11‑22 所示。

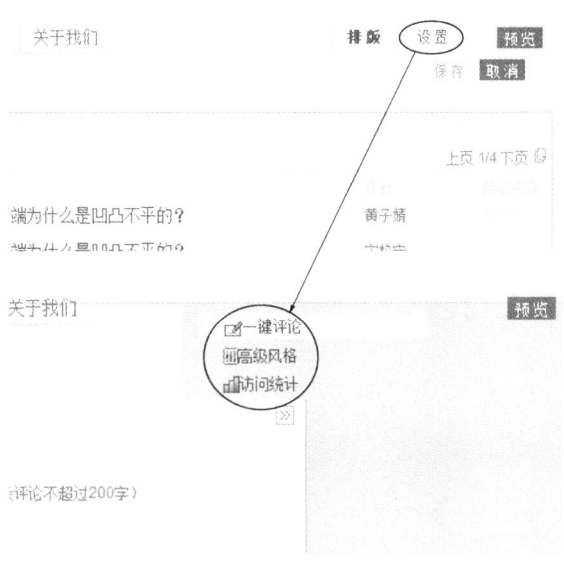

图 11‑22　自定义圈子风格

3. 运用博客圈进行知识建构教学

3.1　准备阶段

某个班级的准备工作从二年级上学期末(2013年1月中旬)就已经开始了,中间横跨了一个寒假。假期的时间成为实施新教学的一个缓冲期,刚好也为学生练习打字、熟悉计算机和博客的使用赢得了时间。因为结合了信息技术的应用,"校园花圃设计与施工——种植日记"知识建构学习的准备阶段分为技术准备和课程内容准备两个方面。技术层面的准备工作主要有要求每个学生注册并拥有一个网易博客账号。多数学生是在家长的协助下完成此项任务的,部分学生能自行申请,也有个别学生原本就有自己的博客。教师在寒假前就建立了班级博客群,教师陆续给每位学生发出邀请,学生接受邀请,于是所有学生和授课教师就组建了一个班级博客群,搭建起知识建构学习的教学平台。技术层面的准备工作还包括技能准备,教师要求学生在假期进行打字练习。课程内容层面的准备工作主要包括:教师初步拟定教学方案,做到心有教学框架;准备教学引入材料——绘本《种子的一生》,向学生初步介绍项目化学习的课程内容;要求学生思考对课程的想法——"我想做什么?"(如表11-1)。

表11-1 准备阶段

阶段(时间)	层 面	具体内容	实施主体
准备阶段 (1月21日— 1月28日)	技术层面	1. 学生申请网易博客账户	学生、家长
		2. 建立班级博客群	教师
		3. 练习打字	学生
	课程内容层面	1. 初步拟定教学方案	教师
		2. 准备教学引入材料	教师
		3. 初步介绍课程内容	教师
		4. 思考"我想做什么"	学生

3.2 活动实施阶段

寒假一结束,天气逐渐暖和起来,是种植植物的大好时机,我们的课程也跟着正式展开了,并以"周"为时间单位向前推进。学习活动分为线下和线上两部分,学生一边忙着照顾好他们自己的花园,一边细心观察园圃中植物的生长变化情况,同时进行拍照记录。问题与观点的提出,随着种植活动不断展开。个人博客一直跟踪每个学生的知识建构的进展,小组与班级空间反映了团体认知的发展。具体学习安排如表11-2所示。

表11-2 项目发展

阶 段	时 间	具体内容
活动实施阶段	2月25日— 3月1日 (熟悉周)	1. 引入课程,学生学习绘本——《种子的一生》 2. 学生利用课余时间搜集植物从种子到发芽的相关资料,资料类型可以包括文字、图片和视频等材料 3. 课堂讨论,提问答疑 4. 推荐相关文章,供学生阅读
	3月4日— 3月8日 (第一周)	1. 带领学生了解种植环境,引导学生自己测量园地的面积、观察了土壤与供水等条件 2. 学生画出地形图,思考并小组讨论园地的设计图,并将设计方案或是设计图上传到博客,分享交流 3. 带领学生到花卉市场进行参观,选择合适的植物

第十一章
知识建构教学的辅助工具

(续表)

阶 段	时 间	具体内容
活动实施阶段	3月11日—3月15日（第二周）	1. 小组汇报园地设计图（内容包括区域的划分、植物的种类、种植的时间等），并对其他小组提出的意见进行答疑 2. 小组学生各自将全班讨论中其他同学对自己的设计方案提出的建议及整改方案上传至博客，供各小组进行项目的完善及修改
	3月18日—3月25日（第三周）	1. 各小组针对第一次讨论的成果修改方案后进行第二次班级讨论 2. 评选出最终的入选方案，并按学生制定的方案进行园地的布置及各项材料的选购，结果上传至博客
	3月25日—3月29日（第四周）	1. 带领学生进行播种 2. 每个学生结合自己的兴趣，制定自己的研究目标与观察计划，发布在自己的博客学习记录中
	4月1日—5月31日	1. 学生运用多种移动终端观察、记录、分析种子发芽生长的过程，并按照时间顺序上传这些生成性资料 2. 每周上传1—2次材料 3. 每周安排1—2次课，学生针对植物生长过程出现的问题、观察中的一些想法等进行讨论，并撰写观察日记

3.3 成果展示阶段

经过"校园花圃设计与施工——种植日记"这一项目主题的学习之后，学生生成的学习成果有：花圃的测量数据、花圃的设计方案、博客中的日记记录、观察时拍摄的花圃照片和可能拍摄的一些视频资料。这些都将依据学习的进展情况和学生的兴趣，共同决定是否对这些原始的成果资料进行后期的分类、整理和加工，以便进行展示活动。在项目学习进行过程中，根据植物生长变化情况，教师会不定期地组织小组汇报，学生们就近段时间观察到的结果进行交流，讨论在观察中遇见的问题。根据种子发芽的情况，定期举行集体讨论，学生将这段时间观察到的结果进行交流。对于整个班级的学习成果，设定为整理形成一本关于观察日记的儿童书籍或者主题网站。

"青春花园——种植日记"主题活动，开设网易博客圈，为课题开展提供教学平台。在校园一角亲自开发、培育和管理花圃，观察记录，到最终进行成果的展示。学生通过参与该项目，不仅能够真切地感受到春天的气息、自然的美，观察能力、写作能力、协作交流能力和信息技术能力都将有相应的提高。整个教学过程，对于促进教师专业化发展也具有一定意义。

四、ProcessOn 思维导图制作软件

思维导图作为一种知识整合、沟通协作、知识可视化等的工具,在帮助学生组织和运用知识、主动学习和探索等方面有着广泛的应用前景。

目前有很多流行的思维导图工具,像 Mindmapper、XMind、MindManager、FreeMind 等软件可以在本地安装使用,功能强大;像 Popplet 是为 iPad 和 iPhone 用户特别开发的思维导图工具,简单直观;MindMeister 和 ProcessOn 是在线思维导图中比较好的两款软件。上述很多软件也为手机和平板用户开发了自由移动应用程序,让用户能够随时随地进行思维导图的绘制,如图 11-23 所示。

图 11-23 思维导图工具

而 ProcessOn 是一款基于浏览器的实时在线编辑软件,不用下载安装,免费注册,不限制使用平台,也可以随时随地编辑,还可以邀请好友一起编辑,下面就介绍这款思维导图软件的使用方法。

ProcessOn(https://www.processon.com/),只需要有一个浏览器即可制作思维导图,上手非常容易,在工具栏拖放对应的图形到画布中即可进行编辑,采用实时保存机制,每一步操作之后都自动保存,做完之后可以导出图片,方便、简单又实用。无延迟协作,方便两个或多个人同时对一个文件协作编辑和沟通。

ProcessOn 可以通过图形将思维可视化,从而加深学生对于知识的理解与记忆,有利于知识的传播、发展和创新。同时,ProcessOn 支持在线协作学习,集思广益、取长补短,促进知识共享,提高学习效率。主要体现在以下四点:

- 组织与梳理。采用清晰简洁的图示形式表现复杂的知识结构的可视化思维,不仅形象地呈现各知识点之间的联系,而且揭示出知识间的不同或内在联系。在融会贯通知识的过程中,梳理组织、分清层次关系。同时,将知识进行可视化描述需要有效整合知识、突出知识重点、提炼知识核心。从思维的角度来说,各种思维灵感以直观、形象的结构图示表现出来,有利于学生积极思考,建立有序、系统的知识体系,发展思维能力。
- 交流与合作。小组协作中,构图者的意图通过图形更有利于理解、沟通,实现知识的交流与共享。首先小组成员总结自主画图的思路,通过小组讨论之后,共同确定关于主题的思维可视化图形。在这个环节中,每个组员的观点都可以被考虑,协作也产生了更多有用的观点及新颖的创意,学生也真正意识到交流与协作的重要性,培养学生的合作意识和团队精神。
- 记忆与创新。知识结构图用来组织、整理知识信息,使其有序、系统地进入记忆系统,从而促使记忆系统层次分明,有利于理解和记忆。图形更易让思维产生"裂变效应",促进思维延伸、丰富。同时学生还需发挥想象力,通过快速检索、调整来加入新的知识点,融入现有的知识体系中,从而提高创新能力和创造性思维。
- 评价与反馈。一件学生的可视化作品反映了其在一定学习环境下对知识难点和重点的掌握程度和有关知识综合、整理、贯通的表征能力。学生可开展自我评价、反思,及时有效调整其学习。教师也可以了解学生的认知体系结构,评定其对某个领域知识掌握的广度、深度和层次,并及时反馈到教师的教学中。

例如,教师提供学习四边形的支架,如图 11-24。

教师制作的思维导图,形象直观,结构清晰,便于记忆,而且清晰地表达了教学重点、难点,便于学生自主构建概念谱系,以居高临下的态势把握概念的内涵,使学生既可以退到最外层看到所谓的全景(big picture),也可以深入到内层的某个细节,从任何角度(perspective)都可以看得很清楚。

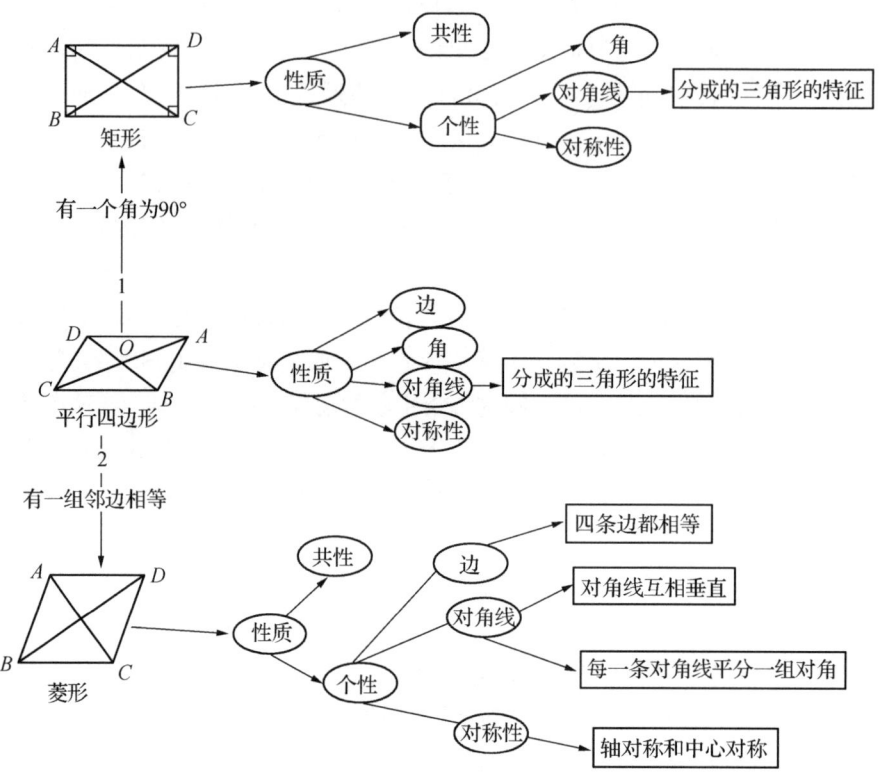

图 11-24 四边形学习思维导图

再比如,辩论思维导图,如图 11-25。

在辩论的过程中使用思维导图,这一要求上的提升会促使实验被试更深入地思考论据,以支持立论观点,包括论据的可接受性、相关性、全面性及对于立论观点的支持程度,从而提升支持论据的质量,促进个体知识建构。辩论思维导图大量采用了曲线、分支和箭头连线等表现形式,既有利于帮助被试明确辩题,清晰明了地反映立论观点与论据的相互联系,其强烈的图感也有利于吸引参与者注意力,促进知识共享,更有利于引发参与者的联想和思考,帮助被试架构辩题知识框架,促进知识共建。

教学活动中,借助知识可视化工具开展辩论,可以更好地吸引参与者的注意力,促进参与者协商辩题出发点,分享立论背景和立论概览,传播或分享立论观点及论据支撑、加强立论可靠性,从而帮助参与者建构辩题知识框架,实现对辩题及相关立论知识的理解与建构,提高知识建构水平。

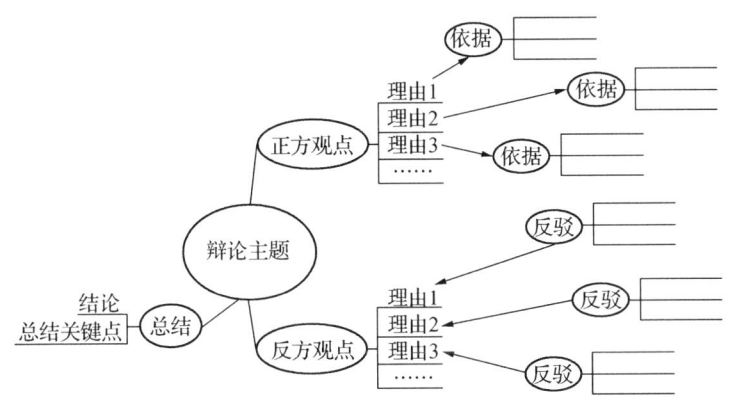

图 11-25 辩论思维导图

思维导图支持下的知识建构教学框架也可以从以下六方面展开:引入新主题、头脑风暴、管理知识、实地考察、实验设计和汇报交流。(如图 11-26)

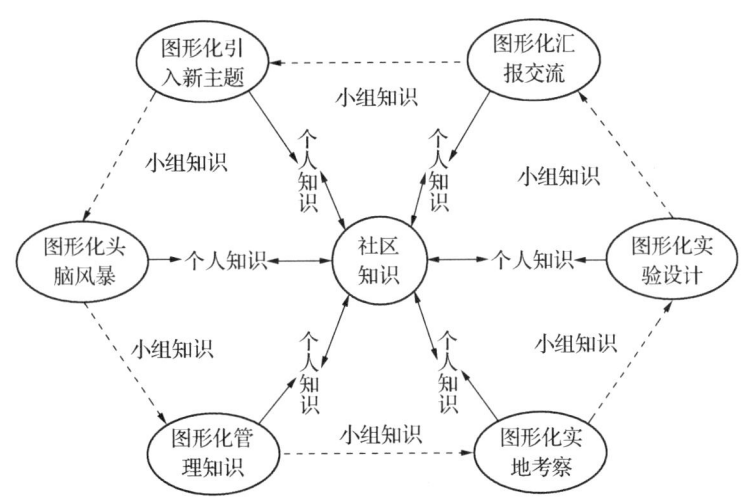

图 11-26 思维导图支持下的知识建构教学框架

五、可用于相互建构学习的 Wiki 技术

Wiki 一词来源于夏威夷语的"wee kee wee kee",发音 wiki,原本是"快点快点"的意思,被译为"维基"或"维客"。Wiki 的产生过程具有一定的偶然性,1995 年 3 月,美国的电子工程师沃德·坎宁安(Ward Cunningham)开发制作了一个面向社区的协作式写作系统①,并将其作为"波特兰模式知识库"的模式定义和讨论的交互性场所,以此来方便模式社区的交流,这也是世界上第一个 Wiki 系统。在建立这个系统的过程中,沃德最先提出了 Wiki 的概念。从 1996 年至 2000 年间,不断发展出一些支持这种写作的辅助工具,从而使 Wiki 的概念不断得到丰富,并出现了许多类似的网站和软件系统。Wiki 的真正繁荣要得益于 Wikipedia(维基百科全书)的成功。(如图11-27)

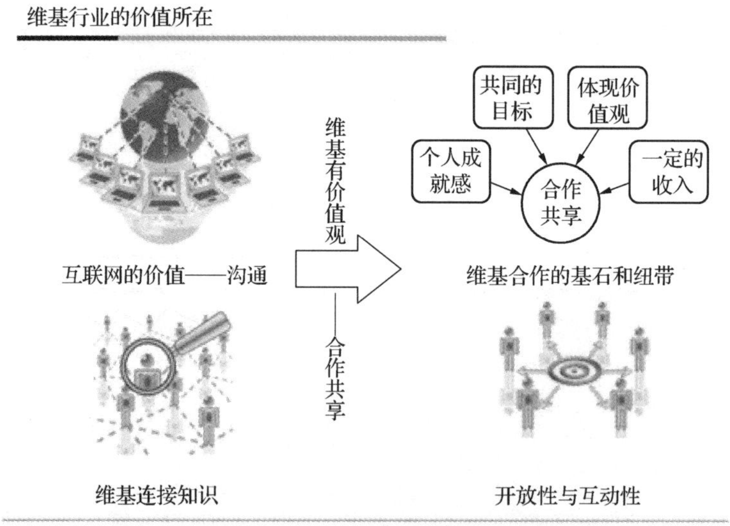

图 11-27　维基行业的价值

---

① 参见 http://c2.com/ppr。

第十一章
知识建构教学的辅助工具

Wiki平台是一种超文本的系统,可以支持多人或者多个群组进行协作式的写作,同时还提供了很多相关的辅助工具。Wiki站点可以有多人(甚至任何访问者)维护,对Wiki文本进行浏览、创建、更改,在Wiki平台上发表自己的观点,对他人的观点进行评论或对共同的主题进行扩展或者探讨等。Wiki平台的使用非常简单,而且利用辅助性的工具进行写作,能够提高人们的写作效率,同时Wiki平台的管理和维护非常方便。最后,Wiki的写作者自然构成了一个社群,Wiki系统为这个社群提供简单的交流工具。与其他超文本系统相比,Wiki有使用方便及开放的特点,所以Wiki系统可以帮助我们在一个社群内共享某领域的知识。

很多综合性教学平台里都有Wiki,而Wikispace是一个可以免费申请的专门的Wiki空间的网站,使用者可以进行多人协作的联合编辑,也可以独立新建网页,这些页面及其中包含的超链接实际上组成了一个小型的静态网站。这个网站可以用于组织头脑风暴、汇总资料、作品展示等多种协作的或独立的学习活动。例如,要求学生建立自己或小组的网站,自主划分小组后把名单贴在约定的页面上。在申请Wikispace账户时,建议选择K-12teacher身份和free版本,因为这类账户不但免费,而且已具有从Excel文件中批量创建参与者账户的功能,非常方便教师使用。

Wiki具有以下一些特点:

- 格式简单。用简单的格式标记来代替HTML语言的复杂格式标记,类似所见即所得的风格。这对于没有HTML基础的人来讲,无疑大大降低了难度,从而使得Wiki的友好度大大提高。
- 操作快捷。绝大多数的Wiki系统都十分简洁,系统反应速度非常快,参与者可以十分方便地创建、存取和更改超文本页面,从而大大提高了效率。
- 链接清晰。通过简单的标记,直接以本文中的关键字名或图片等来建立各种链接(这包括页面、图像和外部链接等等),而且关键字名就是页面条目的名称,同时这些关键字还被置于一个单层、平直的空间中。而Wiki系统中的整个超文本组织结构也可以进行修改或演化,从而使其更加合理。
- 保留历史。系统自动记录页面或条目的修订历史,所有页面或条目的所有版本历史都可以随时被获取。

- 页面扩展。Wiki 中,当搜索结果或页面的链接目标尚未存在时,参与者可以直接或通过点击链接来创建这些页面,从而使系统得到扩展。
- 开放性。所有成员甚或所有访问者都可以任意创建、编辑主题或条目。

六、网页故事墙 Padlet

Padlet 是新加坡最早成为 Y–Combinator 孵化项目的创业公司之一。最开始它只是一个大学创业项目,叫作"Whitewall",顾名思义就是给你一面白墙,发挥想象,随意涂画。尼特什·戈尔(Nitesh Goel)和普拉那夫·皮于沙(Pranav Piyush)是 Padlet 创始人。在 Goel 看来,尽管今天我们有了各式各样的工具,却没有任何工具给互联网(Internet)用户足够简单、方便的渠道,来和朋友沟通、分享信息。"我热衷于研究用户交互界面",Goel 说道,"而互联网却至今没能为我们提供轻松有效的方法,来记录内容。当我想随手记点什么的时候,我仍然得拿出一本笔记本,写下想到的东西,哪怕电脑就摆在眼前"。为此,Goel 希望自己能做出一个工具,帮人们解决这一需求。

虽然我们已经有很多工具可以辅助我们管理文件了,但是 Padlet 依然是一个非常好用的云端工具网站。这个网站的概念像是一个会议室的"白板"或是"画布"一样,他会给每一个白板一个唯一的网址,你只要用浏览器开启这个网址,就可以在这个白板上贴上任何文件,都可以用拖曳的方式将这些文件"钉"在这个墙上。不管是哪一种文件,包括网页也是一样,拖曳到 Padlet 之后会在云端留下一个副本,原始文件、网页移除都没有关系。然后你可以在网站上直接点选该文件,网站就会用云端来预览文件的内容,包括 Word、PowerPoint 等 Office 档案,都可以在云端浏览。

具体来说,Padlet 墙也叫网页故事墙,是一个支持多人实时协作的工具网站。其页面组织形式是以 Wall(墙)为基本结构的,每面墙都是一个独立的网页(独立的网址),通过简单的拖曳式操作和丰富的模板,很容易就能

第十一章
知识建构教学的辅助工具

创建网页。网页内容可以是文本、图片、网址、动画、视频、声音，甚至可以将其他不能在网页上展示内容的文件作为附件。添加网页内容的方法也很简单，只要在页面空白处双击即可。网页的布局可以通过鼠标拖动随意摆放，也可以按网页元素建立的时间先后顺序排列。它允许多个账户共建网页内容，支持多人实时协作，很适合志趣相投的小群体在网上搭建一个共同讨论交流的平台。这个网站的账户是免费申请的，因此在教学中，学生可以用它来实时交流、反馈意见、汇总观点、制作电子板报，还可以建立静态网站。

1. Padlet 的教学功能

Padlet 给我们一面白墙，我们可以随意放置任何东西，简单且强大。简单意味着它的操作简单且随意，边界为零，可以拖入任何格式的文件，轻松地输入文本。"它到了具有超群想象力的人手中，就会发挥连我也无法想象的作用。"Nitesh 如是说。

Padlet 不仅可以作为个人知识管理的工具，也可以支持协作学习小组进行会话、创作、小组评价等活动。Padlet 能够支持小组协作学习，主要包括以下几方面的功能：

- 提供合作平台。一个小组可以共同拥有一个 Padlet 账号，所有人都可以登录，在指定的网页墙上共同编辑内容。可以围绕一个学习主题，将各自搜集的资源上传到网页墙中，共享资源，开阔视野，发散思维。
- 多样展示，呈现资料探讨学习。在 Padlet 墙上可以通过拖曳将文本、数据表格、图片和视频等资料添加并展示在同一界面，供全体学生参考。因此，Padlet 墙又是一个很好的云端工具网站。
- 小组成员可以匿名交流。小组成员登录同一个账号，在编辑内容时，不显示编辑人的姓名，除非标注。这样使得成员可以不必顾忌他人的想法而畅所欲言，从而将关注的焦点从内容的效果转到内容本身上来。这样匿名发表观点，性格较为被动的小组成员比较受益。
- 保存、分享方便快捷。Padlet 在编辑完之后可以自动保存，不需要用户任何操作。Padlet 支持导出功能,可以将编辑的网页墙导出成图片、PDF、Excel 等格式,也可以将编辑的内容分享到其他网页空间中去,供其他小组欣赏。

2. Padlet 的操作步骤

2.1 注册、登录

进入 Padlet 中文网站(https://padlet.com/auth/login),新用户需要注册自己的 Padlet 账号,注册界面如图 11-28 所示,在电子邮件处输入个人邮箱,在仪表盘处输入密码即可注册属于自己的账号。第一次登录,页面弹出要求完成个人资料,完善后点击"保存并继续"。

图 11-28 Padlet 注册、登录

2.2 主界面

成功登录后,进入主界面,如图 11-29 所示。左边菜单栏包括墙、参与的活动、云盘中的附件、合作者以及一些设置选项。在左下角有手机版和 iPad 版本的应用程序下载模块,在中间位置是最新进入过的墙。

第十一章
知识建构教学的辅助工具

图 11-29　Padlet 主界面

2.3　新建墙

● 点击主界面右上角的"新 padlet",即创建一个新的合作墙,如图 11-30 所示。

图 11-30　新建墙

● 登录后你会看到如下页面,中央空白的地方就是合作墙,右侧则是相关的工具列,如图 11-31 所示。

图 11-31　登录后的页面

2.4 进入其他墙

将本墙的网址复制给其他人,别人进去网页后登录,即可共同构建合作墙。

2.5 编辑墙

- 双击任意空白区域即可编写自己的内容了,可以添加标题、内容,点击下图的任意标志可以添加附件,如图 11-32 所示。

图 11-32 编辑墙

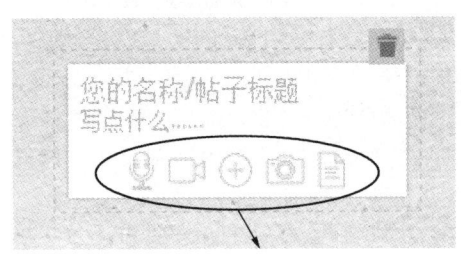

图 11-33 上传文件

- 点击 UPLOAD,可以从本地选择文件上传到单元中,如图 11-33、图 11-34 所示。在编辑状态,可以删除不需要的附件。附上一个 URL 即可把另外一个网页的信息保存过来或者用网络摄像头拍摄一张照片。

图 11-34 选择文件

- 退出编辑后,将鼠标移到单元上,双击或点击右上角的笔,可以继续编辑,如图 11-35 所示。

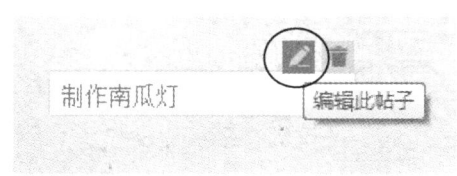

图 11-35　退出后继续编辑

- 单击单元查看内容,文件大都可直接预览,如图 11-36 所示。

图 11-36　查看单元内容

这些单元可以按照个人意愿任意摆放在墙上,将鼠标移动到四个顶点即可调整大小。当然单元也可以被删除,点击垃圾桶即可删除帖子,帖子删除后不能恢复,如图 11-37 所示。

图 11-37　点击垃圾桶删除帖子

2.6　右侧工具栏

在墙的右边有一条菜单栏,可以进行回到主页、新建墙、个人信息、分享、墙的信息、求助以及相关设置。设置墙的基本信息、背景、风格样式、隐私、邮件通知、地址、复制删除等。

- 点击右侧 ![icon]，即可回到首页。
- 点击"＋",即可再创建一面新墙,如图 11-38 所示。

图 11-38　右侧工具栏

- 点击第三项,可快速切换到相应的墙,如图 11-39 所示。

图 11-39　点击第三项

- 点击 ![icon],可以分享到或导出相应的格式,如图 11-40 所示。

图 11-40　点击

- 点击最后一项设置的图标,可以对本面墙的基本资料、壁纸、布局、隐私等进行详细的设置。

图 11-41 为本单元基本资料设置,包括墙的标题、描述及关联的画像。

图 11-41　基本资料设置

关于布局,可以选择三种排列方式:自由调节,垂直放置,水平放置。(如图 11-42)

图 11-42　布局方式

关于隐私设置,可以设置本面墙的可见性以及读写帖子的权限,如图 11-43所示。

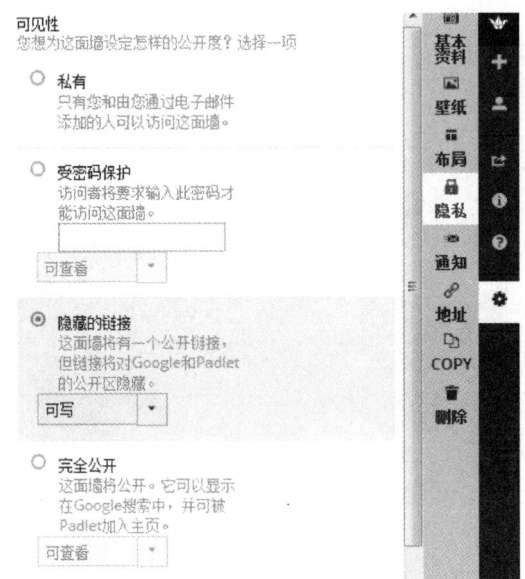

图 11-43 隐私设置

关于地址,可以自己挑选地址,将地址复制给同伴,共同创作墙,如图 11-44 所示。

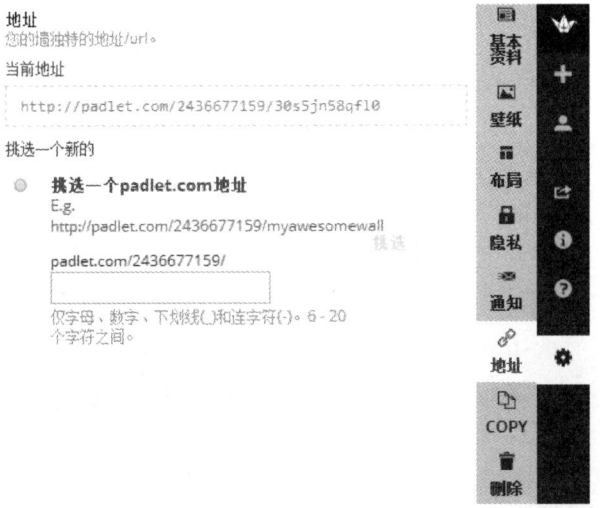

图 11-44 地址

第十一章
知识建构教学的辅助工具

点击删除,可以删除一面墙,注意删除后不可恢复,如图 11-45 所示。

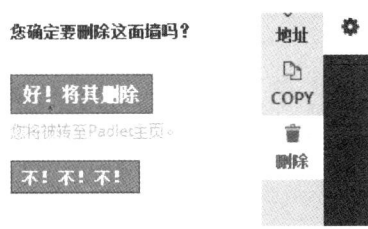

图 11-45 删除一面墙

七、Diigo(Digest of Internet Information, Groups and Other stuff)书签

　　Diigo 是一款有力的资源搜索与管理工具,是以 Web2.0 为平台开发出来的一个社会性软件,能很好地满足网络用户社会性、协作性和个性化的要求。用户浏览网页时就像看书一样,能够标注出网页上的有用内容,并对网页内容发表评论,被称为"社会化网络书签"。用户可以在任何网页上做标记、对网页进行评论,并且与他人分享工具和网站,也可以建立群组,大家一起讨论感兴趣的问题。可以说它是传统书签的一个升级,也是可以用于团体认知的知识建构活动工具。其核心价值经由保存浏览的网页,发展成了一个新的信息共享的中心,能够真正做到"共享中收藏、收藏中分享"。

1. 主要功能

1.1 在线标注功能,包括文字高亮标识和注释

　　Diigo 让网络真正成为图书,Diigo 最大的特色就是网页在线标注功能,如图 11-46 所示。你在浏览网页的时候,可以标注出某句内容,用"Highlight and Sticky Note"功能对其进行高亮度标注并添加你自己的理解或者你的问题。这样你就可以永久性地保存下来此网页,下次你再登录网页时,无论任何时候,你在任何地点,使用任何计算机,这些都可以显示出来。Diigo 让网页成为书页,真正变成"可写"的网页。而且,用户可以把标注的内

容设置成是否对别人开放或者对特定的用户开放。那些共享的标注,全球的Diigo用户都可以看到并参与交流,从而很好地增强了网络的交互性。

图 11-46　在线标注功能

1.2　网络书签功能

在海量的网络中,看过的网页要保存下来,传统的方法就是将其添加到浏览器的收藏夹中。但当用户更换电脑的时候,收藏夹中的信息便不能够显示出你要的网页。网络书签是一种收藏、分享网站和网页的社会性软件。Diigo提供了网络书签的功能,如图 11-47 所示。使用 Diigo 的"Bookmark this page"功能,可以将所需要的网页收藏在 Diigo 用户的 Bookmark(书签)

图 11-47　网络书签功能

中。无论何时何地,只要登录Diigo,就可以很方便地查看所保存的网页。只要设计好书签的Tags(标签),用户所添加的共享书签就可以方便地被其他用户搜索到,节省了很多时间。从某种程度上来说,这也是一种有效的知识管理工具。除了对文字、图片的收藏,最新的Diigo还增加了对视频和flash(动画)的截取、收集功能,用户在youtube、myspace等14个网站上看到自己喜爱的视频和动画时,都可以将其收藏到自己的书签里面。

1.3 网络搜索功能

Diigo具有方便的搜索功能,用户可以通过多种方式找到自己需要的书签,如图11-48所示。只要单击右键,就可以通过博客搜索、网页搜索、书签搜索、音乐搜索、新闻搜索等12种搜索方式对需要的影视、音乐、新闻、地图等信息进行搜索。用户可以通过关键字、内容等进行搜索,也可以不包含任何关键字地进行搜索,可以说Diigo提供了功能强大、全面而且操作简单的搜索工具。当然,Diigo也有小组功能,可以搜索相关的组。

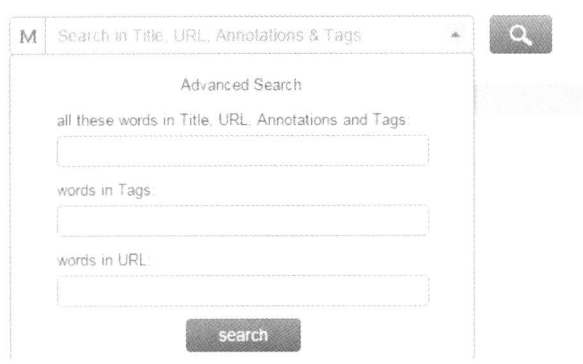

图11-48 网络搜索功能

1.4 小组论坛功能

Diigo小组论坛允许使用者发起或参与讨论,如图11-49所示。一个组的管理人员可以根据预选好的种类制定组的标志或者允许组成员自定标志,后面一种方法潜在地给予用户更大的自由空间,使每个组独一无二,就像Diigo的许多特点一样独一无二。Diigo组的建立也是非常简单的,只要在Diigo的组中建立自己的组或者加入现在存在的组就可以了。加入组以后,可以看到其他组成员的书签等等。当然也可以自己建立一个组,为自己的组在Diigo中添加一个地址链接,分类自己的组,标识组的特点,并通过电子邮件邀请朋友加入到自己建立的组中。进入群组以后,可以发起讨论,也可以对感兴趣的讨论进行回复发言。根据组的分类,用户也可以自己查找并加入感兴趣的组。群组功能实际上也是一个交流的平台,在组群体中可以找到更多具有相同兴趣的人。在教育教学中,群组功能对于建立学习共同体是相当有用的。

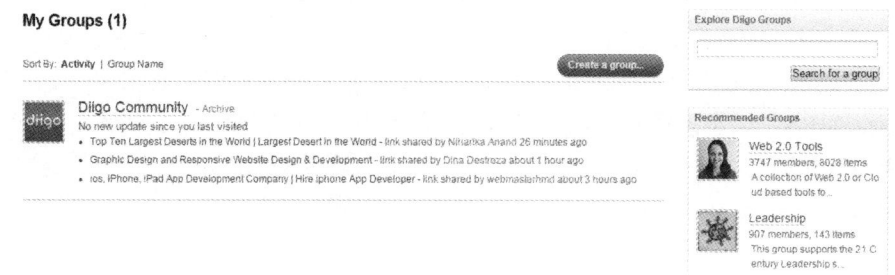

图 11-49　小组论坛功能

1.5　其他功能

Diigo 不仅可以将他人的博客设置为网络书签,还可以通过"Blog this"功能将任何注释的网页立即转换成自己博客的内容。借助最新推出的 Webslides,体验另类的冲浪方式。用户针对某一个主题,制作个性化的网页幻灯片,在一分钟或几分钟的时间里,设定多个网页的自动跳转,并可以设定是否添加音乐。制作好的网页幻灯片,可以通过邮件发送给朋友,也可以把它放在 Diigo 上,与全球的用户共享。我们可以与朋友和博客读者分享喜爱的网站,可以为客户提供产品的实例介绍,也可以制作工具的使用指南。在教育中,教师可以利用 Webslides 为学生提供捆绑的课程包,或关于某门课程的快速引导。

2. 具体操作

注册登录,登录网站(http://www.Diigo.com/),创建一个账号(如图 11-50 所示),按照提示下载软件并安装工具栏。

图 11-51 是在 Chrome 中安装工具栏的提示(直接将标注的 Diagolet 拖动到书签栏即可),网页右上角会提示正在加载。

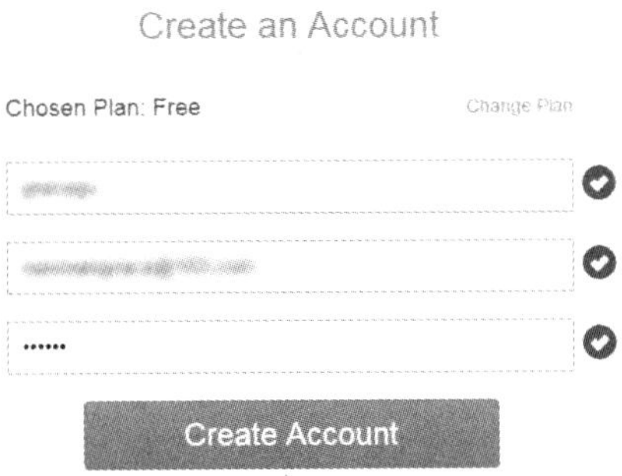

第十一章
知识建构教学的辅助工具

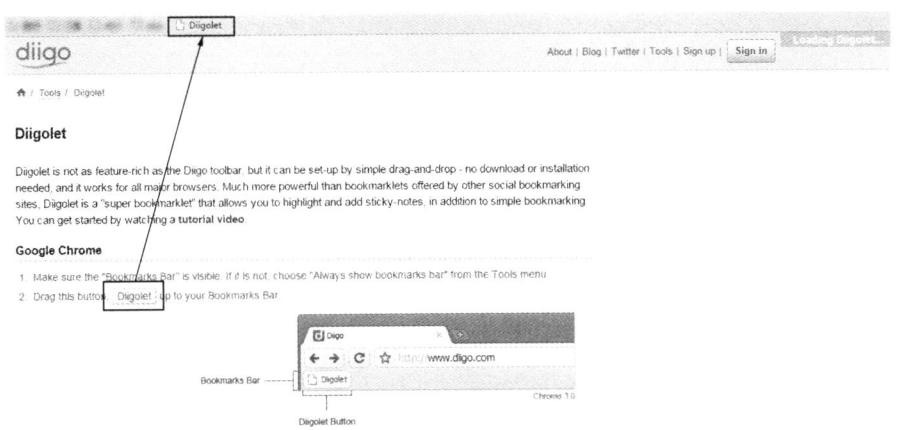

图 11-50　创建账号

图 11-51　安装工具栏

当正在加载,右上角会显示要求用户登录。如果已经创建过账号,则在这边直接选择登录,如图 11-52 所示。

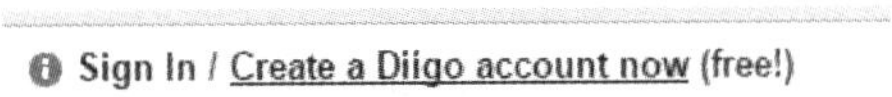

图 11-52　登录/创建一个账号

点击之后会弹出新窗口登录界面,如图 11-53 所示。

图 11-53　登录界面

登录成功后可以看到主界面,主要有四大板块:我的图书馆、我的提纲、我的群组和发现。(如图 11-54)

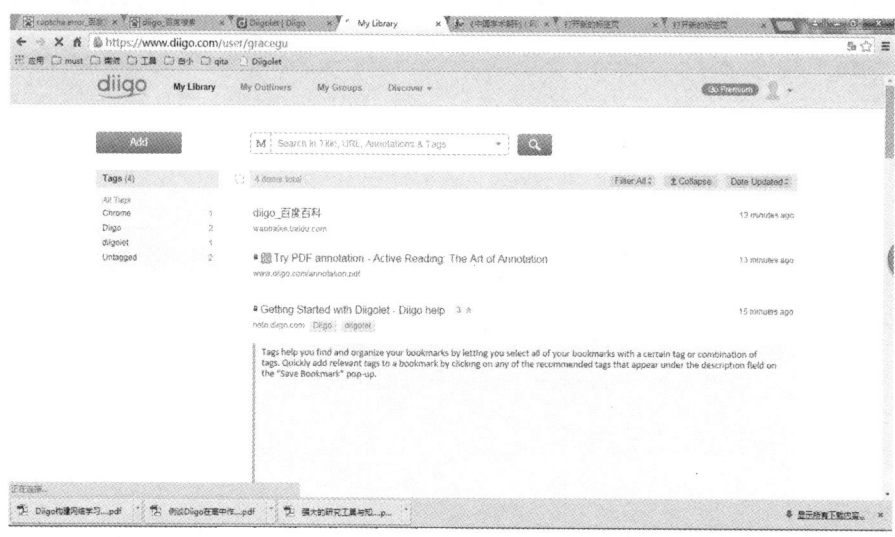

图 11-54　主界面

● 高亮标识

点击网页右上角的工具栏可以看到 Diagolet 有如下功能:高亮标识、书签、笔记本注释、稍后阅读、分享、Diigo 以及成为高级会员等。(如图 11-55)

图 11-55　Diagolet 主要功能按钮

选择高亮(Highlight)(如图 11-56),就可以对网页任意文本进行标识,

当鼠标移动到笔的向下的箭头上单击时,可以添加笔记本注释、删除高亮、创建带注释的链接、在我的图书馆中查看及更改颜色等功能。

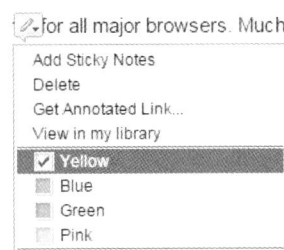

图 11-56 高亮标识

图 11-57 为在图书馆中查看。可以看到,刚才添加的高亮内容已经置顶。

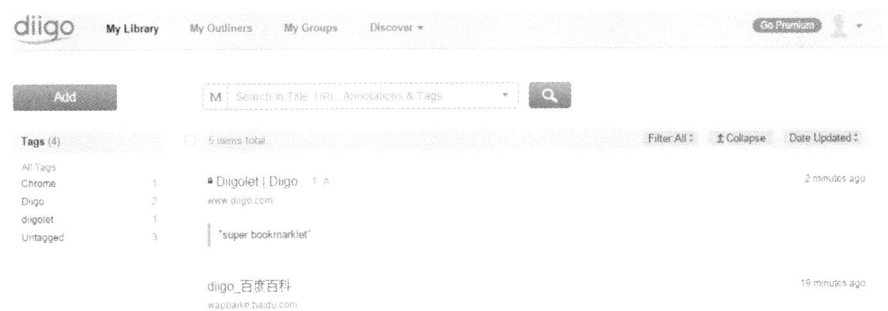

图 11-57 在图书馆中查看

当给高光添加注释时,可以添加很多次,也可以删除,可以选择是否对外开放。这里的多次添加可以在教学中方便成员间的相互评论与问答。(如图 11-58)

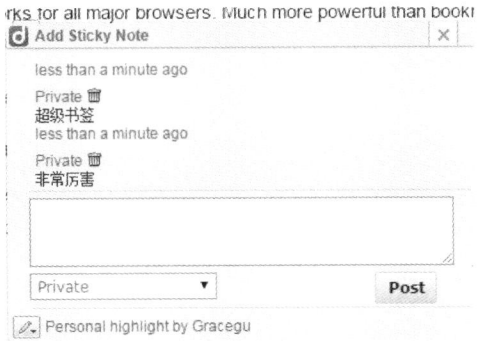

图 11-58 添加注释

当然,在图书馆中查看也可以实施更新注释的最新动态,如图 11-59 所示。

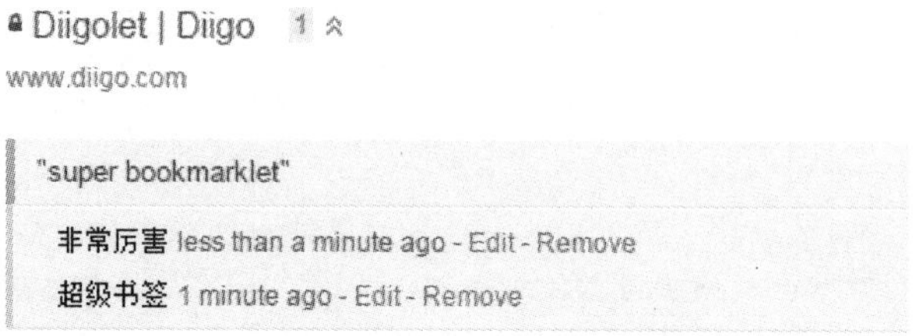

图 11-59　更新注释的最新动态

● 保存书签

通过列表、解释、标签等对书签进行分类管理。Diigo 的列表(lists)是围绕某个主题的类目,是由用户自定义的分类体系。点击工具栏中"Diigo/my lists/creat a list"按钮,即可产生一个新的列表。(如图 11-60)

标签是一种"free-from keyword metadata"(自由形式的关键词元数据),赋予标签的过程可看作一种标注行为,这种标注行为实际上已经既能直接揭示内容,又能为日后提供查找,具备了标引功能。

"Read later"功能是 Bookmark(书签)的简化版,直接创建为一个书签。

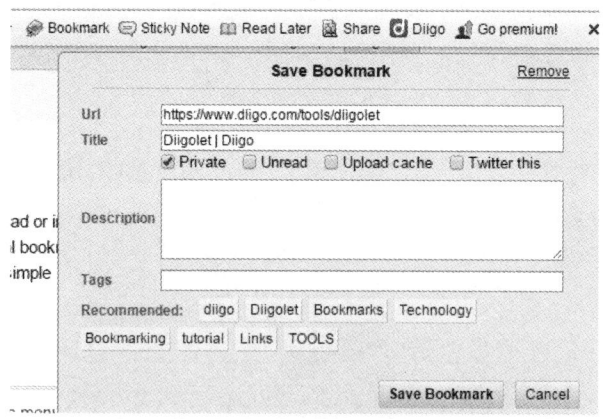

图 11-60　保存书签

● 添加笔记本注释

这时会建立一个小图标,这个小图标是可以移动的,方便用户在指定的位置添加注释,如图 11-61 所示。以后查看可直接将鼠标滑动到小图标上,自动弹出评论。

第十一章
知识建构教学的辅助工具

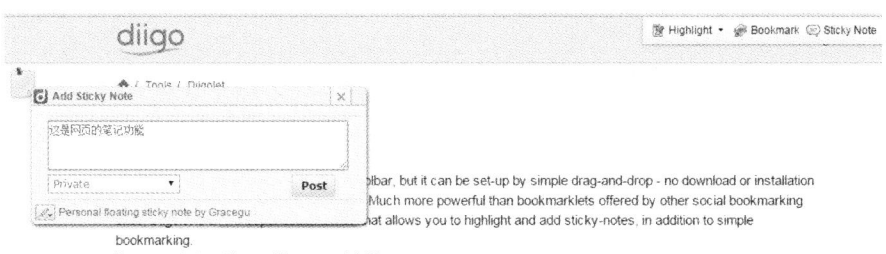

图 11-61 添加笔记本注释

● 分享功能

将做过注释的页面创建一个链接,复制给别人,别人就可以看到,如图 11-62 所示。

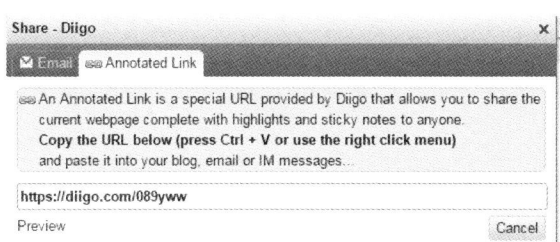

图 11-62 分享功能

当然,也可以通过邮件的方式发送给别人,如图 11-63 所示。邮件里会将注释简要罗列。

图 11-63 以邮件的方式分享

- 除网页外可保存的内容

在我的图书馆界面的左上角,可以看到添加的内容分为书签(Bookmark)、文档(PDF)、图片[Image(s)]以及笔记(Note),如图11-64所示。

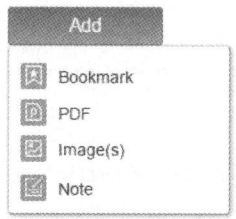

图 11-64 除网页外可保存的内容

- 页面上部的搜索功能

包括标签搜索、元搜索(包括标题、URL 地址、注释和标签)和全文搜索,如图 11-65 所示。

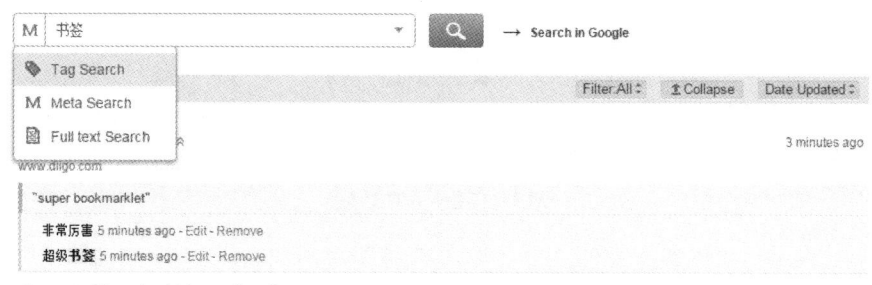

图 11-65 搜索功能

打开输入框右侧的下拉箭头可以执行多个共同筛选,如图 11-66 所示。

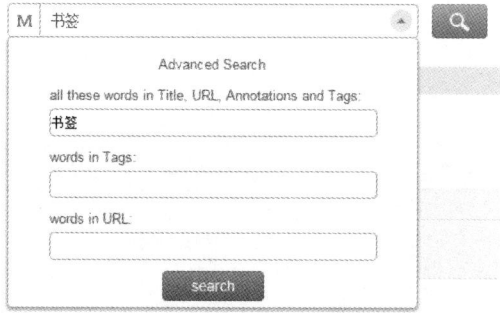

图 11-66 多个共同筛选

第十一章
知识建构教学的辅助工具

● 小组功能

点击之后会弹出下面的页面,可以搜索感兴趣的小组并加入,如图 11-67 所示。

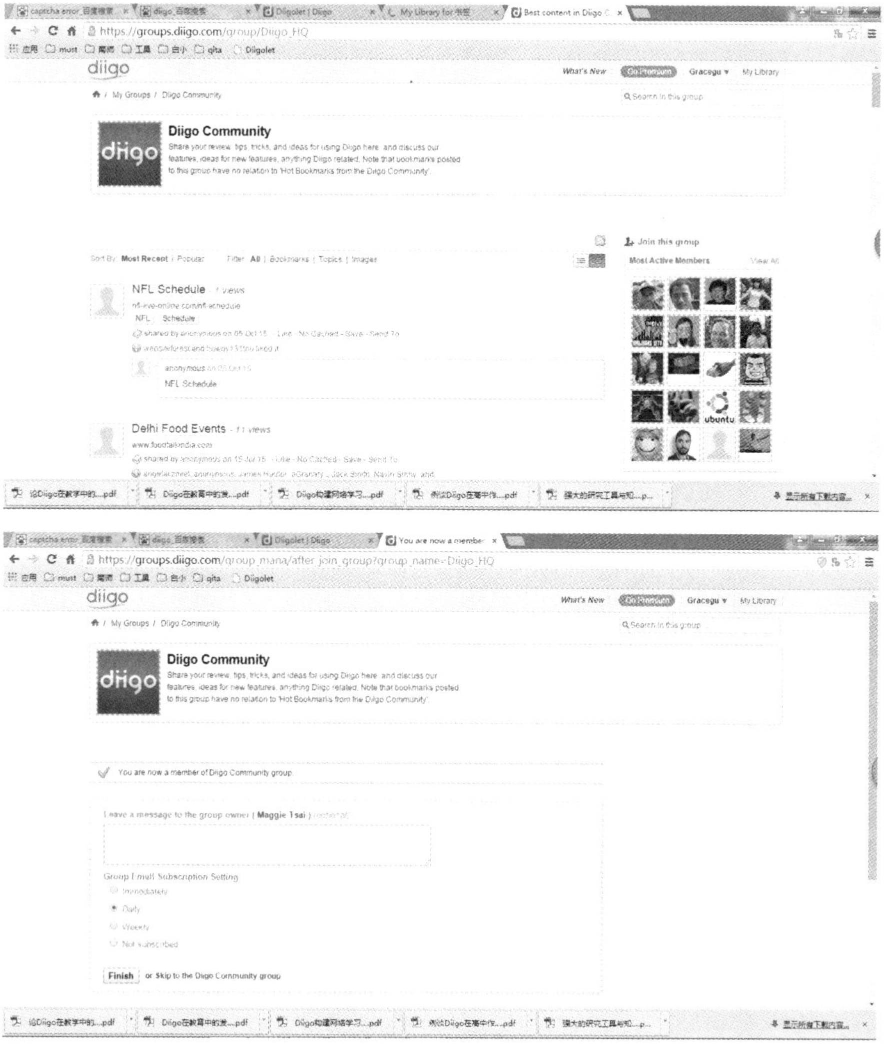

图 11-67 小组功能

加入之后可以留言,设置邮件接收。

- 提纲(Outliner)

打开之后为欢迎界面,如图 11-68 所示。

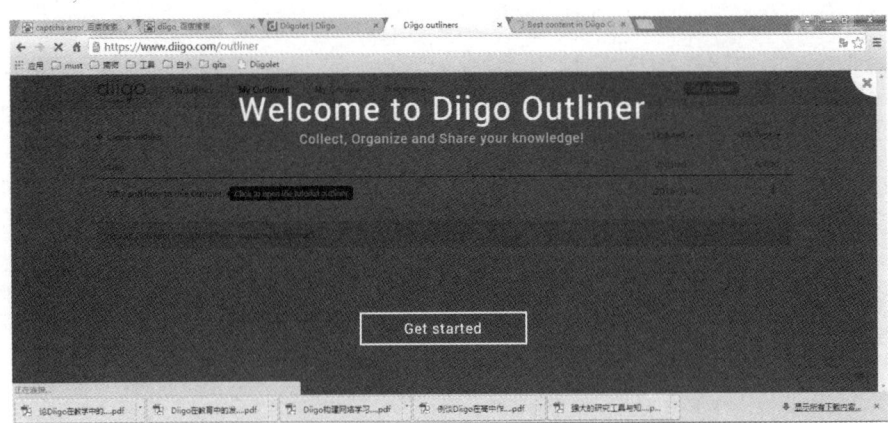

图 11-68　Diigo Outliner 欢迎界面

可以使用快捷键快速地进行编辑,如 shift 和 tab shift 进行缩进操作,可以直接将保存的书签添加进提纲,同时可以生成一个分享的链接发送给他人等。

浏览过操作简介后会展示自带的一个介绍提纲"为什么和怎么用提纲",如图 11-69 所示。

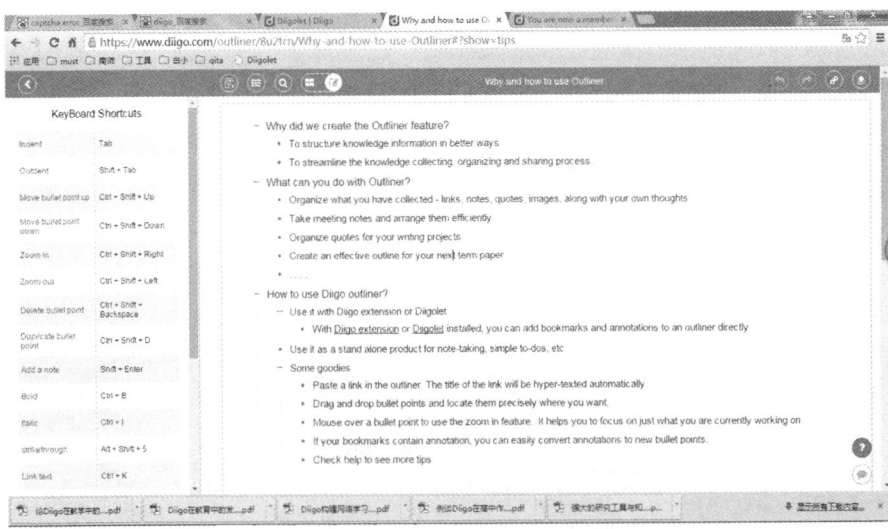

图 11-69　为什么和怎么用提纲

第十一章
知识建构教学的辅助工具

回到提纲页面,我们可以创建一个新的提纲,如图 11－70 所示。

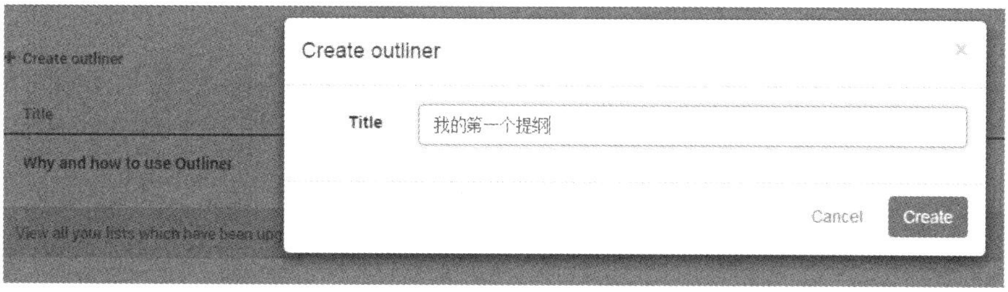

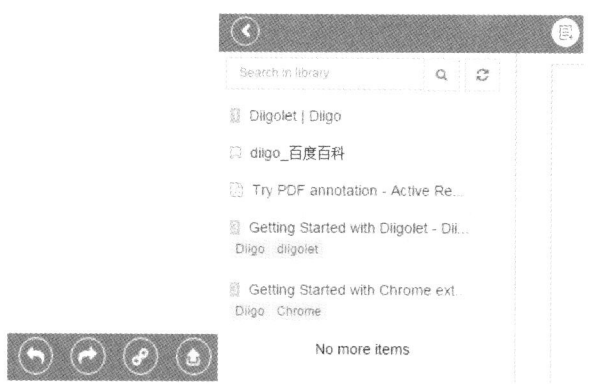

图 11－70　创建新提纲

页面的左下角有撤销和还原、分享以及导出按钮,如图 11－71 所示。其中页面右侧有个加号的笔记本代表的是已经收藏过的网页。

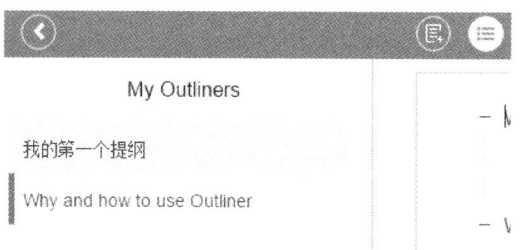

图 11－71　页面按钮

第二个目录图标显示的是已经创建过的提纲,也可以拖动到新的提纲中作为一个链接,如图 11－72 所示。

图 11－72　第二个目录图标

217

搜索功能是在提纲中搜索关键内容,如 extension,这个关键词所在的每一行都会被添加到搜索结果中,如图 11 - 73 所示。

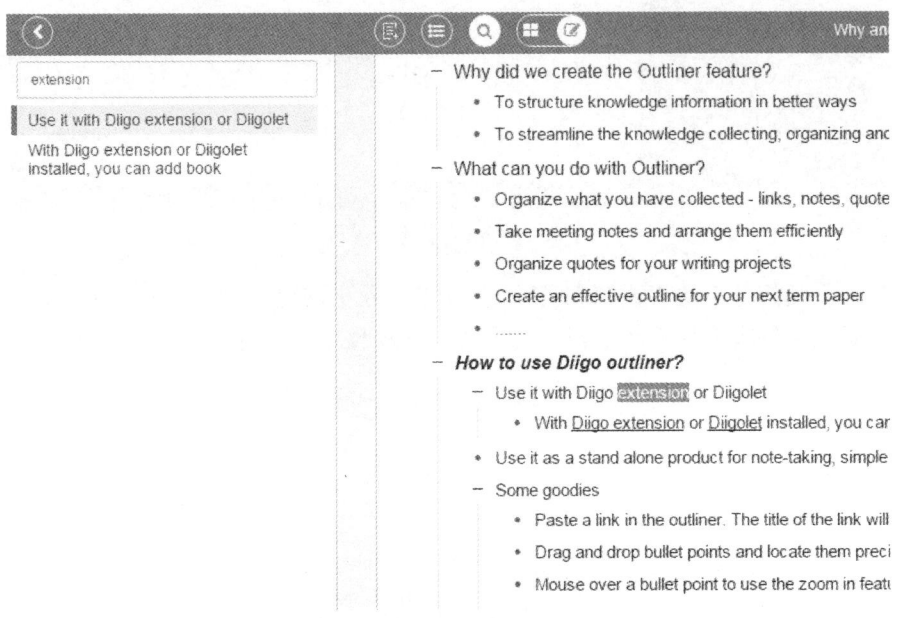

图 11 - 73　搜索功能

● 分享一个提纲(如图 11 - 74)

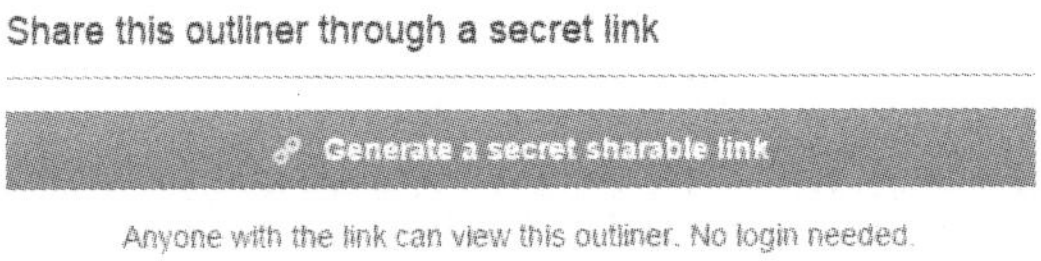

图 11 - 74　分享提纲

创建之后只要点击网址就可以直接看,他人无须登录,如图 11 - 75 所示。

图 11 - 75　点击网址

- 帮助和意见

当然,如果有修改意见或者操作问题可以点击页面右下角的帮助和意见按钮,如图 11-76 所示。

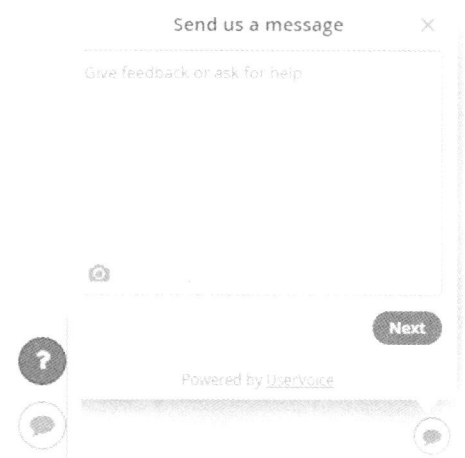

图 11-76 帮助和意见

3. Diigo 在教学中的应用

在知识建构教学中,Diigo 可以进行个人知识管理,运用技术支持知识的识别、获取、开发、共享、利用和评价的过程。其目的就是促进显性知识和隐性知识的相互转化,整合自己的信息资源,从而更新和提高个人专业知识和学习能力以及应变和创新能力。Diigo 还可以组建学习共同体,利用 Diigo 的群组讨论功能,发表个人观点,畅所欲言地谈论自己的想法。Diigo 提供的开放学习环境,可以将大家的智慧集中起来,使更多的隐性知识外显出来,为学生学习非良构领域知识提供帮助。Diigo 可以跨越时间差异、地域差异和社会差异,实现资源共享。Diigo 中进行的标注、注释等将永久地被保存在网页中,不会因为时间的久远而消失。同时,Diigo 提供的专业化、有针对性的搜索引擎,可以有效地、及时地汇总全世界的信息资源,看见来自不同地方、不同人群收集的资料。对于教学而言,师生可以打破学校封闭的围墙,广泛地利用社会上丰富的教育资源,使这些资源转换成学校的知识资产,为教师和学生获取信息提供更多途径和交流平台。

知识建构：
新教育公平视野下教与学的变革

在Diigo中，教师首先需要建立相关的群组，把学生邀请加入到群组中。如果教师教授多个班级，可以建立多个群组，把每个班级的学生加入到各个班级，形成以班级为单位的网络学习共同体。通常在知识建构学习社区中，都需要采取实名制，以保证讨论的质量与维持学生的积极性。在班级群组中，教师综合利用标记、书签、评论等功能给全体学生进行指导，也可以通过信息发送功能跟个别学生单独联系。同学和同学之间也可以进行相互交流，学生也可以向教师提问，向教师提出自己的思考并提供自己所积累的知识内容。教师可以通过"Message"（信息）功能对学生进行一对一回复和指导，在互动过程中将个人问题转化为公共难题，借助集体智慧走出个人困境，从而在网络交互学习环境中构建一种加速个人学习和实践创新的良性循环。

单元四
实践案例

　　知识建构理论是一种基于原则的教学,因此,并无可以简单套用的一成不变的教学模式。对知识建构的理解,更多的是要上升到作为教学的思想方法层面上来。

　　观察与分析别人的教学案例,可以帮助知识建构的新手教师尽快地上手,在"做中学"中把知识建构的理论转化为实践;总结与提升对教学案例的得失分析,更可以帮助"熟手"教师在持续的反思与比较中深化知识建构教学的深度。

　　本单元所设计的教学案例,源自本课题研究者持续的实践工作,涉及了不同年级、不同学科、不同阶段的知识建构教学。

第十二章
知识建构从"做中学"开始:"养蚕"的例子

为期两周四次课(8课时)的"养蚕经验交流会",是在南京市白云园小学开展的第一次知识建构教学。本案例既是为了向参与实验的教师传递知识建构教学的基本思路,也是为了了解教师、学生、学校及研究者等对知识建构教学的适应程度。结果发现教师和学生对这种新的教学模式评价很高,作为最早实施小班化教学及生本教育实验的白云园小学的师生对此适应很快。短期的实验也发现了很多不足,不过这给整个课题组提供了一个更广阔的实践视野,为后期的知识建构的引入提供了有效的参照。

一、教学背景介绍

从表面看起来,知识建构教学的理论很容易理解。因为该理论与建构主义、生本教育、赏识教育等多种教学思想有共通之处,但是在具体的操作上,在深层次教学思想方面却是有着很大的不同。要让一线教师短时间深刻理解这个思想与方法并非易事,而通过"任务驱动",让实验教师做一遍,则是对该教师最好的培训,同时也可以给其他教师做出示范。

知识建构不容易做的原因是,一方面,知识建构的 12 条原则很容易理解,但是基于原则的教学设计却没有固定模式,难以简单复制,需要教师自己的创新;另一方面,知识论坛工具的使用需要积累一定的经验,以及结合理论的实践操作。从这两个角度说,虽然知识建构理论很吸引人,知识建构原则却被证明很不易实施。成功实施的范例是需要把这些原则在多变的环境下应用到实际生活中。这样,教师就可以不断地生成和改进他们的观点,也就是实验教师可以通过知识建构的实践,在自己的知识建构活动中理解知识建构的理论,掌握知识建构的方法。

经过课题组成员的详细讨论,我们决定选取按照教学顺序即将要教授的内容——"养蚕经验交流会"作为本次实验的教学内容。考虑到此实验要求学生具有一定的电脑操作水平（该校的信息技术课程是从三年级开始实施的），因此选取该小学四年级一个班的学生作为研究对象。

本部分的内容"养蚕经验交流会"属于四年级苏教版科学课本下册中第二单元的第四节，即本单元的最后一部分内容。之所以选择"养蚕经验交流会"作为本次实验的主题，主要是由于我们在进行实验时已经接近学期末，科学课即将结束，而这一部分恰巧是教师即将教学的最后一部分内容，选择这部分内容没有打乱原来的教学顺序。另外这部分内容源于学生真实的养蚕经历，其基础与知识建构教学的要求比较接近；这些内容也比较适合全班大讨论，更具开放性和发散性，有利于实现知识建构教学的核心原则。

1. 前期准备

在实验开始之前，我们先对本次任教的教师进行了简单的知识建构理论培训，教师基本掌握了知识建构原则，并且会使用知识论坛工具。

考虑到本次实验课，学生也要使用知识论坛工具，因此在课前，我们对学生进行了集中的知识论坛使用培训，23分钟的培训后，学生对于知识论坛简单的操作基本可以掌握。

在硬件支持方面，考虑到每个学生都要使用知识论坛进行交流，因此学生需要使用电脑，故需在机房开展教学，并且人机比例要达到1∶1。

学生在进行知识建构学习的过程中，要使用权威性资料，在短时间内靠学生自己也难以找到相关资料。所以，课题组争取到学校领导的支持，购买了一批有关养蚕的书籍；课题组还查阅了部分小学、大学图书馆及南京图书馆，特别是汇集了数字图书馆的相关资料以及一些相关网站。这些资料的搜集为学生后面的研究提供了权威性资料。

2. 学情介绍

本次课的实验对象为南京市白云园小学四年级四班的25名学生，其年龄都在10～11岁之间。学生之前并没有进行过知识建构的学习，因此对于这种新型的学习没有任何背景经验。由于此次实验课的主题是"养蚕经验交

流会",在进行知识建构学习前,学生们已经进行了40多天的养蚕实践,并做了观察日记,学生对于蚕的基本知识已经了解,知道了蚕的一生需要经过蚕卵—蚁蚕—蚕蛹—蚕蛾四种不同的形态,了解了蚕需要经过蜕皮、吐丝、结茧、产卵等过程,学习了如何抽丝等。按照课程标准的要求,本部分需要学生达到的目标为了解昆虫生长的完整周期、感受生命的神奇和伟大、体验长期饲养与观察的艰辛和快乐。学生将通过讨论、交流,总结出蚕的一生变化的主要阶段,形成昆虫和变态的概念,还将尝试运用概念判断哪种动物属于昆虫,并探讨昆虫与人类的关系,将目光从具体的蚕投向生机勃勃的昆虫世界。

四年级的学生已经上过一年的信息技术课程,因此具有了一定的电脑操作能力,会操作简单的 Word 和 PPT,由于实验开始之前,已经对学生使用知识论坛进行过简单的培训,因此学生能够使用知识论坛中的简单工具。同时四年级的学生已经经历了3年多的小学学习生活,具备了一定的表达、分析和汇总能力。

二、教学过程

由于实验开始时距离学期结束还有大约两周,时间比较紧,任务比较重。在学校领导的支持下,课题组决定打破一般课时规定,合并原来分隔开的2个课时,每次课1个小时,中间不休息;每周两次课,一共开展2周共8课时的知识建构教学。在这四次课中,第一次课在普通教室进行,之后的三次课在机房进行。

主要的思路:第一次课由教师引发学生讨论养蚕中感兴趣的问题、简单讨论不同学生对这些问题的看法,根据学生问题的相似度确定分组。第二次课学生结合自己研究的问题,初步提出自己的观点,通过多种渠道进行资料的查询,正式提出自己的观点并发布在知识论坛上。第三次课学生针对自己的观点,设计可行的实验方案或者查找相关的资料。第四次课进行全班汇报,力图把个人、小组的知识转化为社区知识。

1. 课程的引入

课程引入阶段是在普通教室开展的教学。由于时间比较仓促，实际上我们略过了一般的知识建构教学的初期阶段，直接从问题提出开始。而且学生之前已经有过40多天的养蚕经验，养蚕的过程已经结束，按照传统教学，这一阶段属于最后的总结交流阶段。但是这恰恰给学生提出有深度的问题提供了实践的基础，一定程度上体现了知识建构教学的第一条原则"真实的观点、现实的问题"。在上课之前，教师已经向学生提出了两个预备问题，即"① 在养蚕的过程中你遇到了哪些问题；② 你对哪些问题感兴趣且还想深入研究"，并要求学生根据自己的实际情况进行思考，写在记录本上。

同时，教师强调每一位学生都要完成这个任务，这个任务关系到学生接下来要做的研究，要求学生认真对待。教师必须强调每个学生都要完成此项任务的重要性，因为班上的每个学生都需要从自身经历中获益。这是一个有效体现集体责任原则的方式。

图 12-1　某位学生记录本上提出的问题

上课初始，教师简单带领学生回忆了养蚕的过程，之后就向全班提出了之前已经提过的问题。学生进行了简短的思考之后，开始纷纷回答教师的提问，在此过程中教师要求学生认真仔细倾听他人的问题，看看是否能够帮助其解决。最后，教师将学生们感兴趣或者遇到的问题进行了汇总，并将这些问题展示在黑板上，如图12-2所示。

第十二章
知识建构从"做中学"开始:"养蚕"的例子

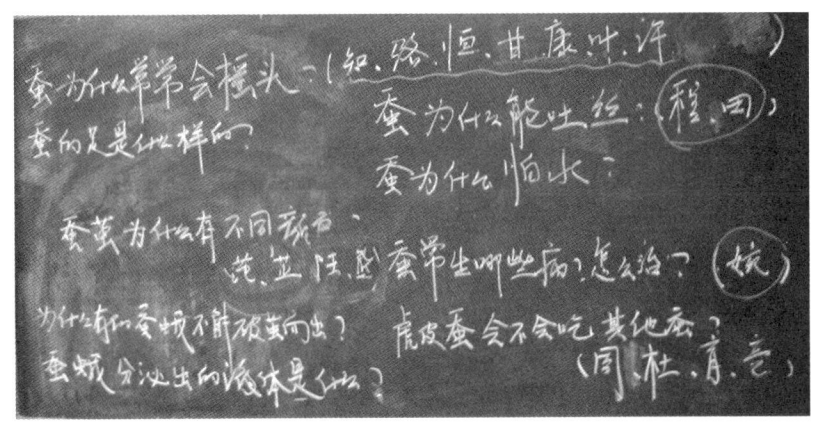

图 12-2 学生的问题

因为问题源自学生的实践,所以他们讨论的热情很高,提出的问题也很多。经过简单归类,全班一共形成了 7 个研究问题,这 7 个问题大致可以分成两类:一类是学生在养蚕的过程中遇到的问题,当时没有解决,例如:"为什么雌蛾不交配也会产卵?蚕为什么常常会摇头?蚕为什么会吐丝?蚕茧为什么有不同的颜色?"另一类是由于学生对于这个问题单纯地感到好奇,在讨论中激发出来的问题,例如:"蚕怕不怕水?蚕常生哪些病?怎么治疗?虎皮蚕会不会吃其他蚕?"

教师在确定全班学生感兴趣的问题都提出来之后,根据学生感兴趣的问题对学生进行了分组,因为考虑到每个学生都要参与到小组合作与交流中,人数不宜过多,因此确定 2~3 人一组。由此,全班一共分成了 12 组,其中有一个学生坚持自己一个人一组。(见表 12-1)

表 12-1 学生分组情况

小组主题	成 员
1. 蚕怕不怕水?	周芯羽、戴周睿、汤海辰(第一组)
2. 为什么雌蛾不交配也会产卵?	吴桐、江婧(第二组) 汤羽遥、吴宇昂(第三组)
3. 蚕为什么常常会摇头?	康华德、叶延炜(第四组) 许慧灵、甘娟(第五组) 骆浩天、陆子恒、张知南(第六组)

(续表)

小组主题	成员
4. 蚕为什么会吐丝？	程梓悦、田泽青（第七组）
5. 蚕常生哪些病？怎么治疗？	陈婉璐（第八组）
6. 蚕茧为什么有不同的颜色？	范静宜、陈芷艺（第九组） 陆紫馨、熊诗羽（第十组）
7. 虎皮蚕会不会吃其他蚕？	周钰涵、张天意（第十一组） 杜奕成、张育豪（第十二组）

在分组时，有一部分学生对不止一个问题感兴趣，希望可以同时研究，教师并没有否决学生的提议，而是给出了自己的建议：由于研究时间比较短，研究多个问题可能会来不及，因此建议学生选择其中一个最感兴趣的问题进行研究，对于其他感兴趣的问题，学生可以自己在课余时间研究或者可以参与到研究自己感兴趣问题的那个组中，跟他们一起讨论；并且需要考虑：其他同学研究的问题及其观点，与自己的问题及观点有没有什么关联？

2. 观点的提出与发展

每一位学生都选择了自己感兴趣的问题，并且有了小组搭档，他们需要经过小组商量讨论之后，确定自己的观点，用以支撑自己问题的解释。

图 12-3 小组讨论

小组讨论这种方式使得学生更容易在小组讨论中分享自己的观点,事实上,小组讨论更是培养学生交流与合作能力的过程。每个学生都需要针对小组讨论的主题表达自己的观点。这个时候,教师需要确保每个学生都能参与到小组讨论中,特别是对游离于小组活动之外的学生要给予特别的关照。让每个学生的声音都能被听到,每个学生的观点都能被别人理解。这样,教师就是把知识民主化了。在学生进行小组讨论的过程中,教师要巡回观察每一个小组,和学生一起讨论、交流。教师是作为小组中的一员参与讨论的,教师与学生的关系是平等的,教师不是一个指挥者而是一个引导者,把学生引导至自己希望学生走的研究道路上。

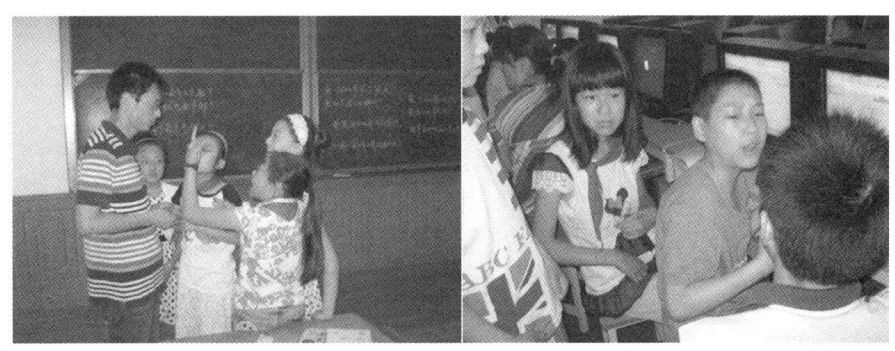

图 12-4　与教师、同学讨论自己的观点

需要注意的是:在分组讨论中,教师要提醒学生记得他们自己的问题,并思考通过哪种方式来检验自己的观点。之后,学生根据自己初步的讨论结果,开始查找相关的资料。在本次课程开始之前,教师已经把相关的图书资料摆放在了教室的后面,由于在机房上课,学生们还可以通过网络来获取资料,在此之前,教师已经获得了一些有关"蚕"的专题性网站、电子书等,并把相关链接告诉了学生,学生可以根据自己的需要,选择合适的途径获取资料,最后将收集到的资料进行归纳和总结。

使用权威性资料的另一种方式是学生和同伴一起阅读书籍。让阅读经验丰富的学生和刚开始阅读的学生成组,当他们遇到阅读困难时就会彼此帮助,且让他们讨论各自读到了什么。经过这样的学习,学生在以后的学习过程中,就会自然地分享他们已经知道的知识和他们正在学习的知识。

在这个过程中教师需要注意的是:教师要提供给学生多种多样的资源而不是单单一本书;并且查阅资料这个过程是互动的,即教师要适时地让学生们停下来问问题、讨论、建立理论,并且叙述生活中经历的或者听到的。这些新观点和信息的注入可以激发学生在知识建构中的思维火花。

图 12-5　运用权威性资料

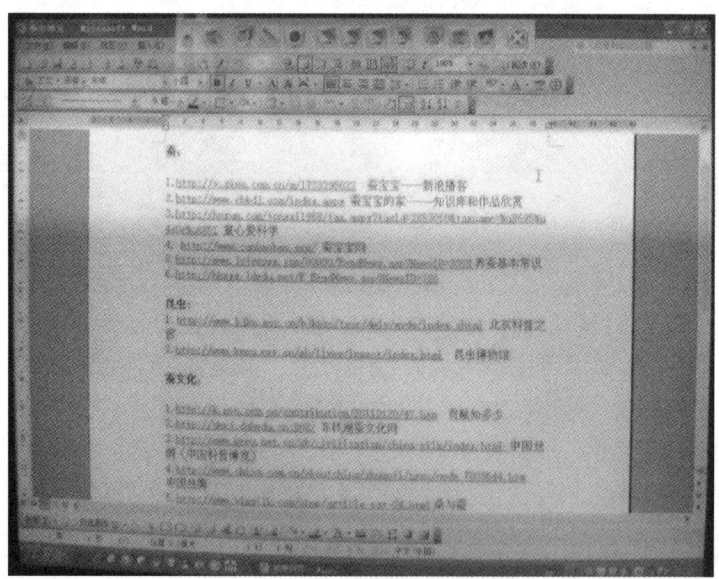

图 12-6　教师推荐的部分链接

在学生看过一些资料之后,结合之前养蚕的经验,学生对于自己提出的问题有了一定的认识,在这个时候,小组成员再次经过讨论得出小组的观点或者假设,并将其整理到记录本上。由于学生查到的资料五花八门,因此,学生根据资料的显示,确定的假设也不止一个,图 12-7 是其中某两个小组的问题以及假设。

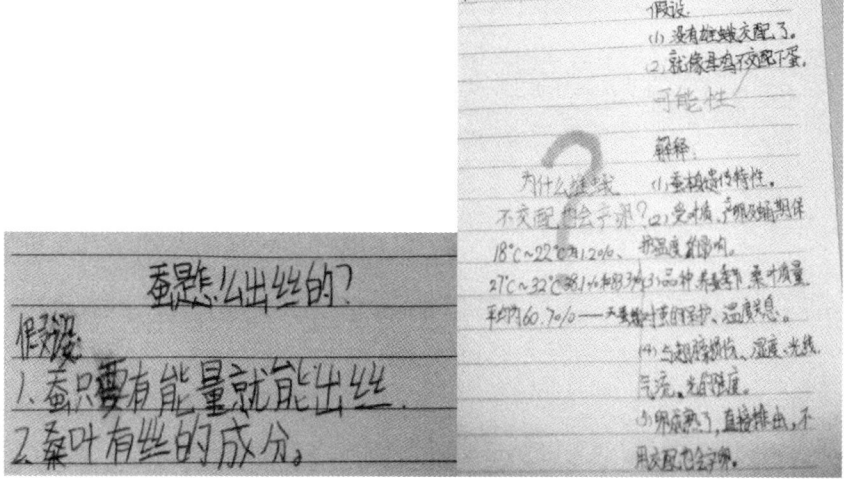

图 12-7 两个小组的问题及假设

当学生们的第一个观点生成、组织之后,教师提醒学生可以把这些观点在知识论坛中记录下来,在后面的研究中需要进一步验证和完善。学生把他们自己的观点以记录的形式发表在知识论坛中,通过反复修改自己的记录完善自己的观点,因为每次修订都会被保存在后台数据库中,知识论坛就可以促进学生有效、方便地交流。

通过知识论坛,学生可以观看他人的观点、发展自己的观点或者发展、评论其他人的观点。这个交流是在全班范围内的交流,这些交流发生在个体与个体、小组与小组等不同的学习者之间。学生的知识建构学习是无处不在的,只要有网络,学生就可以在不同的时空登录知识论坛进行交流。

随着学生开始使用知识论坛,知识的数字化、可视化表达便开始形成。在技术支持下,学生可以观看彼此的观点和问题并互相进行改进或者补充。即便是在课下,学生也可以随时进行讨论并把产生的观点及时记录在知识论坛中。

当学生书写短文时,教师可以教他们如何使用支架,支架即用来帮助指导学生书写思维的提示,诸如"我想知道""我的理论""我还想知道"等。为了鼓励和教会学生们正确使用支架,教师也可以坐在学生身边,查看他(她)所写的每一篇短文,然后一起决定该使用哪个支架。

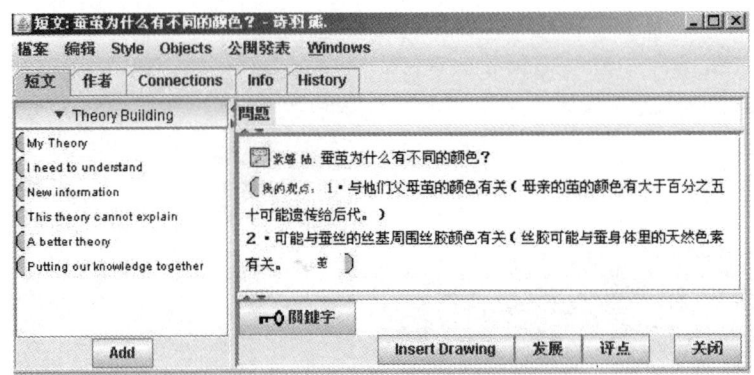

图 12-8　知识论坛中某一小组的记录

观看图 12-8,我们可以发现该同学使用了"我的观点"这个支架,左边窗口中是知识论坛工具自带的支架,包括"我的理论""我需要理解""新信息""这个理论不能解释""更好的理论""整合我们的理论"这 6 个支架。该版本的知识论坛是从国外引入的,是英文版本,教师可以根据自己的需要将支架翻译成中文,或者增加和删除一些支架,当然这需要教师在知识建构教学过程中慢慢摸索,探寻出适合的支架,进而进行支架的修改。

3. 学生实验方案的设计

在学生们有机会分享他们的观点和问题之后,教师要引导学生设计一些实验,来帮助解决这些悬而未决的问题。当设计实验时,教师要鼓励学生先从自己的理解出发(激发学生的最近发展区),进而通过讨论让学生逐步认识到不同的变量问题,例如:"验证时应该使用几只蚕? 蚕应该放在什么地方? 是干燥的还是潮湿的?"等等。同时教师还应要求学生对自己的实验有预期的结果。例如,研究"蚕怕不怕水"这个问题的学生,可以根据自己的经验或者查找到的资料,预期"蚕是怕水的"。通过设计实验,学生也许可以直接找到自己的问题的答案,并在自我观点的叙述中以及倾听他人的观点时考虑合理性,进而学会分析自己的实验结果。同时,实验的结果可以帮助学生们修正他们的理论或给他们下一步实验以启发。

第十二章
知识建构从"做中学"开始:"养蚕"的例子

在本次实验课中,由于前期时间太紧,很多事情并没有准备充分,比如,权威性资料就比较稀缺,而且学生提出的问题过于狭隘和窄小,很多问题在网络上或者图书上根本找不到合适的解释,网络上的一些解释更是五花八门,非常不科学,因此学生通过不同途径查到的资料差异性很大,有的甚至自相矛盾,学生不知道哪些解释才是准确的。因此,在这种情况下,教师引导学生设计实验来验证自己查到的资料,进而验证自己的观点或者假设是否准确。

由于大部分学生的假设不止一个,教师首先让学生从自己的假设中选择一个自己认为最可能的假设来进行实验方案的设计,如果时间充裕可以分别针对自己剩下的其他假设进行方案的设计。

在我们进行实验课时,由于部分小组已经在教师的引导之下,根据自己的假设或者观点进行了实验方案设计,并把初步的实验方案记录在了记录本上,但仍有一部分小组还没有做到这一点。因此在上课之初,教师为了给学生做出范例,引导学生进行方案的设计,首先呈现了优秀小组的案例,并让优秀小组学生代表介绍他们是如何设计实验方案的。

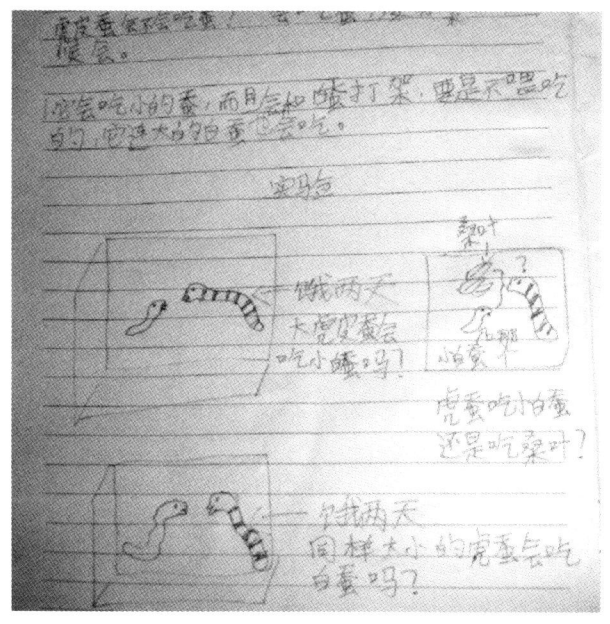

图 12-9 某小组实验设计

为了使学生在设计实验方案时有所参考,教师在黑板上展示了如下的方案设计模型,如图 12-10 所示。

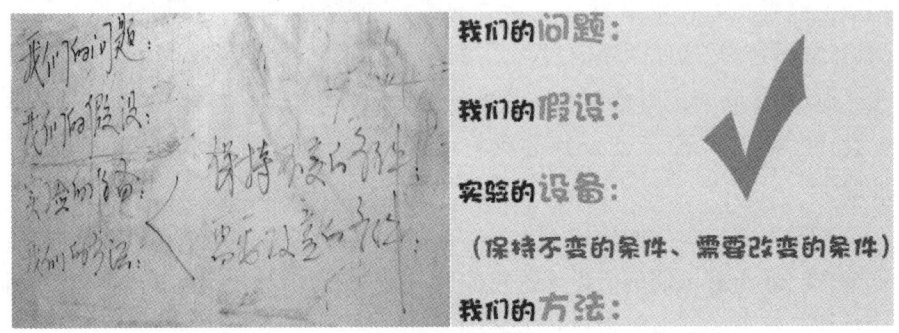

图 12-10　实验的样例

教师要求学生按照这种模型来设计自己的实验方案,当然如果学生有自己的想法,也可以按照自己的想法来设计。在此之后,教师针对特定的小组进行引导,进行思维的发散。例如,针对第七组提出的问题"蚕为什么会吐丝",学生已经为这个问题已经找到了合理的解释,不需要进行方案的设计来验证,为了拓展学生的思维,教师进行了如下的引导:"我们知道了蚕会吐丝,那还有哪些动物或者昆虫能够吐丝? 蜘蛛也会吐丝,蜘蛛与蚕吐丝有什么不同?"通过这样的延伸,学生可以拓展原先的问题领域,在广度与深度上进行新一轮的知识建构。

随后,各小组学生根据教师提出的要求和提供的样例,开始有针对性地设计自己的实验方案。在小组学生分别设计自己方案的过程中,教师仍旧穿梭于各个小组,与学生共同讨论、设计合理、合适的方案。图 12-11 为几个小组设计的实验方案。

第十二章
知识建构从"做中学"开始:"养蚕"的例子

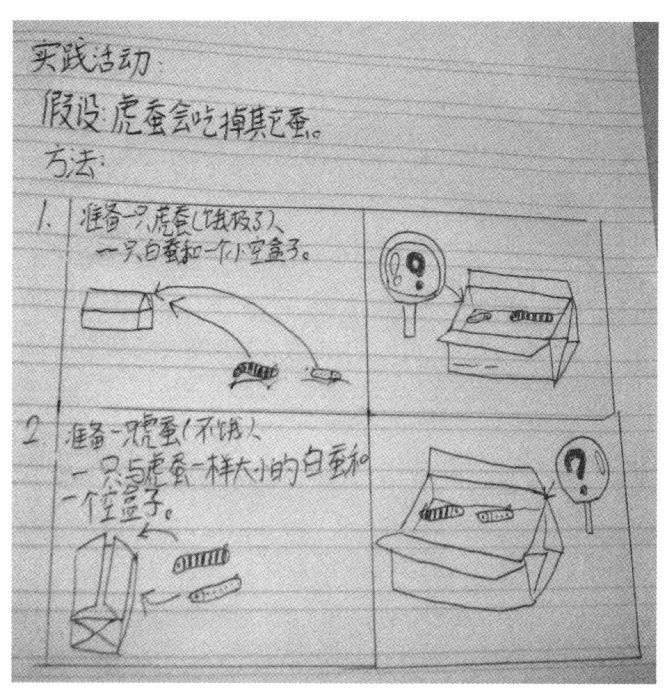

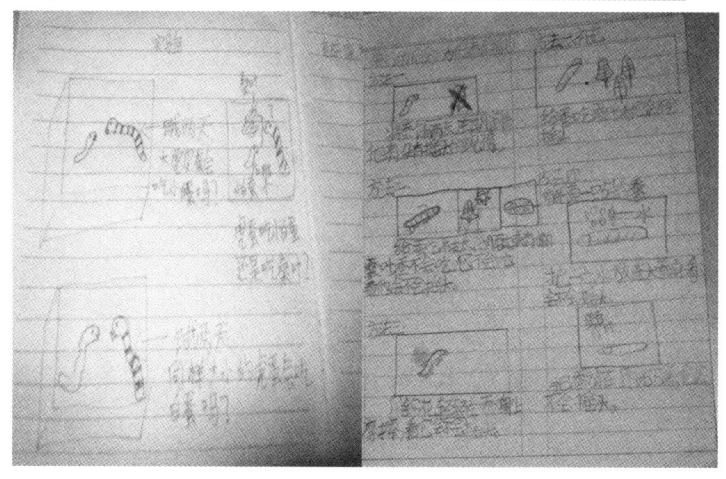

图 12-11　不同小组的实验设计

同样,在学生设计完实验方案后,为了方便学生之间的交流与讨论,学生需要将自己的方案记录到知识论坛中,学生通过阅读其他同学的方案设计,了解他人的进度和学习内容,可以提出建议或者指出不足之处。

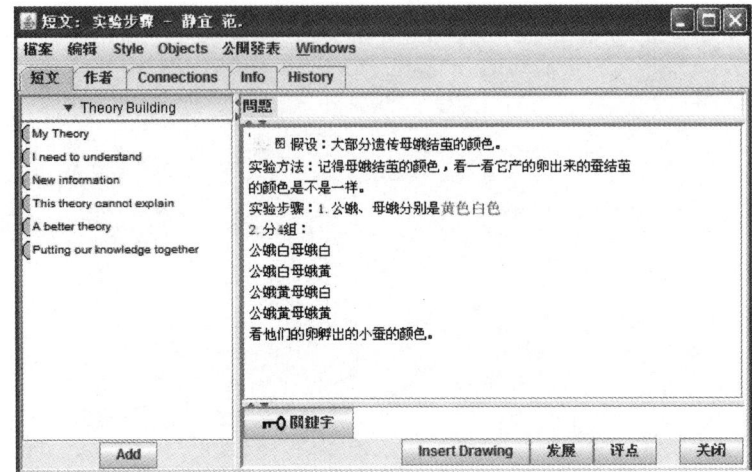

图 12‑12　知识论坛中某一组学生的记录

图 12‑13 为学生在知识论坛中进行讨论交流的情况。

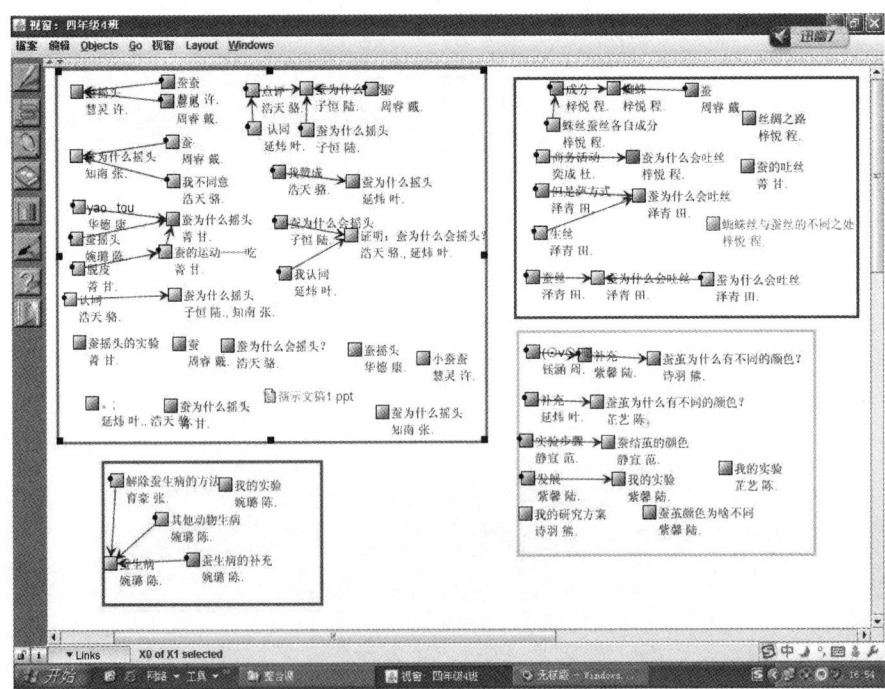

图 12‑13　开始展开的讨论

通过上图,我们发现小组与小组之间或者学生个体之间已经有了交流,但是图片中的箭头较少,说明学生与学生之间的交流仍然比较少。一方面是由于实验课程开展的时间较短,另一方面则是由于前期准备得不充分,学生在家中无法登录知识论坛,因此,很多学生希望在家中交流讨论却无法实现,从而造成学生讨论交流不充分的情况。

4. 汇报和讨论

最后一次课,主要目的是通过学生成果的展示与交流,促进班级社区知识的形成。为了节约时间和提高效率,在最后一次课开始之前,教师已经给学生布置了任务,要求学生准备小组成果汇报的 Word 文档或者 PPT。学生可以选择不同的信息技术工具,展示自己小组的研究成果。

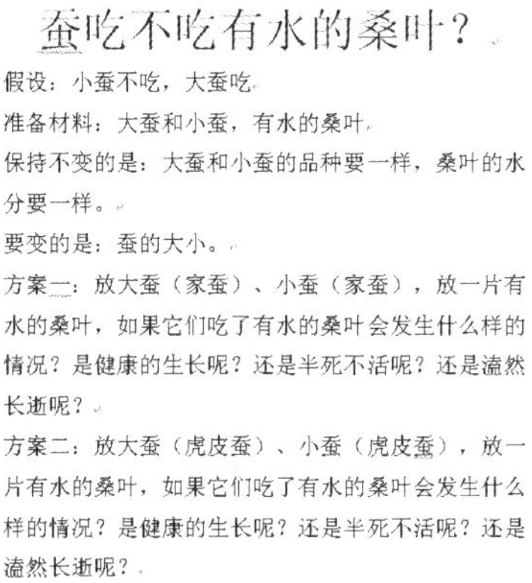

蚕吃不吃有水的桑叶?

假设:小蚕不吃,大蚕吃

准备材料:大蚕和小蚕,有水的桑叶

保持不变的是:大蚕和小蚕的品种要一样,桑叶的水分要一样。

要变的是:蚕的大小。

方案一:放大蚕(家蚕)、小蚕(家蚕),放一片有水的桑叶,如果它们吃了有水的桑叶会发生什么样的情况?是健康的生长呢?还是半死不活呢?还是溘然长逝呢?

方案二:放大蚕(虎皮蚕)、小蚕(虎皮蚕),放一片有水的桑叶,如果它们吃了有水的桑叶会发生什么样的情况?是健康的生长呢?还是半死不活呢?还是溘然长逝呢?

图 12-14 一组学生的 Word

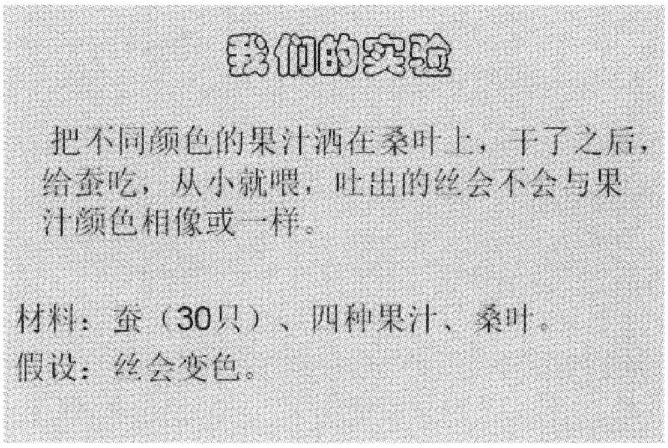

一组学生的 PPT

考虑到给学生准备汇报材料的时间有限,所以上课刚开始,教师就先给了学生 10 分钟的准备时间。10 分钟之后,学生们以小组为单位,分别汇报各组的成果。每一个小组汇报完毕后,其他学生可以根据该小组汇报的情况,提出自己的疑问或建议。通过最后一次的汇报,学生们不仅对自己感兴趣的那部分知识有了更深入的掌握,同时也了解了其他小组研究的内容。最后,学生研究讨论问题的过程也会被记录在知识论坛中。

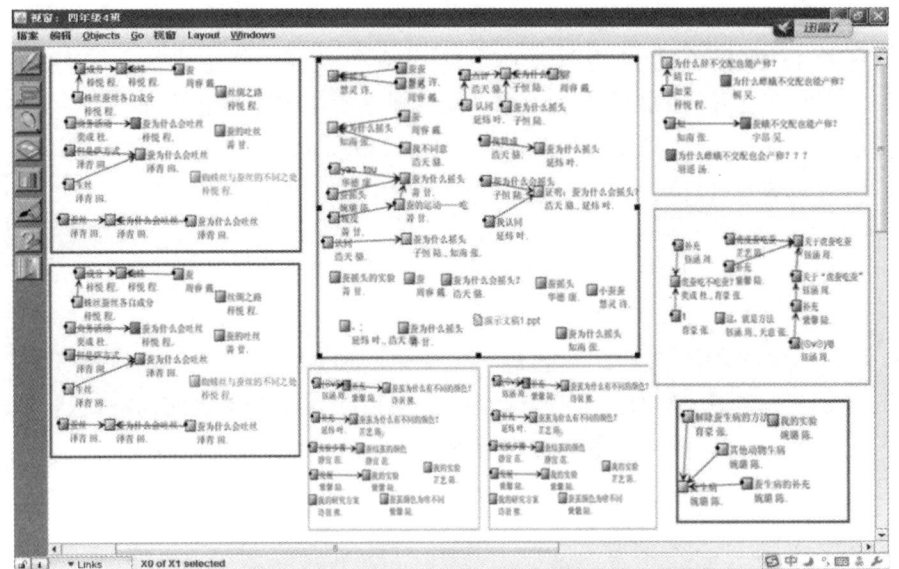

图 12-15　最终知识论坛中学生的记录

三、教学效果评估

一共开展了四周的实验课,总地说起来比较成功。学生纷纷表现出对这种课程形式的浓厚兴趣,教师也觉得采用这种形式开展教学,对学生掌握知识、探索知识更有帮助。以下是我们在实验结束后,就"对于这次实验课的看法"这一问题对一部分学生进行采访的记录。

A 同学:我们想研究的都是自己的问题,都是自己喜欢的、自己最想解决的问题。

B 同学:自己学到知识,感觉更快乐。而且这样的学习自己获得的更多。

C 同学:我们班同学都很喜欢信息技术课,这门课让电脑融入到了学习中,就觉得这种学习很轻松,也很有趣。

同时,任课老师以及听课的老师都对此次实验课做出了很高的评价。

薛老师:听完这两节探究课,我觉得孩子们的潜力得到了更深地挖掘,一

第十二章
知识建构从"做中学"开始:"养蚕"的例子

些平常学生们不会想到的问题,通过小组合作交流也得以发现。学习的过程不仅解决了学生自己产生的困惑,而且也对别人产生的困惑进行了努力地思考和研究。

刘老师:我觉得我们这种实验课和平时的课比较起来,学生探究的味道更浓一些,学生有更多的时间和空间研究自己感兴趣的问题,并进行一些比较深入的探究。而且事实上,孩子们对这样的学习形式非常感兴趣。

王老师:这样的科学课跟我们以往的科学课有所不同,我觉得最大的不同是让每一个学生都能参与到这个活动中。因为在平常的科学课中,我们也会布置一些课外延伸的内容,需要学生通过实验、观察等各种手段,对课堂所学的科学知识进一步地探究。但是探究的过程可能由于家庭的原因、学生本身的原因、课外探究条件的限制,导致其中有一半以上的孩子没有办法完成这些课外探究,而要把这个探究放到课堂上。提供给学生一些教学资源,比如说网络资源、图书资源以及教师资源等,这样学生可以将探究活动完成,而且在完成的过程中,不只获取了一个知识点,在最后汇报交流的时候,获得了更多的知识点,即付出了探究一个知识点的时间,获得了十个知识点的内容量。知识量得到了扩充,这是一种相互学习的方法,不仅是学生与学生之间的一种学习,也是老师和学生之间的一种学习,是一种师生互动的学习方法。

由于整个实验课只有四节课的时间,同时因为已经过了养蚕的时节,学生的实验设计方案无法全部实施,只能更多地停留在文字设想阶段,但是教师给予了学生建议,希望学生在明年适合养蚕的时候,可以继续自己实验假设的证明。另有一个问题探究本实验课没有开展,那就是观点的深化阶段,由于时间紧迫,学生根本没有时间进行深入研究,即只停留在了最初的问题层面,而对于在研究过程中出现的一些问题,并没有及时捕捉和深化。

如果时间充裕,学生可以在研究过程中,根据出现的新的信息,持续地做深入研究,学生的观点也会随着研究的深入而持续深化,这才是知识建构理论的本质。但是由于各方面的条件限制,我们做得并不完美。当然,这个案例只是知识建构教学的开端,"养蚕经验交流会"这个案例,给我们课题组初步积累了开展知识建构教学的经验。

四、教学启示
——新手教师应该如何做知识建构教学？

知识建构就是在学生们在线学习、参与知识建构讨论、阅读权威性资料、动手做实验、短途旅行、和专家交谈等一系列活动中，创造出自己的产品或者建构自己的理论体系的过程。知识建构教学应该是基于课堂需求的一个状态到另一个状态的自然转变，是学生观点的自然流动。观点的提出与不断推进，催生着多种多样的教学活动。其核心在于，促进学生们最初的观点得到改善和改进。

从理论的角度说，在知识建构教学中每个单元的学习都是没有"终点"的。当学生研究完当前的问题后，由于学生之间的讨论交流，必然会产生新的问题。不断地"滚雪球"似的观点的推进，会帮助学生在建构出个性化知识的过程中，形成社区知识。

第一次实验给我们的启示是，需要转变观念，深入领会与运用12条原则。

1. 教学观念是否转变决定着知识建构教学的成败

要想成为一个优秀的知识建构教师，并非是简单地把每日的课堂工作做一个形式上的转变就能够达到目标的。教师在教学理念方面需要一个颠覆性的转变，这种转变的重点在于从关注学生的学习活动和学习效果到关注学生建构社区知识。知识建构中，学生的任务是逐步改进他们对世界的理解。因此在知识建构教学中，教师要坚持不懈地帮助学生改进他们对自身实践的理解，这样，这些实践就可以被进一步探究。

在具体做法上，教师需要"放权"给学生，即放手让学生去做，这个过程可能会被看作一个自由放任的过程，但实际上是让学生自主发展的过程。由于在知识建构教学过程中，每一位学生的发展速度和情况都有所不同，教师不可能采取传统的"一刀切"的方法，这个时候，教师需要让学生根据自己的情

况,自主地进行学习。在"养蚕经验交流会"这个案例中,施教者仍然存在比较明显的"控制"学生的倾向,甚至还会过多地控制学生的纪律,不敢放权给学生。在教学内容上,有时还试图过多地限制学生,如实验方案设计的模型就是教师直接告诉学生的。实际上,教师应与学生一起讨论,设计出实验方案的模式,并且要鼓励学生根据自己的不同情况,设计不同的模式。通过这种方式设计出的模型,才会体现学生思考的过程,学生也更容易接受和理解,更符合知识建构的教学理念。

2. 需要灵活运用知识建构的 12 条原则

在我们邀请加拿大多伦多大学实验小学的两位老师来访的时候,两位专家都指出,只有灵活运用 12 条原则,才能够进行有效的知识建构教学。"真实的观点、现实的问题"这是 12 条原则中的第一条原则,这个原则可以用来激发学生的兴趣,和知识建构紧密相连。我们不能光从教科书上学习,而要把学生自己的问题和观点作为我们学习的起点。这又是一个很新鲜的东西……新教师一般在处理第一个真实的问题时有些许困难。很多来到我们学校的教师也问"我怎么开始呢""起点在哪",这些问题经常成为他们的难题。本案例中我们的起点是从学生的实际养蚕情境开始的,但是在后面几次课的讨论与延伸中,执教者会不由自主地回到"寻找答案"式的教学中,学生也经常会出现"我知道答案了""我查到答案了"的状况,然后停滞不前。

3. 教师要学会接受乃至"忍受"多样化的观点

一般教师都习惯于传统教育的走向——学生朝着唯一正确的答案而努力。因为教师普遍觉得任何问题都只有一个正确答案。但是知识建构教学却提倡"多样化的观点",所以我们必须考虑,要使教师意识到"不止一个正确答案",不局限教师的思维,同时发散学生的思维。在本案例教学中,作为新接触知识建构教学的教师,刚开始接受多样化观点时的确会有很大的压力和挑战,但经过几次课慢慢地实践,执教者也开始逐步喜欢上这种教学形式。尽管潜意识里仍然对多样化的观点存有担心,但是也开始逐步认同:教师必须让所有人都提供观点,并且观点越丰富越好,不要使全班学生只有一个或少数几个观点,之后再看他们的观点是否是可改进的,这必须成为班级的学习文化,然后才能进行下一步活动。

4. 知识建构教学的主要路径就是观点的持续改进

从知识建构理论来说,不论是学生们最初的理论、"模糊概念",还是教科书上的内容,都是可改进的观点,它们只是不同认知水平的理解罢了。学生们需要不断地改进自己的观点,目的在于改进对某事物的认识,这与科学家研究过程是一致的。初用知识建构教学的教师会产生这样的疑惑:观点的改进是否意味着可以全部否认我们刚开始所提的观点?难道所有的观点都是可改进的、都需要改进?作为权威的教科书上的答案、历史上的经典理论是否可以改进?

对于新手教师来说,一个大的挑战是关于学生们的"模糊概念"问题。难道教师可以让这些"模糊概念"存在且植根于学生的思想中,而不去纠正,顺其自然地放任式地等待学生自己改进?在本案例单元结束时,教师感觉到学生们似乎已经了解了这个单元内容,但是觉得他们还存在些许误解,特别是很多观点只是设想了一下。按照传统教学,教师会担心这些误解存在下去,给学生形成错误概念。

实际上每个观点的推进都是在知识建构的道路上,无所谓结论性的不可怀疑的知识。进行知识建构教学的教师与学生一样,一直在路上。

5. 传统教材的消失与权威性资料的建构性使用

抛弃作为法定知识、预成性知识的传统教材,也是知识建构教学的新手教师极不适应的。实际上,借助权威性资料的建构性使用,促进生成性知识的形成,也需要新手教师转变传统的教材观与课程观。这其中,对于权威性资料的使用,虽然不是很难领会,但是权威性资料究竟应该如何使用,什么时候使用才是最合理的,却让教师很难把握。本案例教学中,多种客观与主观原因的影响,使得权威性资料的使用并未恰如其分。

显然,当教师开始知识建构时,的确不应该立马使用权威性资料,这一点是非常重要的。"当学生在观点发展过程中呈现出兴趣消减的趋势时,是引

入权威性资料的最佳时机。"在学生兴趣消失的时候,引入权威性资料,学生需要有建设性而不盲目地利用权威性资料,学生需要从批判性的角度,关注和理解权威性资料,从中接触一些知识的现状及它们的最新发展。"权威性资料,尤其是书籍,不要过早地引入,在学生的观点被自己所看到的资料和书籍的内容影响之前,以便使学生可以有机会去阅读其他同学的观点和提升自己的理论。"过早引入会限制学生的创造性,本来可以自己通过动手或者实验的方式获得的内容,却通过资料得到了答案,这对学生的学习积极性会造成打击。

6. 让学生成为积极的认知者,而不是被动的参与者

转化教师与学生的角色是一个比较难的问题。一个成熟的知识建构教学者,通常也需要很长时间才能做到这点。让学生成为积极的认知者(释放权利)的确是最重要,也是最难实施的一个原则。在本案例教学中,教师被要求克服自己的思想障碍,"放权"给学生。但是,事实上教师却会不由自主地限制学生,国外的研究表明学会真正信任学生,有时甚至需要花费数年的时间。教师要努力学习释放权利,这对很多教师而言可能是一种很可怕的经历。但是,本案例也说明,如果教师用这种方式来教所有的单元不大放心,解决的办法就是分步骤逐渐转变,比如先只教一个单元,随着经验和对学生的信任的增加,再来教更多的单元。本案例实施者在后续的教学中,恰恰证明了这一点——时不时地回到"教师中心",但是最初的一个单元的实践无疑对他的帮助很大。

五、不足之处及解决方案

虽然此次实验课我们取得了一定的成功,基本上达到了预期的效果,但是由于前期的准备时间不足以及对知识建构理论的认识尚不够深入等原因,此次实验还是出现了一些不尽如人意的地方。在实验结束之后,我们对此进行了总结,针对出现的问题,探讨出了相应的解决方案,以使在今后的研究中不再出现类似的问题。

1. 没有设置对照组

课程开始的时候已经接近学期末尾,学生都在准备期末考试。考虑到学生的特殊情况,我们只选取了一个班级作为实验组,而并没有选取对照组,因此无法进行对照组与实验组的比较,故不能得出精确的比较结论。

在以后的研究中,我们要将前期的准备工作做得更完善,设置对照组,将实验组与对照组进行比较分析,以得出更准确的结论。

2. 未设置实验前测

实验开展前我们并没有对学生已经掌握到的关于蚕的知识进行系统的调查,而只是询问了任课老师关于学生对蚕知识掌握的程度,即没有考虑到学生已掌握的知识就进行了接下来的实验,这样会造成实验结果的不精确性。

在后续的研究中,我们在开始实验之前,将通过问卷调查法、访谈法、观察法等方法,深入了解学生的前期知识准备情况,然后再开展有针对性的教学。

3. 课时限制,研究的问题不够深入

学校只能拿出四节课的时间开展实验,故因时间的限制,许多我们希望学生继续深入研讨知识的活动都无法实现,最终只能将研究的问题停留在比较浅的层面上。

在以后的实验研究中,我们要合理统筹规划、安排实验的时间,以使学生的探究活动能够充分、深入。

4. 条件限制,很多学生设计的实验无法开展

部分学生设计的实验涉及特殊实验工具的使用,受学校硬件条件的限制无法进行;同时由于季节的原因,当时正值夏季,不适合养蚕,许多学生设计

第十二章
知识建构从"做中学"开始:"养蚕"的例子

的实验,由于没有蚕这一主要实验所需的工具,而不得不等到明年可以实现的时候再进行。

在条件允许的情况下,教师可以鼓励学生继续养蚕,然后根据自己的实验方案来验证自己当初的假设。教师亦可以通过从其他学校借或者从校外购买等方式,为学生准备实验的工具,使学生更好地验证自己的假设。

5. 学生的问题过于狭窄,不够宽泛

由于我们实验的对象是四年级的学生,他们已经有过一年多的科学课程的学习(我国的科学课程也是从三年级开始实施的),而之前一年的科学教学仍然是按照传统的方式进行的,学生的视野和思维已经形成定式,局限在一个难以跳出的小圈子里。因此当教师问学生们感兴趣的话题或者有疑问的问题时,学生们无一例外都选择了有关蚕本身的一些问题,而没能跳出"养蚕"这一过程,思维不够发散。

针对这种情况,教师可以将自己的角色转换为流动小组成员,参与每个小组的学生讨论,发表自己的观点,也可以有针对性地引导,启发学生思考。

6. 教师的准备不足

学生在学习过程中提出的问题过于狭窄,并不完全是学生自身的原因,还有一部分是教师的原因。由于课程开展得比较匆忙,课程开展前对教师的培训不太完善,准备也不够充分,以致教师在本次实验课程开展的时候也是摸索着进行的,对学生的引导力度和技巧可能存在不足,因此不可避免地会出现各种各样的状况。

在课程实施过程中,我们就意识到了这个问题。因此在每次课结束之后,我们都会进行一次讨论,讨论此次课的得失以及接下来的课程应该如何开展。这样,在实验过程中出现的一些问题都会在接下来的教学过程中被予以解决。

第十三章
知识建构的轨迹:植物的研究①

春季学期开始了,对于三年级三个实验班的学生来说,有了上学期的知识建构学习经验,他们开始逐步喜欢上了这样的学习。教师设计的研究思路是从考察校园里的植物开始,根据学生们提出的观点,逐步聚焦于"种子"——种子是如何发芽、生长、开花结果的?后期的拓展涉及植物与环境的多种关系的讨论。在这个学期的教学过程中,教师不再受到教材、课程标准的"结构性"制约,生成性的课程内容显示出独特的魅力。从学生发展的角度看,学生们的多种能力发展得以体现。但是,在体现知识建构的"精髓"——由"观点"引发的走向"理论化"的知识形成、在体现以学生为中心的教学组织工程,在运用"嵌入到过程"的教学评价等方面,仍然存在诸多不足。但是,这个学期的教学实录基本反映了相对完整的知识建构教学,可以作为知识建构教学的设计与实施、组织与评价等参照的范例。

一、"植物的研究"教学前期准备

1. 教学分析

1.1 参与者分析

本次参与知识建构理论的探究课教学对象为南京市白云园小学三年级三个班的学生。从年龄看,孩子们又长了一岁。三年级下学期的孩子开始脱离一二年级的"幼稚",似乎开始由小孩子到大孩子转变。从知识基础看,该年级学生对课程中涉及的"植物"的相关概念和研究方法有些基于生活经验的认识,还

---

① 本案例执教者为刘骏,参与设计与实施的人员有李璇、张莉、卓小双、徐超等。

第十三章
知识建构的轨迹：植物的研究

没有科学系统的理解。从学习经验看，学生们经过前面关于"水单元"的学习，对这种基于知识建构理论的创新型教学方式已有一定的了解与适应。当然，可以肯定的是，他们仍然有一些人还不理解知识建构学习，在学习过程中仍有部分学生存在以找到答案为准、参与社区讨论不积极的现象。

执教一线的教师已有半年的知识建构教学经验，熟悉知识建构的 12 条原则，能熟练运用"知识论坛"这一工具并将其作为整个教学的网络支撑环境。从教法的角度看，教师能够自己开发课程、跳出教材与课程标准的结构化限制；对于运用信息技术帮助学生进行混合学习也有自己的特点，在课堂面对面教学和网络协作学习相结合的安排方面也已经熟门熟路了。但是，在几个核心矛盾方面，比如教师中心还是学生中心、预设课程还是生成课程、基于过程设计教学还是基于原则设计教学等还存在多次反复。对知识建构理论有了一定深度的认识，但对其内涵的掌握和应用于教学的掌控还有很大的提升空间。

1.2 学习内容分析

按照原先的教材，"植物"属于生命科学领域范畴，原本共有 7 个主要概念，通过比较课程标准后，课题组认为可以归结为 5 个主要概念：① 为了维持生存，生物体需要不断和外界交换物质、能量和信息；② 植物能适应环境，制造和获取养分来维持自身的生存，并为动物和人类提供生存需要的氧气和养分；③ 植物和动物都能繁殖后代，使各自的物种得以延续；④ 动植物之间存在着相互依存的关系；⑤ 地球上存在着不同的植物和动物——生物的多样性。

暂时不涉及"人类有一个具有高级功能的脑"和"动物能适应环境，通过获取植物和其他动物的养分来维持生存"这两个主要概念，同时也删除所选用 5 个概念中部分"分解概念"，留待下个学期"动物"及后面的"认识自己"教学中再做安排。有关"植物"主题的课程内容标准，见表 13-1。

表 13-1 植物部分的知识点分析

知识点内容（分解概念）			数量
❖ 为了维持生存，生物体需要不断和外界交换物质、能量和信息			
A	11.3	绝大部分植物的生存需要阳光	3
B	11.4	大部分生物的生存需要空气	
C	11.8	生物用不同的方式繁殖后代	

(续表)

知识点内容(分解概念)		数量
❖ 植物能适应环境,制造和获取养分来维持自身的生存,并为动物和人类提供生存需要的氧气和养分		4
D	12.1 植物具有制造和获取养分的结构	
E	12.2 植物的形态可以随季节变化	
F	12.3 不同的植物能够适应不同的环境	
G	12.4 植物可以对环境的刺激产生反应	
❖ 植物和动物都能繁殖后代,使各自的物种得以延续		4
H	15.1 植物会产生足够的种子,以延续它们的物种	
I	15.2 植物从种子开始经过一系列的生长发育过程,重新产生种子,完成一个生命周期	
J	15.3 有的植物可以不通过种子,而利用它自身的一部分来繁殖后代	
K	15.6 植物的后代与原来的植物可以十分相像,也可以有一些细微的不同	
❖ 动植物之间存在着相互依存的关系		2
L	16.2 动物会给植物的生存带来好处或坏处	
M	16.4 植物可以利用太阳能进行光合作用,产生维持生存所需的物质,动物利用植物生产的养分而生存	
❖ 地球上存在着不同的植物和动物——生物的多样性		3
N	17.2 地球上存在不同的植物,不同的植物具有许多不同的特征,同一种植物也存在个体差异	
O	17.3 地球上动植物的种类会受到生存环境的影响	
P	17.4 不同种类的动植物的数量会受到生存环境的影响	
合计知识点		16

1.3 学习环境分析

知识论坛工具、多媒体机房、科学实验室等。

2. 课程设计

本课程在 2012 年春季学期实施,实际教学时间共 18 周,每周 4 课时。课题组讨论后的基本设想:在这期间,学生围绕"植物"这一主题开展探究学习,切入点是从了解身边的植物开始进入课题,通过观察校园、身边的植物引起学生的学习兴趣,帮助学生形成对植物的整体认识;然后引导学生聚焦于一个点,比如以种子如何生长作为探究的深化点,通过观察和教师提供的问题情境思考"种子为什么能够长成完整的植物"这一问题,通过探究种子发芽、成长过程及条件等了解植物的繁殖与生长环境;进一步地拓展,可以考虑把课程标准中所涉及的植物与人、植物与动物、植物与环境等内容引入到研究中来,特别是在植物生长过程中再引导学生探究植物与环境的相关知识点,探究植物的适应性;最后,在学期末,学生对本专题的研究进行回顾、总结、汇报,从而升华观点,制作学生制品。

在教学设计中,也需要特别强调在每个阶段的研究过程中,学生是积极的认知者,教师不能替代学生的学习;强调鼓励学生提出新的有密切联系的观点,并进行假设、验证,进而不断推进、完善自己的观点,最后形成关于这个大的主题的相关理论。

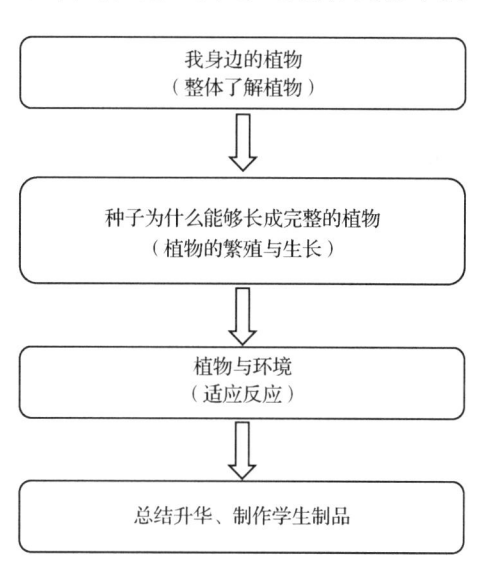

图 13-1 "植物的研究"的大概路径

二、开发与实施:生成的课程

新一轮的实验,课题组进一步强调了知识建构的几个核心点——也是第一轮实验中最容易出现问题的地方：知识建构理论以观点为中心，不强调任务和活动；坚持以 12 条知识建构原则为教学设计的基础，反对"基于过程"的教学设计；教师的教学设计过程是建立在对这 12 条原则融会贯通的基础上的创造性活动。

1. 第一阶段：身边物的观察与记录

依据 STS 课程整合内容，学生在三年级下学期将要学习的内容是植物。依据知识建构原则——真实的观点、现实的问题，执教老师认为学生们的问题应该是有依据的，从可感可触的真实事物而来，所以决定让学生们从观察自己身边的植物开始。考虑到学生的安全问题和组织难易程度，教师选择让学生们去观察校园内的植物。

1.1 观察前

教室里，执教老师向学生提出问题："植物通常有哪些组成部分呢？"学生们依据自己的已有知识，纷纷给出答案，教师将这些答案记录在黑板上。对于学生们没有提及或是表达不准确的组成部分，教师通过提示和启发，最终帮助学生们明确了植物主要由根、茎、叶、花、果实和种子等六大部分组成。这样做首先教师可以对学生关于"植物"这一主题的了解情况有个初步的了解，同时也是提醒学生们在进行观察时要注意的问题，对观察现象进行描述时可以减少错误术语的使用。

接下来，交代学生观察记录时的注意事项：

- 观察仔细，避免走马观花式的观察。
- 及时记录，文字和绘画均可，记录在科学记录本上，没有带科学记录本的，教师发放记录纸，记录纸注意保留。
- 填写信息，不清楚名称等信息的植物可注明其所处地点，如，一年级一班门前的花坛。
- 文明观察，注意秩序和不要采摘、践踏校园植物。

1.2 观察中

观察活动分小组进行，小组成员分配没有刻意安排，根据学生平时的就坐情况分为六个小组，由跟踪观察课堂的研究者和执教老师分别带领至教室外观察校园内的植物，如图 13-2 所示。

第十三章
知识建构的轨迹:植物的研究

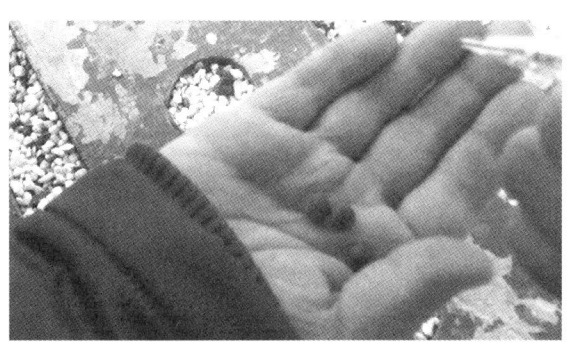

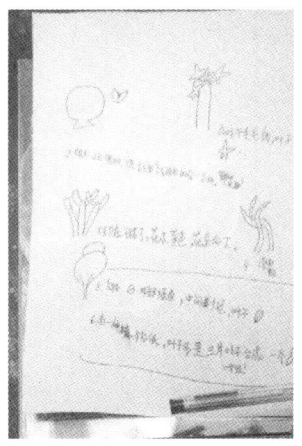

图 13-2 观察校园内的植物

学生在观察中出现的问题,教师要及时帮助解决,如:① 秩序维持较难,如个别学生胡乱跑动、打闹;② 简单省事,有些植物挂有名牌,学生直接抄下名牌上的内容;③ 时间安排不充分,有些学生在教师宣布观察活动结束时仍反映没有观察完;④ 多个学生观察同一种植物时,出现相互抄袭现象;⑤ 学生遇到表达上的困难,有些字不会写时,可以用拼音代替。

1.3 观察后

教师:

- 查看学生们的记录本或记录纸,总结观察记录情况,提出观察过程中出现的明显问题:"观察不认真,这个植物看两眼,那个植物看两眼";"记录不详细,可能是看了,但是没有及时记录下来"——对于这类学生,要求课后继续完成;"记录内容不恰当,没有找到观察的重点"。
- 要求学生按不同的组成部分分类,比较相同和不同之处。

学生:

- 按植物不同部位进行分类、比较,如不同植物的叶子、形状、颜色等方面的相同与不同之处,及时整理记录。
- 学生将观察结果整理记录到知识论坛上,并要求学生依据自己对植物的已有知识和观察经验提出想要了解的问题(提供的支架分别为"我已经知道的""我观察到的""我想知道的")。

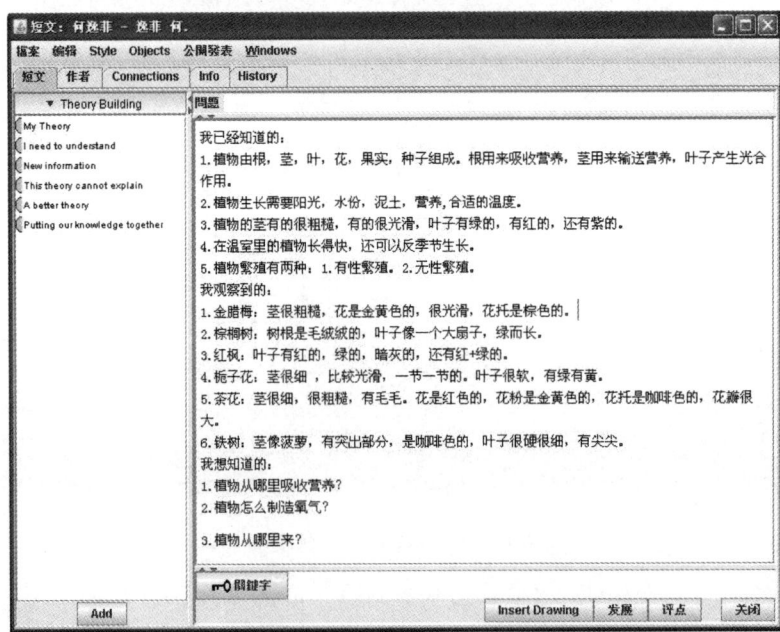

图 13-3 知识论坛记录示例

第十三章
知识建构的轨迹:植物的研究

通过观察植物,学生认识了身边的植物、对植物有大致的了解。部分学生查阅了相关课外书,提出自己还想要知道的有关植物的问题。

2. 第二阶段:种子为什么能长成植物?

学生在观察植物阶段提出各种各样想要了解的问题,其中包括"植物从哪里来","植物从哪里吸收营养","种植物需要什么条件"等问题。但依据我们之前的教学经验,问题要有宽度,要有研究的可持续性并尽可能地考虑学生的兴趣等特征。执教老师经过多方考虑,确定以"种子"作为探究的切入点,提出了"植物如何从种子长成一棵植物"这一问题。原因:首先,在观察过程中,学生观察了各种不同的种子,并表现出一定的兴趣;其次,随着学生们对植物生长过程的探究,关于"植物生长方式""植物生长条件"等课程标准都会涉及;最后,可以通过种植这样的实践活动,来保证研究对于学生的持续吸引力。

课题组认为,在这个阶段需要注意:如何创设能够激发学生提出想法的情境?若处理不当,很可能削减学生的积极性。因此,最好是让学生亲自种植植物来验证自己的观点,进而推进自己的想法,这样才具有可持续性。问题是学生在种植过程中该如何处理观察到的很多新问题?此外,还需要考虑学生的观察日志记录在哪里?如何更好地运用知识论坛?

2.1 引入问题情境、提出最初观点
问题的提出回顾了上次课的内容,以师生集体谈话方式切入到种子话题。

师:上个星期,我们一起观察了一些植物的种子,我们也知道许多植物在它的生长过程当中会结出种子来,那你们还记得上次我们在校园里有没有观察到植物的种子?

生:有樟树的种子、金腊梅植物的种子。

师:可能因为天气(二月份)的原因,大家观察到的植物的种子种类不多。那我也给大家收集了一些种子的图片,大家猜猜这些种子都能长成什么植物?

由于我们的观察活动是在二月份,天气还比较冷,校园里能观察到的植物的种子并不多,因此教师便引入课前准备好的其他常见的植物的种子及相应植物的图片,如瓜子——向日葵的种子、莲子——莲的种子、松子、青菜种

子、绿豆、罗汉松的种子等。

图 13-4 植物种子示例

师：这么多的种子无论在颜色、大小方面各不相同，那么，我有一个问题，对于植物来说，它的种子有什么作用？

生1：繁殖后代。

生2：给人提供营养，作为食物（似乎跑题了，对于植物来说而不是对于人来说）。

生3：胚芽除了能让种子生根发芽，还能吸收一些胚根所需要的营养。

教师总结学生的发言，并借机提出大的问题："我们知道种子是植物的重要部分，主要功能就是繁殖后代，那有没有想过为什么小小的种子将来能长成一棵完整的植物呢？"

教师在抛出问题之后，没有急于让学生进行小组或是全班形式的讨论，而是让学生根据问题情境、生活经验、已有的知识积累等独立思考，在知识论坛中写出自己的猜测及理由。此时，教师为学生提供支架，如"我的观点""我的理由"。当学生在论坛中写出各自观点的时候，教师可以巡视选择需要帮助的对象进行一些指导，主要是通过提问题来进行，下面是一个具体的对话实例。

师：（种子能长成一棵完整的植物）原因是什么呢？你的观点是什么呢？

生：观点，我不知道。

师：那你想象一下，如果是植物的叶子，你把它埋在土里面，它会长成一个新的植物吗？

生：不可能。

师：那像你平常吃的一些瓜子儿，烤熟了，它还会长成新的植物吗？

生：我觉得种子应该有充足的营养。

师：因为种子里面有营养，所以它能长成一棵完整的植物？如果这是你的观点的话，请你把它写下来。

有些时候，学生们不是没有想法，而可能是不愿意写；也可能是语言组织问题，不知从何下手；还可能是因为害怕自己的想法说出来之后，由于错误而被同学们取笑……这个时候就需要教师的帮助，让他们感到安全，敢于大胆说出自己的想法，而不论对与错。当然，不是每个学生都能快速地给出他们的想法，这时教师应该照顾到这一部分的学生，耐心给他们时间，以便每个学生都能依据自己的最近发展区提出想法和理由。

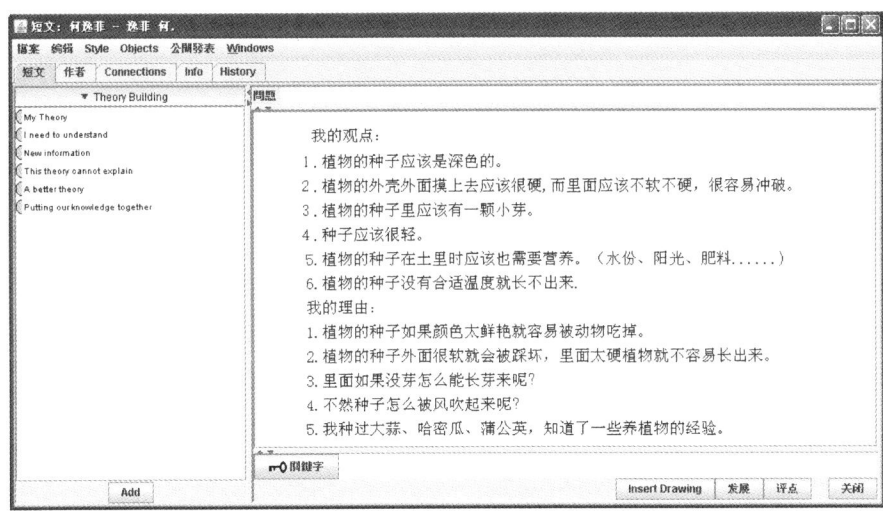

图 13-5 学生初步观点示例

2.2 实验交流、推进观点

和以传授知识为目标的课堂不同，在知识建构学习中，学生的观点不再是问题的答案，而被认为是可以持续改进的不同阶段的知识，学生需要通过各种途径持续不断地提高它们的质量、条理性和效用。同时,"教学对话"是知识建构的基本途径,生生之间、师生之间、家长学生之间的交流都可称为知识建构对话,通过对话分享、提炼与完善知识。

执教老师根据学生在知识论坛中记录的初步观点将学生分为两组:倾向于研究种子内部结构的学生,在教师引导下解剖、观察种子,将观察到的种子结构及猜想写在记录本上,然后以发展短文的形式发表在知识论坛上,改进最初的观点;倾向于研究种子外部条件的学生,在教师引导下讨论种子成长的阳光、温度、水、土壤等因素,并在知识论坛上发表短文,改进自己的观点。这种做法依托学生提出的观点进行,有助于维持学生的探究兴趣及问题的可持续性,同时防止"一刀切"的现象。

【解剖种子】

一些学生认为种子内部有某些物质可以使其长成植物,教师在与他们的建构性谈话中引导他们思考如何验证自己的猜想才是合理的。有学生提出可以把种子剖开看看里面到底有什么东西,此时辅导教师为这部分学生提供

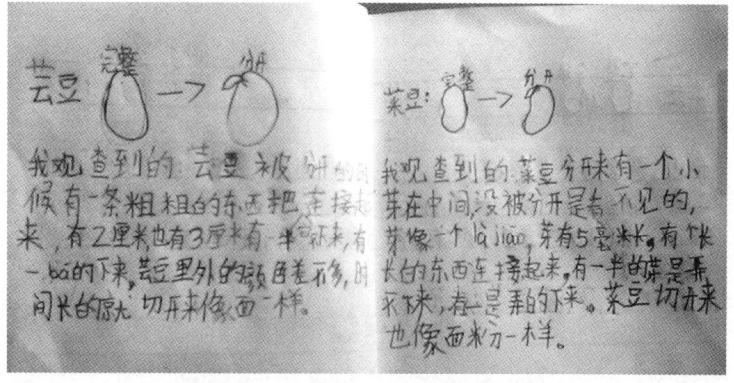

图 13-6　种子解剖及学生记录示例

事先准备好的实验器材(三种常见种子、镊子、小刀、放大镜等)。首先让学生观察三种常见种子的外部结构;然后让学生尝试解剖种子,教师给予及时指导并提醒解剖要点;待解剖后引导学生观察种子的内部结构,并使用文字、图形等方式进行记录。学生对种子内部结构有初步了解后以发展短文的形式梳理自己观点,以改进自己最初的观点,此时教师为学生提供观察短文支架,如"我观察到的""我的猜测""我的新问题"。

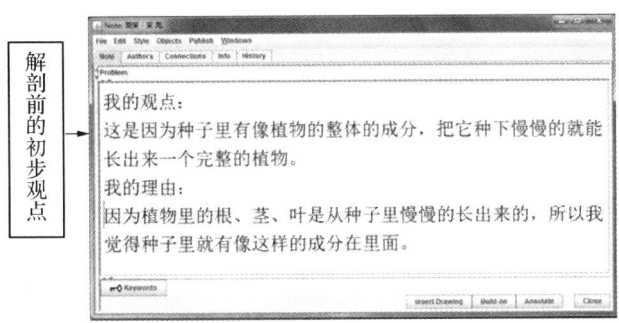

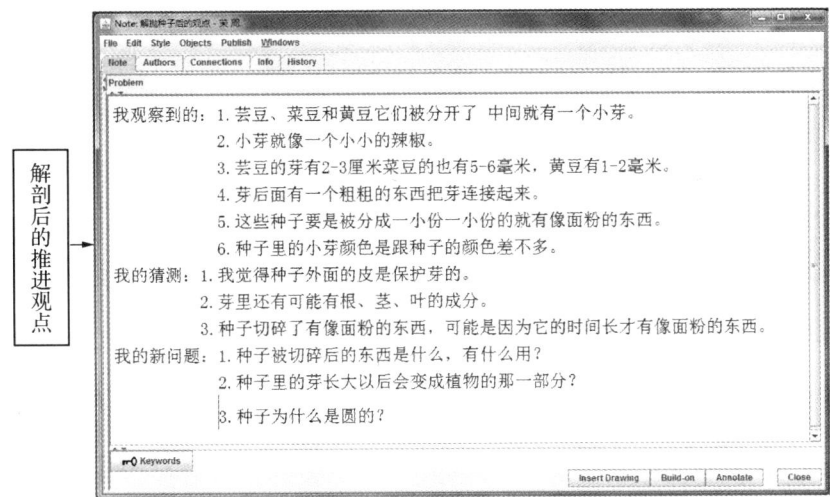

图13-7 观察后学生发展短文示例

这部分学生通过解剖种子,观察种子的皮、豆瓣、小芽等,对种子内部结构有了初步的认识,对自己最初的观点有了初步的改进。

【集体讨论——线下对话】

倾向于研究种子外部条件的学生,在教室集体讨论关于种子成长时可能需要的阳光、温度、水、土壤等因素。学生根据自己周围所看到的、已有的生活经验各抒己见,说明自己的理由。

生1:我觉得种子是需要空气的,就像人呼吸也需要空气,不然就闷死了。

生2:仙人掌也是需要水的,只不过需要的水少一些,别的植物叶子比较大,它的叶子是一根一根的。沙漠里面也有绿洲啊。

生3:我家里面养过一盆仙人掌,平时我浇一点点水,但是有一次我妈妈浇了很多水,后来那个根烂掉了,所以我觉得仙人掌不需要水。

师:那其他种子呢,仙人掌已经长出来了,那作为种子呢?需不需要水呢?

从学生激烈的讨论中,教师总结种子生长可能需要的条件并引导学生在知识论坛上以发展短文的形式改进自己的观点。

图 13-8 师生讨论交流

【发展交流——线上对话】

知识论坛不仅可以将学生内心的想法、观点外化,还可以支持多种形式的成员或小组之间的交流和分享。因此,在开展解剖实验和集体讨论后,学生们将观点都在知识论坛上以发展短文的形式表达出来,教师让大家进行了线上的对话交流,要求学生在熟悉自己观点的前提下去阅读、点评和发展其他同学的观点。

我们把观点写进知识论坛,就是希望大家能够互相交流,通过交流大家

可能就会产生一些新的想法,从而推进观点的发展。进行线上交流时的注意事项有:

- 点评发展要有依据。如果你要反驳某个观点,你觉得说得不对,要写出你的理由,不能只说"不对""我反对",这样的发展与点评,对别人来说并没有什么价值。
- 画图是为了表达自己的想法。小学生在表达自己的想法时,绘画是一种有效途径。但如果只是画图来玩,与观点表达无关,这样是不允许的。
- 发展要有价值、不重复、不拖曳图标。

为了让学生们更好地理解什么是好的有依据的"发展",教师选取了一些例子来说明。在其他同学进行了发展之后,学生们再根据其他同学的意见对自己的观点进行改进,并提出还想要了解和研究的问题(教师提供支架,如"我改进的观点""我还想了解")。

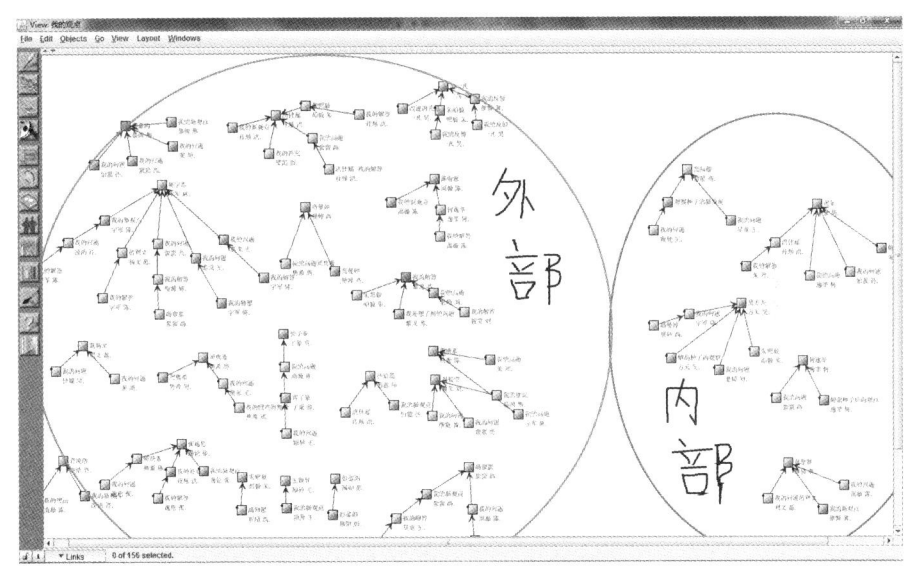

图 13-9　三年级三班观点发展图

2.3　提出想要研究的问题、设计、实施、观点推进

经过线上、线下的知识建构对话后,学生对主题"种子为什么能够长成一棵完整的植物"有了一定的认识。学生明确自己所要研究的问题,如"种子生

长需要空气吗?种子需要阳光吗?种子里的小芽将来会长成植物的哪部分?种子的营养从哪儿来?"等等。教师根据提出问题的相似性将学生分组,如果超过3人则再分为小小组,以小组的形式共同探究如何解决小组想要研究的问题,见表13-3。

表13-3　三年级三班学生问题及分组

小　组	想要研究的问题
陈宇军、曾子豪	种子生长需要空气吗?
陈映紊、黄继贤	种子生长需要空气吗?
洪佳瑶、许凌浩、朱昭毅	种子没有水也能生长吗?
王颖异、章凯胜	种子需要阳光吗?
陈雨薇、高蛮蛮	种子需要阳光吗?
周隽希、刘筱莹	种子冷冻后会不会死?还能再生长吗?
周苿、高智超、何逸菲	种子里的小芽将来会长成植物的哪部分?
吴方天、孙怡蕊	种子哪部分长成根、哪部分长成茎?
王星童	种子里的豆瓣有什么作用?
范利文、王泰戈	种子的营养从哪儿来?
张逸伦	种子的营养是不是从土里来的?
邢嘉鸿、李羿阳	种子怎么吸收营养?
苏紫龙、彭邵阳	种子怎么吸收营养?
吴一凡	为什么种子需要水?
高曼婷	向日葵需不需要阳光?

【方案设计】

和传统课堂中依赖教师建立活动框架不同,知识建构中学生需要自己为问题设定目标、制订长期计划,并处理动机和评估等问题。作为积极的认知者(epistemic agency),学生在提出他们的想法的同时,也要思考该如何验证自己所提出的问题,并为其设计研究方案。

三年级学生由于刚接触科学课,对验证问题的方案只具有模糊的概念,因此需要教师和学生共同交流,进而形成具有可行性的方案。教师首先让小组思考、讨论、设计初步方案;然后以小组为单位说出自己想怎么去验证,全

第十三章
知识建构的轨迹:植物的研究

班讨论、集体交流,在这个过程中教师和学生共同提出建设性的意见(对等的知识发展),利用集体的智慧突破个人理解的局限,使得方案更加完善;最后小组结合他人意见,商定问题解决方案并记录在知识论坛短文中。下面是一份关于改进实验方案的班级课堂讨论记录。

师:今天的讨论课呢,需要我们大家一起开动脑筋,集中我们全班同学的智慧来给各个小组的研究方法提出建议。首先呢,是研究"种子生长需不需要阳光"这个问题的小组。

生1:我的实验是拿两个透明的水杯,两个水杯里面各放一粒黄豆,然后一个放在阴暗的(环境)下,一个放在太阳光下面,看它们会有什么变化。

师:同组的或是其他同学有什么需要补充的吗?

生2:我认为应该先上网查一下什么植物是需要光的,是需要强光还是随便什么光,有的是需要光的,比如说黄豆的种子。

生3:我想问一个问题,种子能在水里发芽吗?

全班:可以。

生1:如果是用土的话,我们无法清晰观察到种子的变化。

生4:我做过这样的实验,就是在透明的塑料杯子里放上纸,把纸弄湿,然后把豆子放上去,豆子就能发芽了。

生5:不一定需要做实验,因为有些实验材料可能会很难找。查找资料也能够证明你的观点。

生6:如果做实验的话,我们的印象会更深刻一点。

师:那做实验的话,你们选择什么样的种子呢?

生2:我们选择比较容易发芽的,像黄豆、红豆或豌豆等的豆类。豆类发芽时间少,我们容易观察。

师:我刚才听到有人讲,每个杯子里放几颗种子啊?

生1:5颗。

师:为什么每个杯子里要放5颗,放1颗不就够了吗?

生1:因为放1颗的话,如果那颗是坏种子呢!

师:这个非常好啊,防止出现种子生病或健康问题而导致实验失败。

生7:万一种子之间"打起来"怎么办,他们会互相抢营养。

生2:那可以用大一点的容器。

生1：如果真出现他们所说的那种情况的话，我们可以用美术课用到的那种折叠桶，中间有互挡的、分开的。

 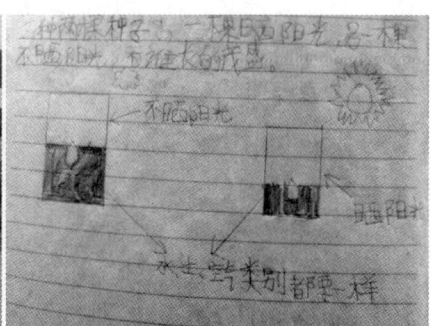

图13-10　学生记录本中的方案设计示例

师：我觉得你们考虑得还是挺周到的，那在做实验的时候，你们的种子还是尽量不要集中在一起。不过，老师还有个问题，如果说你们把一部分种子放在无光的环境里，一部分放在有光的环境里，这是它们不同的条件吧，但是要比较的话，怎样比才能更公平呢？

生8：其他的生长环境是要一样的，比如：温度、水。

经过全班的集体讨论之后，学生按小组纷纷形成了各自的研究方案，大部分是选择种植种子来进行继续探究，也有少数小组选择查找已有资料，而不需要亲身种植。每个小组参考集体讨论时的头脑风暴及已知经验梳理本小组的方案，并以短文的形式记录到知识论坛，形成本研究问题的最终解决方案，见表13-4。

表13-4　三年级三班最终研究方案

问　题	小　组	研究方法（知识论坛上）2012-3-26
种子生长需要空气吗？	陈宇军、曾子豪	先在两个杯子各放3颗种子（如绿豆等），在一个杯子里放满水，水超过种子（种子就呼吸不了空气），在另一个杯子里放种子一半的水（水不要超过种子，种子可以呼吸到空气）。每天观察每个杯子里的种子可不可以发芽，如果种子生长不了就要空气，种子可以生长就说明种子可以不要空气

第十三章
知识建构的轨迹：植物的研究

(续表)

问 题	小 组	研究方法(知识论坛上)2012-3-26
种子生长需要空气吗？	陈映紊、黄继贤	可以先拿出两个水杯，之后在每个水杯里放一些绿豆，一杯装满水，一杯装一小半水，而且一个杯子里放5颗绿豆，然后每天都去观察一下，看一看哪个杯子里的绿豆会发芽。另外再查找资料
种子没有水也能生长吗？	洪佳瑶、许凌浩、朱昭毅	先准备4个绿豆的种子，平均放在两个花盆里，一个浇水，一个不浇水，而且温度、阳光和土一样。每天观察，看看没浇水的种子能发芽，还是浇水的种子能发芽
种子需要阳光吗？	陈雨薇、高蛮蛮	每人买5颗黄豆种子，选2颗黄豆种子分别放在两个瓶子里，一个瓶子放在有阳光的地方，另一个瓶子放在没有阳光的地方。要放同样多的水，尽量保持温度相同。看谁长得茂盛，如果长不出来，就换剩下的3颗黄豆种子用同样的办法，继续实验
种子需要阳光吗？	王颖异、章凯胜	多买几颗相同的种子，有的晒到阳光，有的不晒阳光。但种子的类别、空气、土、水等条件都要一样。看谁先长出芽，看谁长得茂盛。如果不晒到阳光的种子没有长出来，或者没有那个晒阳光的种子长得茂盛，就代表种子需要阳光。如果不晒阳光的种子和晒阳光的种子长得一样茂盛，就代表种子可以晒阳光也可以不晒阳光。同时我们上网查找资料
种子冷冻后会不会死？还能再生长吗？	周隽希、刘筱莹	把5颗种子放进冰箱冷冻仓里，过三天时间，拿出来自然解冻，然后种在土里，给它浇水、吸收阳光，看看能不能长大
种子里的小芽将来会长成植物的哪部分？	周茉、高智超、何逸菲	1. 把5颗种子的豆瓣去掉，放在一个装满水(水不要漫过种子)的玻璃杯里，在杯底放一些土，每天给它晒太阳、浇一点水。然后，每天观察它有什么变化 2. 把另外5颗种子放在装满水(水不要漫过种子)的玻璃杯里，在杯底放一些土，每天给它晒太阳、浇一点水，隔一个星期解剖一次，观察种子的变化
种子哪部分长成根、哪部分长成茎？	吴方天、孙怡蕊	可以种10颗种子，放在瓶子里，放一些适合的土，瓶子要放在阳光下，还要放水。种子刚种时剥开看看，当发芽时再剥开观察(放在温水里泡一泡再剥开看)

(续表)

问题	小组	研究方法(知识论坛上)2012-3-26
种子里的豆瓣有什么作用?	王星童	1. 把1颗完整的芸豆种在水里观察 2. 把芸豆里的小芽拿掉再种在土里 3. 把豆瓣拿掉,把小芽种在土里
种子的营养从哪儿来?	范利文、王泰戈	拿三个杯子,一个杯子里放水,再放1颗种子(水不要漫过种子),另一个杯子放土(漏出一点种子的头),最后一个杯子只放1颗种子,其他什么都不放
种子的营养是不是从土里来的?	张逸伦	用4颗黄豆,2颗放在土里,2颗放在水里,温度要相同,阳光也要相同,先种两三个星期,如果是土里的种子长得快,再种两三个星期,如果水里的种子也长出来了,就说明土和水都能输送营养
种子怎么吸收营养?	苏紫龙、彭邵阳	查资料
种子怎么吸收营养?	邢嘉鸿、李羿阳	1. 适量的土壤分别装入A、B两只烧杯中 2. 在两只烧杯中各种上1粒小麦种子 3. 定期在A烧杯浇清水,在B烧杯放营养液 4. 观察
为什么种子需要水?	吴一凡	查找资料
向日葵需不需要阳光?	高曼婷	1. 先准备4粒种子和盆(里面装满土),选2粒种子分别放在两个盆里 2. 一盆放在阴暗的地方,一盆放在有太阳的地方,每天浇两次水。观察哪个盆里的种子先发芽

【观察记录】

以小组为单位确定要研究的问题并设计相应的解决方案,大部分小组通过实验观察的方法验证自己的猜想;其他小组采取查阅书籍或上网查资料的方法验证猜测。

实验实施后,学生要开始认真观察种子的生长变化。关于观察,学生需要注意的事项有:

- 在实验过程中需要准备实验材料、设定相关变量。
- 将每天观察到的现象记录在科学记录本上,也可以将看到的拍下来,上传到知识论坛上。

- 我们的观察持续一个多星期的时间,种子的种植和观察可能会遇到各种问题,但希望同学们有坚持下去的毅力和克服困难的勇气。
- 每位同学的观察都是有意义的,对社区知识的形成都会是一份贡献。

对于一部分不进行实验而通过"查资料"来研究问题的同学,注意事项有:

- 在资料收集过程中需要确定研究目标。
- 分析收集的资料是否能解释自己的猜测。
- 需要将找到的相关资料记录在科学记录本上。
- 必要的时候能够用自己的话向大家介绍、阐释自己的理解。

图 13-11 学生实验示例

在此过程中,学生还在记录本和知识论坛中记录自己所观察到的现象,并逐步形成本小组对问题的认识。

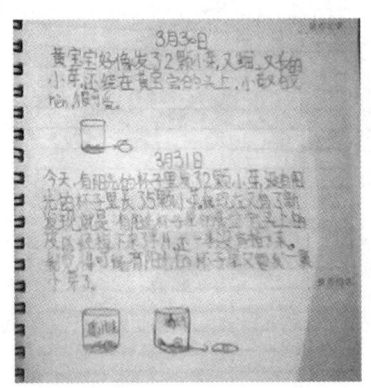
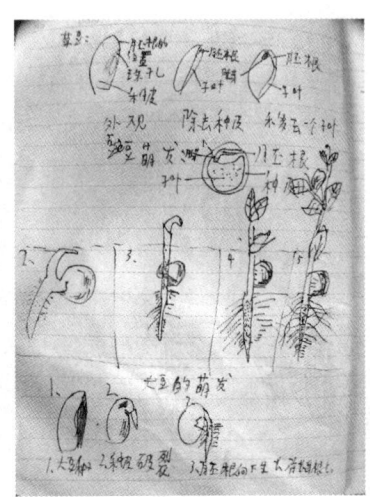

初步发现	
有空气	没空气
第一天 4.1：没有什么变化。	也没变化。
第二天 4.2：种子变大了，而且种子的皮突破了。	种子皮变皱了。
第三天 4.3：花生种子发了一个小芽。	种子才变大。
最近几天：有空气的小芽长大了一丁点。	水突然变臭了
4.9： 种子全发芽了	没变化

图 13-12 学生观察记录

学生分小组亲手种植植物有利于知识建构学习的推进：

- 学生根据自己设计的方案去验证自己的猜测，可以满足学生的好奇心，激发学生的内部学习动机。
- 通过动手操作，看着种子发芽、成长，逐渐长成幼苗，维持学生的学习兴趣。
- 学生看到种子的生长，可以将对生命的关爱深入心灵，进而产生对植物的呵护心理，培养爱护植物的道德素养。
- 学生在种植过程中观察变化、记录，并随时发现问题，给予解决，有利于对问题深入理解及可持续研究。

第十三章
知识建构的轨迹：植物的研究

- 分小组进行，不同小组之间相互交流经验，有利于活动的进行和社区知识的形成。

【观点汇报】

学生经过大约两周时间的种植或查找资料后，对小组问题有了初步的认识，形成了小组观点，此时教师提供支架，如"我们研究的问题是""我们的研究方法是""我们的发现""我们的观点是"，小组成员共同完善本小组研究的问题观点。下面是三个小组的观点示例。

小组A：种子需要阳光吗？

我们的观点：

1. 我觉得黄豆可以晒阳光，也可以不晒阳光。但是晒阳光的黄豆小芽长得更长，不晒阳光的黄豆小芽没有晒阳光的黄豆小芽长得长。

2. 但是我觉得有的种子需要阳光，有的种子不需要阳光，因为种子的类型不同，所以有的要阳光，有的不要阳光。

小组B：种子里的小芽将来会长成植物的哪部分？

我们的观点：

种子小芽由胚根、胚芽和胚轴组成，胚根能长成植物的主根，胚芽能长成茎和叶，胚轴用来推动胚芽，胚芽突破种皮。豆瓣是子叶，子叶长出能帮助小芽产生光合作用等，小芽能自己产生光合作用后，豆瓣就会自动脱落。

小组C：种子怎么吸收营养？

我们的观点：

1. 种子本身就有营养，然后利用它自己的营养制造更多的营养，就慢慢地长出小苗。

2. 单子叶植物来自胚乳，双子叶植物来自子叶。

和以学生的个人提高为目的的传统教学不同，知识建构以社区知识的发展为目标，鉴于小组之间的问题存在差异，因此，小组成员不仅需要共同承担推进本小组知识发展的任务，也需要为其他小组贡献有价值的观点。知识论坛是一个开放的协作空间，是社区知识的容器和发展平台，在学生初步完成小组观点后，教师指导学生采用线上交流的方式，以小组为单位阅读其他小组的研究过程及观点，并以点评的方式提出本小组的意见。

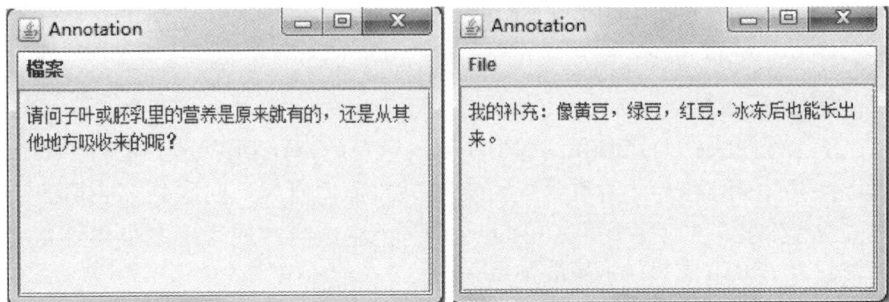

图 13-13　学生点评示例

知识论坛工具为线上交流提供了很好的平台,但同时也存在意见交流不及时、文字描述困难等不足,而课堂讨论的线下交流方式则很好地弥补了这些不足,学生在集体讨论时激情热烈,可以碰撞出很多智慧的火花。因此,在知识论坛上点评之后,教师组织学生分小组汇报自己的研究过程、观点及过程中出现的问题,其他同学认真倾听、理解,同时提出自己的疑问及建议。这个过程不仅使知识得到了分享、交流,还促进了各小组观点的完善及改进。下面以某一小组的汇报举例说明。

小组:我们的问题是"种子生长需要空气吗。"。我们通过做实验和查资料,得到的观点是:我们观察到了种子发芽是需要空气的,因为要是没有空气的话,种子就无法生存,无法呼吸;水里虽然有一点儿空气,但这些空气都不是种子所需要的空气,如果种子被水淹没,过几天或过几个星期就会腐烂,所以种子要空气。

师:　其他同学对这小组的观点有什么不明白的、想要问的吗?

生1:刚才说种子像人一样呼吸,那么种子在外面可以呼吸,为什么在水里就不可以呼吸空气了呢?

小组:资料里面讲水里的空气和我们在外面呼吸的空气是不一样的。

生1:那和我们呼吸的空气有什么不一样呢?水里面的空气是什么样的呢?

生2:我想问个问题,你们说种子需要空气,那适合生长在水里的植物需不需要空气呢?就比如说睡莲,它需要空气吗?

生3:睡莲需要空气的。

生4:我觉得你们的观点应该是种子发芽需要氧气而不是空气。

师：那这个氧气和空气有什么区别吗？

生4：氧气就是氧气，而空气还有二氧化碳什么的，种子需要的是氧气。

师：在我们周围的空气中是不是含有氧气？在这个小组资料中提到的空气是一种混合物，包括氧气，水中包括一点空气，但是那点空气中的氧气不足以使种子发芽。

生4：嗯嗯。

师：刚才一位同学提到另外一个问题，水生植物到底需不需要空气呢？

生3：水生植物的种子本来是漂在水面的，后来就沉在水下面了，然后就慢慢长出来了。

生5：不是的，睡莲的种子是在水中发芽的，它那有个小孔。

生6：水底下也有土啊，土里面也有空气啊。

师：你的意思是水底下的淤泥里面也有一些空气，是吗？

生7：我觉得你们的这个实验有的不准确，前面你们讲在水里的绿豆也发芽了，后面怎么又会死掉了呢？

小组：那个完全浸没在水里的种子的确先发芽了，但没有露出水面就死了。

生8：那也算发芽了，水里没有氧气怎么就发芽了呢？我们觉得原来有空气发芽了，但后来没有氧气，就死了，没有长大，长出小芽与是否能继续生长没有关系。

生9：绿豆又不是像睡莲一样，水生植物怎么会发芽呢？

师：因为水里还有较少的空气，刚开始绿豆会长出小芽，但绿豆的根最后还是会腐烂，不能生长。你们小组可以继续研究其他同学提出的另一个问题：是否有些水生植物不需要氧气？

图13-14 汇报交流

通过这一阶段的探究,学生以小组为单位对种子的内部结构及发芽生长的外部条件进行实验探究、搜集资料,从自己的角度、生活的经验、认知水平出发获取相关知识,根据自己所理解的,用自己的话形成了最初对问题的解释,对种子为什么能够长成完整的植物有了一定的了解。

2.4 深入研究的问题

知识建构课堂不以寻找到问题的答案为目标,而是强调持续改进观点,学生在探究过程中发现新的问题,不断修正、改进和提炼相关观点。

在对上个问题进行汇报的过程中,大部分小组依据其他同学的提问、建议等,提出本小组要继续研究的问题,如有的小组由原来的"种子生长需不需要空气"发展到"种子萌发为什么一定需要氧气""呼吸作用是什么",由"种子冷冻后还能生长吗"发展到"植物的生长和温度有什么关系"等相关问题,对原来提出的问题有了深层次的推进。表13-5为一个班级提出的新问题示例。

表13-5 三年级三班小组提出的新问题

小 组	第三阶段新问题
陈宇军、曾子豪	1. 为什么种子萌发一定需要氧气? 2. 种子的呼吸作用是什么?
陈映紊、黄继贤	1. 是否有些水生植物不需要氧气? 2. 水生植物从哪里得到氧气?
洪佳瑶、许凌浩、朱昭毅	同时种的,为什么有水的种子只能发一点点芽,不能像有水有土的种子一样长叶子?
王颖昇、章凯胜	1. 阳光对种子有什么作用? 2. 阳光对需光种子有什么作用?
陈雨薇、高蛮蛮	1. 花的种子需不需要阳光? 2. 水多长得好还是水少长得好?
周隽希、刘筱莹	植物的生长和温度有关系吗?
周茉、高智超、何逸菲	1. 子叶能不能像叶子一样产生光合作用? 2. 为什么有的子叶在外面,有的在里面?
吴方天、孙怡蕊	无
王星童	无

第十三章
知识建构的轨迹：植物的研究

（续表）

小　　组	第三阶段新问题
范利文、王泰戈	当种子长出小芽、叶子后怎样从阳光、土和水里吸收营养？
张逸伦	1. 那其他的种子萌发呢，如仙人掌种子发芽是否需要水？ 2. 南极北极温度低，植物为什么还能生长？ 3. 哪些种子需要土，哪些种子不需要土？
邢嘉鸿、李羿阳	子叶或胚乳里的营养是原来就有的，还是从其他地方吸收来的呢？
苏紫龙、彭邵阳	无
吴一凡	无
高曼婷	向日葵发芽为什么需要阳光？

【知识建构学习的差异性】

在知识建构课堂中教师不再是主宰者，学生成为学习的主体，由于学生个体之间在原有知识基础、认知能力、学习能力等方面存在差异，学习小组之间也相应地存在差异。在面对一个真实的问题情境时，有的学生能够主动从多方面、多角度地发现问题，能够了解问题的实质，找到问题之间潜在的关系，提出合理的观点并能够设计相对完整和可操作的解决方案验证、推进自己的观点，很快适应知识建构探究学习并能维持内在的动机与兴趣；而有小部分学生在面对真实问题情境时则比较被动、无从下手，在探究的过程中也不能积极主动地持续下去，需要教师和同伴的帮助。因此，在小组汇报时，有的小组能够很快地发现没弄懂的地方，确认小组要继续深入研究的问题，而有部分小组则不能够及时发现问题、继续完善观点。

进展比较快的小组继续根据提出的问题及猜测通过实验或查找权威性资料推进小组观点。教师清楚学生的探究进度后，可在合适的时机让探究结论相对成熟的小组向全班进行小组研究成果汇报，在分享成果、观点的同时激励该小组和其他小组继续深入研究。下面以某小组的深入研究为例。

我们的新问题：子叶能不能像叶子一样进行光合作用？

我们的猜测：我们觉得有的植物的子叶可以产生光合作用，有的植物的子叶不能产生光合作用。

我们的研究方法：上网查找资料、看书。

我们的观点：第一，子叶既可以产生光合作用，又可以制造植物需要的养料；第二，子叶分两种，一种是单子叶，它是营养的运转体，另一种是双子叶，它是营养的储存体。

生1：子叶是否在同一时间内既可以进行光合作用又可以提供营养，或者是否有先后顺序？

生2：蚕豆种子的子叶就留在土里，并不是所有的子叶都能进行光合作用。

师：子叶中的营养是本身就有的，还是制造出来的？你们的猜测中提到，有的子叶能进行光合作用，有的子叶不能进行光合作用。你们为什么这样猜测，有什么新证据？

小组继续深化推进观点：第一，是有先后顺序的，子叶先是能自己提供营养，长出叶子之后再进行光合作用；第二，双子叶植物原来就有营养，单子叶植物依靠胚乳提供营养，等叶子长出后，它们都能进行光合作用（除留土子叶，因为它长在土里，见不到阳光），也就是产生营养；第三，后来我们通过资料知道了子叶分出土子叶和留土子叶两种，出土子叶能进行光合作用，留土子叶一直在土里，不能产生光合作用。

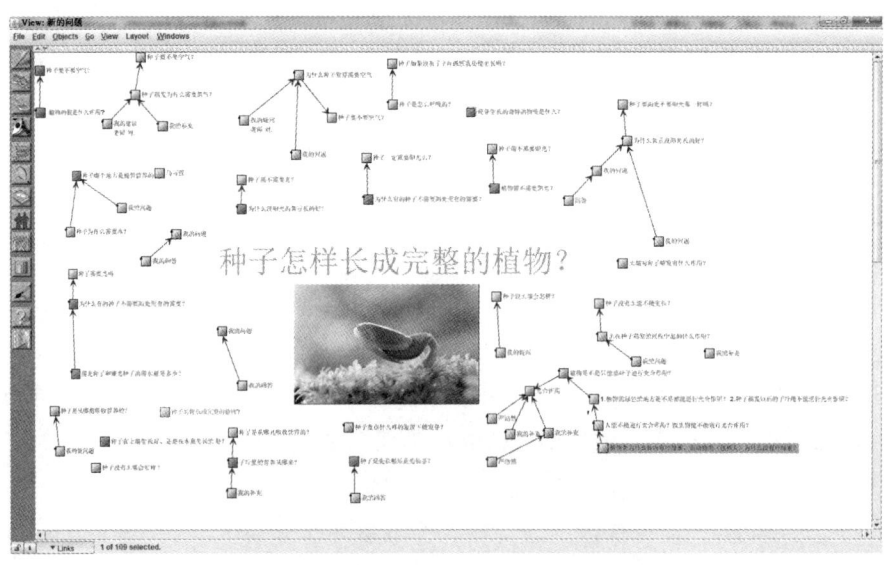

图13－15　种子长成植物阶段知识论坛截图

第十三章
知识建构的轨迹：植物的研究

在这个阶段，进展慢的学生对原来的观点进行推进完善，进展快的学生则不仅涉及种子层面，还涉及植物的其他相关知识，如"什么是光合作用""植物是不是只能靠叶子进行光合作用""叶绿体和叶绿素什么关系""人能不能进行光合作用，微生物能不能光合作用"。通过线上交流、线下讨论等多种方式，学生对小组的观点不断修正、推进，对种子发芽、成长为植物等问题的研究层次更加深入。

3. 第三阶段：观点升华、学生反思

创造性的知识建构需要发展出具有统筹性的观点和原则，这要求学生学会从多样化、杂乱的观点中概括总结出更高层次的观点。通过对观点的概括和升华，知识建构者就能够超越对琐碎、简单观点的探讨，使知识建构达到更高的层次。

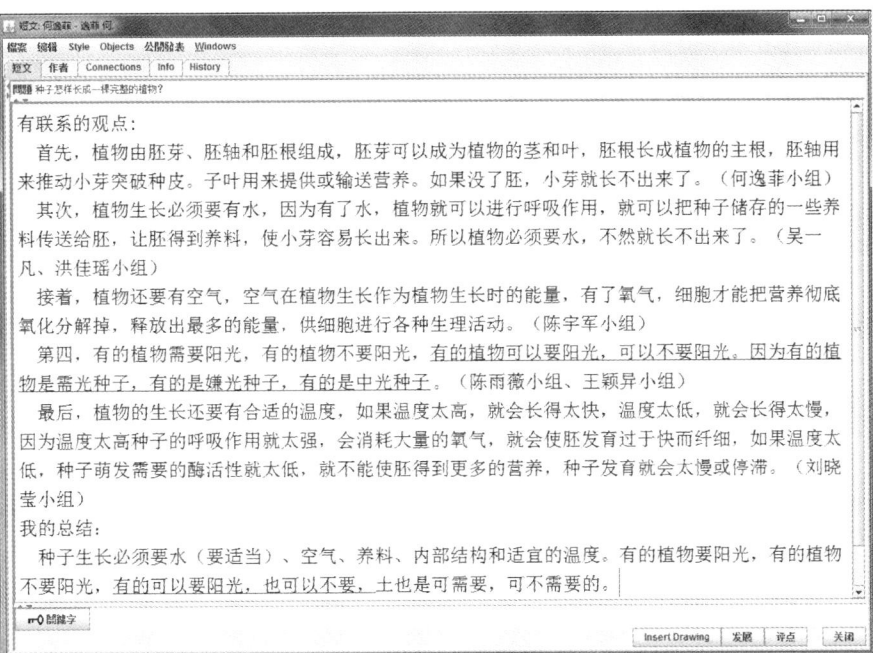

图 13-16　学生观点总结示例

教师鉴于学生探究状况和课时情况引导学生总结、升华观点。学生根据

自己探究形成的观点并结合其他同学的观点,整理形成对"种子为什么能够长成一棵完整植物"问题的相关理论,学生可以收集相互关联的观点,然后加以概括,形成更复杂的观点,实现由个人知识到小组知识再到社区知识的转化。在知识论坛中以短文形式总结观点时的注意事项有:
- 教师提供短文书写支架,如"有联系的观点""我的总结"。
- 在阅读其他同学短文时,要理解后方能引用。
- 在引用他人短文时,不可以直接引用结论,要说明理由,并标注出处。
- 观点总结要简洁、概括。
- 已完成的同学可以去辅导正在进行的同学,形成"一对一"帮助。

总结观点之后,教师引导学生充分阅读并理解他人所总结的观点,如有问题、补充或建议可以发展短文的形式呈现,也可以离开座位当面告诉同学哪些地方不妥,可以如何修改。同时,书写短文时也可以根据同学的意见、补充等重新修改自己总结的观点。通过线上和线下知识建构对话促进成员和小组之间的交流和分享,进一步促进社区知识的形成,达到个人无法企及的认知高度。

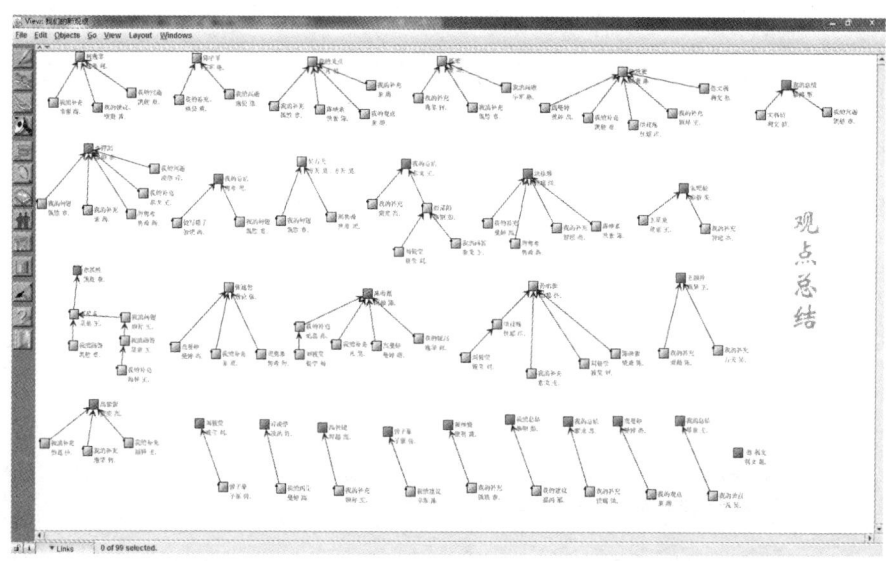

图13-17 三年级三班观点总结时短文发展截图

在发展和修改过程中的注意事项有:

第十三章
知识建构的轨迹:植物的研究

- 不要随意拖动图标。
- 不要随意修改别人的短文。
- 请发表有价值、有意义的问题或建议。
- 修改自己短文时不要删除原来的内容,修改的部分以下划线的形式做上标记。

知识建构把评价看作知识发展工作的一部分,评价被嵌入到日常工作中,用于发现正在进行的知识建构活动中的问题。在探究过程中,学习者要不断评价和监控自己的解决过程,并对他们的选择进行评估、反思。学生的反思日志则是学生学习反思的一个重要渠道,学习如何写反思日志是学生对自己学习的自我评价,是学生对自己学习到的概念、学习的过程及学习中蕴含的情感、态度和价值观的展现。学生通过撰写学习反思日志,可以向教师、家长和同伴展示自己的学习经验、学习困难、自我分析、所提建议等,这有利于改善学习环境、学习气氛和教学方法。更重要的是,学生在撰写学习反思日志的过程中提高了自己的反思能力、自控能力,提高了自身的元认知技能,这些都为学生的进一步学习和发展奠定了坚实的基础。

在本学期专题研究的后期,教师让学生在知识论坛或记录本中记录对这个专题研究的反思与评价。鉴于学生年龄比较小,先前研究时隔较长,要求学生先通过知识论坛的记录回顾研究的足迹,同时教师为学生提供反思提纲。

反思提纲

主题:种子为什么能够长成一棵完整的植物?

1. 从主题提出到现在得出结论,想想这个过程中你是怎么研究的?(如刚开始怎么想的,想到什么研究方法,研究过程怎么样,有没有遇到什么问题,最后的研究结论等)
2. 在整个研究过程中,你认为自己哪些地方做得比较好,哪些地方还需要改进、怎么改进?(如提出想法、研究方法、观察记录、同学合作、相互交流、结论总结表述等方面)

[学生A反思日志]

今年的第一节科学课上,我们一起在校园里观察植物,认识了很多植物,原来学校还有那么多我们不知道的植物啊。后来,老师向我们提出了一个问题:"种子为什么能长成一棵完整的植物?"这个问题引起了大家的兴趣,我觉得种子能长成一棵完整的植物是因为它里面有一个小芽。

几天后,老师带我们解剖芸豆、菜豆和黄豆种子,我在解剖种子时观察到豆子有芽、肉和皮。皮是白的，肉是粉的，芽是尖尖的，大约有5～10厘米。通过这次解剖，我提出了一个问题：种子的小芽以后能长成什么？我想既然要知道种子的小芽以后能长成什么，就种一些种子进行观察就行了，于是我们开始种种子。

在种种子的过程中，我才知道原来种植物也不是一件容易的事，如果水放得太多，种子就会淹死，水放得太少，种子又要干死。我们的种子一直没有动静，我们去向老师请教，老师告诉我们其他班级有用纸巾来种的。我们试了试，没过几天，种子就长出了绿色的小芽，我们十分惊喜。接着我们观察了种子，还查阅了一些资料，终于知道了其中的道理：小芽由种子的胚芽发育来的。

研究过了小芽的作用，我们又想：子叶能不能产生光合作用呢？于是，我们又找了子叶的相关资料，总共有好几种说法，经过我们的探究，发现网上的资料有的是错误的。最后我们的观点：子叶先提供或输送营养给幼苗，等小芽长大后，就可以进行光合作用。原来是这样啊，大家恍然大悟，子叶也有这么多的本领啊！

在这次研究中，我们还需要在种种子方面进行改进，要不是老师的帮助，我们的种子可能还没有长出来呢。

[学生B反思日志]

通过这学期的植物调查，我们发现植物里有非常多的奥秘。

老师带我们观察学校的植物，我观察到的植物有：杜英、凤尾竹、三叶草、冬青、茶梅、金腊梅等，它们的样子各不相同，比如说杜英的叶子又细又长，凤尾竹的叶子更加细长。

3月5日，这节课老师给我们看了很多种子和植物的图片，原来还有那么多我不知道的种子和植物啊。然后老师向我们提了一个问题："种子为什么能长成一棵完整的植物？"对这个问题我的初步观点是：种子里有个小芽才能长成一棵完整的植物。

3月7日，这节课老师带我们解剖芸豆、菜豆和黄豆，我们发现里面真的有小芽。通过3月7日的解剖我产生了3个问题，分别是：种子里的小芽长大以后会变成植物的哪部分？种子里的芽碎了是什么？种子为什么是圆的不是三角的？然后我和何逸菲一个小组，通过深入研究，我们了解到，种子包括种皮、子叶、胚芽、胚根几部分，同时，我还知道了胚芽能长成

叶和茎,胚根能长成根。

后来,我们的问题是:"子叶有什么作用?"我知道了子叶能储存营养,还可以产生光合作用。种子里的子叶分为单子叶和双子叶,它们的用处不同。

最后我知道种子能长成一棵完整的植物必要有水、氧气,可以需要(或不需要)阳光、土。通过这次的研究,我知道了种子对植物有很大作用。

三、知识建构教学带来了什么变化?

经过一个学期的知识建构学习,学生对植物有了一定了解。由于在学习过程中没有固定的教学模式、教学方法,教师的教学设计过程是建立在对12条原则融会贯通的基础上的创造性活动,同时教师接触知识建构教学不久,对这种教学方式还不是很熟悉,因此在教学过程中有经验可借鉴,也有不足值得反思。这可以从课程开展状况、学生发展和教师发展三个方面看出这种变化。

知识建构教学是一种课程的生成过程,从这个意义上说教师既是课程的实施者更是课程的建设者。本案例的教学过程典型地反映了课程的生成与教师的转型,主要表现在三个方面。

第一,基于课程标准的内容领域。

知识建构教学并非漫无边际、毫无目标的教学,其重心还是应该以课程标准的有弹性的内容标准为指导。撇开传统教材,并不意味着不需要课程标准。但是,课程标准的使用不是死的,而是灵活机动的。教学的内容拓展、教学的时间安排等都是根据教学设计不断生成的。纵然知识建构学习没有具体的教学过程,只是依原则而学习,但还是需要教师深入理解课程标准、相关课程内容,对教学内容的选择要有总体上的设计。

在本案例的教学中,教师依据课程标准展开内容建构。从课程标准的描述看,植物这一专题主要包括植物的繁殖(种子的结构、作用)、植物生长条件(阳光、空气、水、土等)、植物与环境(适应、刺激反应等)内容。因此,最初的规划就是依据课程标准分为身边的植物、种子长成植物、植物与环境等三个模块,力图包含课程标准所涵盖的内容。目的是使学生在达成课程标准的基础上,再发展延伸其他方面的内容。事实上,生成的课程不仅包含了课程标准的核心,更多的是拓展了新的内容。

第二,由"种子是如何长成植物的"切入。

在课程开展与实施过程中依据现实的问题、真实的观点原则,带领学生亲自观察校园里的植物,熟悉身边植物的种类、特征等。然后以种子作为切入点,在这个过程中,学生通过探究种子萌发的条件、过程等,熟知种子内部结构及种子发芽生长所需要的氧气、水等外部条件,达到了相应课程标准的内容。同时,有部分学生由种子延伸到植物的各个部分及形态的研究,如植物的根、茎、叶等;能力相对较强的学生,还对一些深入的内容如光合作用、叶绿素、呼吸作用等进行了探索研究,并与全班同学分享交流。鉴于在知识建构学习过程中有的内容开展不紧凑及时间、课时等原因,植物与环境这一模块涉及较少,如有学生研究了向日葵需不需要阳光,而对其他内容则没有涉及。

第三,目标指向不同层面的理论建构。

建构性学习是一种有目的的学习,这与一般的狭义的建构主义观点并不一致。当然,这种目的性是带有灵活性的,也就是建构的目的在于帮助学生逐步形成自己的"理论"或者是创造出自己的"产品",但是并不需要统一的答案或者一样的制品。在本学期的教学中,学生的学习实际上也是一个不断建构自己理论、设计自己的实验的过程。

在教学的不同阶段,学生也在持续地总结、升华观点,并完成学习反思。教师也围绕这一点展开工作,对学生开展有差异性的辅导。有时,教师还利用一部分时间为学生系统介绍一些课程标准里面还没有涉及的内容,如:种子的传播方式、植物的六大器官及功能等。教师系统的讲授可以很好地补充知识建构学习中未涉及的内容,并能够使学生系统地掌握相关知识。由此可见,在知识建构教学中,被认为是"传统教学"方法的讲授法等仍然是必须的。

"知识建构理论"是一种新的知识创新学习方式,它强调个体在某一特定社区中互相协作、共同参与某种有目的的活动(如学习任务、问题解决等),最终形成某种观念、理论或假设等智慧产品。在这个学习过程中,学生不仅获得了相关知识,形成了相关观点理论,还获得了自主学习能力、问题解决能

力、创新能力等相关能力,为以后的学习与成才奠定了良好的基础。本案例教学中,学生体现出如下的变化。

1. 学生知识量的评估

1.1 知识点总结

依据全日制义务教育科学课程标准,可以看到,课标中所涉及的知识点共有 16 个。依据教学内容中的 16 个知识点,以三(2)班为例,分别读取每个学生知识论坛里的内容,统计出其涉及的知识点,见表 13-6。

表 13-6 学生掌握的知识点统计

学生编号姓名	知识点数量	对应课标知识点	学生编号姓名	知识点数量	对应课标知识点
1 戴高乐	3	ADM	15 仇文蓓	3	ABH
2 蒋缘圆	3	ABH	14 马可萱	3	ABH
3 施丁怡	3	ABH	17 朱孟哲	4	ADHM
4 严浩然	2	EH	18 马 玥	4	ABDH
5 李俊锋	3	ADH	19 李 政	5	ABDNO
6 孙浩鸣	2	AH	20 夏 彤	2	BD
7 金雨婷	4	ABHP	21 李璐冰	3	ABO
8 杨昊昕	4	ABDH	22 陈敏骁	2	AM
9 梁化祥	3	ABH	23 陈启越	5	ABDHO
10 黄潇阳	3	ADH	24 李 宁	4	ABDO
11 赵敬文	3	ADF	25 年 想	3	EHO
12 张贝宁	2	DH	26 任俞橙	3	BHO
13 喻孟卓	3	ABD	27 刘佳博	3	DEH
14 杨 旸	3	ABH	28 黄舒懿	3	ADM

不排除重复的知识点,知识论坛中全班学生所有知识点总和为 88 个,每个学生大约涉及 3 个知识点,这是知识论坛里个人研究情况。在知识建构教学模式下,每个人的知识要通过小组、全班交流或者在知识论坛里面互相浏

览、点评、发展等方式转化为小组知识和社区公共知识。按照理想状态,每个学生所学知识在都属于社区公共知识的情况下,可以看出,整个学期学生共学习到的知识点有 ABDEFHMNOP 等 10 个知识点,对比课程内容标准,未牵涉的知识点是 CGIJKL 这 6 个知识点。因此,本学期我们的教学并没有完全完成课程内容标准在数量上的要求。

本学期我们的教学并没有完全完成课程内容标准的要求,原因可能是以下两个方面:一方面是时间有限。学期一开始,我们从"种子为什么能长成一棵完整的植物"入手,一部分学生开始提出自己的初步设想,种子若要能长成一棵完整的植物,需要阳光、水、空气、土壤等条件;还有一部分学生认为是由于种子内部有小芽。接下来学生们通过观察种植植物、查资料等方式进行自己的研究。由于我们从种子入手,学生兴趣很浓,还没有来得及研究植物,一学期时间就过去了。因此我们没有过多涉及植物的内容,导致课程内容标准要求没有完成。还有就是,由于初春开学天气太冷,很多种子迟迟不发芽,耽误了需要种种子做对比实验的学生的不少时间。另一方面是注重研究的深度。课程标准强调发展学生的动手能力和探究能力,引导学生体验科学探究过程。然而课标内容很多,若是按照一般的教学方式,一个学期的时间都不够,因此导致学生实际所学的知识不过都是蜻蜓点水一带而过。知识建构理论认为,一般的建构主义教学以完成一系列任务和活动为导向,学生对为什么进行这些活动缺乏理解和掌控,属于"浅层"建构主义;而知识建构理论推崇的是"深层"建构,它以发展学习社区内的公共知识为目标,学生是积极的认知者,需共同承担认知责任。以研究"种子需不需要阳光"为例,本学期,班上有 6 名学生实际上只研究这一个知识点,这就注定知识建构理论下的学生研究会更深入,直接导致完不成课程内容标准。

要想完成课程内容标准,可通过引导教师采取一些策略来改进。

首先,教师要明确课程标准要求,如果哪个学生稍微牵涉植物繁殖这一方面,教师就可以鼓励并引导学生去研究。其次,教师也可以在全班学生交流时,提出植物繁殖这方面的问题,让感兴趣的学生去研究。再次,教师也可以事先准备好一些视频,视频要包含课标中所要求的各个方面,让学生观看视频之后,提出自己感兴趣的问题进行研究,这样可以保证学生所提问题涵盖整个课程内容标准。在三年级第一学期,我们研究的主题是"水",当时唯恐完不成课程标准要求,因此,在教学前,教师归纳了课标中有关"水"的知识

点并分为四大类：水的三态、水的分布、水与我们、水污染。教师事先准备了相关视频（包含上述四个方面），观看之后让学生提出自己感兴趣的问题，这样学生提出的问题就涵盖了整个课程内容标准，打消了教师的顾虑。值得一提的是，根据已有经验，如果时间充裕，学生的问题继续深化和推进，是可以涉及植物繁殖这一知识点的。

1.2 超越课标深度

以"光合作用"为例，课程标准要求见表13-7。

表13-7 "光合作用"课程标准要求

内容标准	教学目标	教学建议
11.3 绝大部分植物的生存需要阳光	绿色植物通过光合作用合成养分而生长	观察和列举阳光对绿色植物生长产生的影响
12.1 植物具有制造和获取养分的结构	叶——利用阳光制造养分，释放氧气	了解和描述植物制造和获取养分的结构，以及各部分的特征与功能
16.4 植物可以利用太阳能进行光合作用，产生维持生存所需的物质	食物链、生态系统	参见12.1

关于光合作用的知识，教材要求学生知道"绿色植物通过叶子，利用阳光，把二氧化碳和水制造成植物所需要的'食物'，并传输给植物其它部分，这称为植物的光合作用"。本学期，白云园三年级二班有3个学生专门研究"光合作用"，以其中一个学生为例，摘选知识论坛中本学生的短文内容，结果见表13-8。

表13-8 "光合作用"的短文内容

序号	内　容	主要观点
1	什么是光合作用？ 植物为什么要进行光合作用？	列出定义及解释、光反应、卡尔文循环、光合作用的新技术（人造的光合作用和大气电场）、酶等（此处略）
2	植物是不是只能靠叶子进行光合作用？	不是，茎里也有叶绿体，而有叶绿体就能进行光合作用

(续表)

序号	内 容	主要观点
3	植物的绿色的地方是不是都能进行光合作用？种子萌发以后的子叶能不能进行光合作用？	植物之所以呈现绿色,是因为有光的存在,任何物体表现出的颜色,归根结底都是可见光颜色的体现。有些植物的子叶能够进行光合作用,如菜豆,在种子萌发的过程中,它的子叶是出土的。有些植物的子叶不能进行光合作用,如花生、豌豆,在种子萌发的过程中,它们的子叶是不出土的。小麦、玉米等单子叶植物的子叶不能进行光合作用
4	人能不能进行光合作用？微生物能不能进行光合作用？	人没有叶绿素所以不能进行光合作用。真核藻类,如红藻、绿藻、褐藻等,和植物一样具有叶绿体,也能够进行产氧光合作用,即有的微生物可进行光合作用,有的不能进行光合作用
5	植物类为什么体内有叶绿素,而动物类（包括人）为什么没有叶绿素？	植物细胞内含有细胞壁,动物和人没有,所以植物有叶绿素,动物和人没有叶绿素

由表13－8可以很明显地看到,知识建构下的学生研究光合作用所涉及的叶绿体、叶绿素、细胞壁等概念都超过课程标准的要求。

学生在研究过程中,为了解决自己的问题,需要不断吸收新的概念或者知识点来完善自己的观点。这些新的概念或知识点并不是教师事先预设的学习任务,而是学生自己在研究过程中根据需要而主动获取的。例如,学生在研究种子如何生长时,得知植物的根需要从土壤中吸收营养物质,那么别的学生会追问"吸收什么营养物质",这就推动学生继续去研究土壤的结构和主要成分,而这些知识点往往是超越课标要求的。以三年级二班为例,读取白云园所有学生的知识论坛短文的内容,统计出本学期超越课标深度的知识点情况见表13－9。

表13－9 超标知识点统计表

学 生	涉及知识点	学 生	涉及知识点
1 戴高乐	叶绿素、微生物	4 严浩然	酶
2 蒋缘圆	种子/植物类型、种子的呼吸作用	5 李俊锋	细胞呼吸、新陈代谢、酶
3 施丁怡	果实结构、二倍体	6 孙浩鸣	种子呼吸、光敏感色素

(续表)

学　生	涉及知识点	学　生	涉及知识点
7 金雨婷	阳性植物呼吸、酶	18 马　玥	酶
8 杨昊昕	土壤结构和作用、种子成分	19 李　政	酶
9 梁化祥	光谱、光敏感色素、波长、酶、种子呼吸	20 夏　彤	种子呼吸、酶、土壤结构
10 黄潇阳	酶、土壤结构	21 李璐冰	种子呼吸、酶
11 赵敬文	土壤	22 陈敏骁	冷光、光照强度、光饱和点、光补偿点、人造光源
12 张贝宁	根吸收营养的过程和原理、细胞结构、酶	23 陈启越	酶、细胞呼吸作用
13 喻孟卓	土壤结构、呼吸	24 李　宁	矿质元素、根结构
14 杨　旸	种子内部物质转化和能量转化	25 年　想	土壤结构、种子呼吸
15 仇文蓓	土壤结构与改良	26 任俞橙	酶、休眠、呼吸作用
14 马可萱	种子呼吸	27 刘佳博	种子营养成分、植物分类、根的结构
17 朱孟哲	酶、细胞结构、光反应、微生物	28 黄舒懿	细胞结构、微生物、色素、动物的光合作用

2. 学生能力评估

知识经济时代，发展学生的能力是培养创新型人才的前提，以适应智慧教育时代的挑战。素质教育与新课程改革也特别注重对学生能力的培养，为了综合论证知识建构教学方式和一般教学方式下的学生情况，我们不仅要比较二者知识量的掌握情况，同时也要比较学生能力的发展情况。在此分析学生的创新能力、自主学习能力和问题解决能力三个方面。

2.1　创新能力

经过一学期的实践探索，处于小学三年级阶段的学生创新能力的发展情况主要从其三个构成要素来阐述。

其一，创新意识：本学期小学生的好奇心、求知欲处于较高的水平，具有较强的问题意识，并且在这些方面都存在个体之间的差异，每个时期不同学生也具有不同的变化。学生之间存在的差异性,能够提高创新活动产生的可能。因此,教师需正确对待不同能力水平的学生,鼓励学生相互交流和帮助,共同推进社区知识的发展。总体而言,该班级学生的创新意识很强,随着时间的发展,并没有产生显著的变化或发展,需要更多时间和受到教师持续的关注与支持。

其二,创新思维:小学生的思维具有很强的独特性、流畅性、深刻性和灵活性,受诸多因素的影响,其各个特征随时间的变化出现了不一致性。但是,整体的创新思维水平还是比较高的。由于思维的创新性需要长时间才能发展和培养起来,所以,教师应更多、更密切地以学生思维的发展为目标开展知识建构。

其三,创新技能:通过活动的开展与实践,小学生积累了许多经验,掌握了同年龄或同年级的学生所没有涉及的一些方法或技能,如对比实验、信息收集与分析、实地调查、访谈等,这些共同构成了学生进行创新学习的充分条件。另外,学生在建构的过程中,观点的磋商、综合和批判性对待等方面的能力也有所提升,基本的读、写能力在这个过程中也逐渐地有所提高。

总之,基于知识建构理论在教学上的应用,研究对象即三年级三班的小学生具有良好的创新能力水平。从个体角度来说,大部分的个体已基本能够运用已有的知识和经验,产生自己独特的、深刻的理解,提出一些自己之前没有想到的或者相对他人未提及的、新颖的、有价值的观点、理论或方法等,同时也具备了一定的创新实践技能。

2.2 自主学习能力

以三年级二班为例,将全班28名学生在自主学习发展过程中的数据统计与分析之后,从总体自主学习发展过程上对28名研究对象的实验结果进行阐释。

首先,本实验班的28名学生,大部分学生的学习动机较强,对自己要做的研究兴趣较高,愿意主动进行研究。但是随着研究的深入,少数学生的学习动机出现下降趋势,经过调查之后发现,是由于渐渐丧失了新鲜感。为了解决这种状况,本研究亦给出了建议和措施。一般来说,学生更倾向于设置具体的、近期的目标,本实验班的学生也不例外,大部分的学生会为自己设置学习目标,但大部分设置的学习目标并没有落实到文字上,只是内心的大致想法,学生的这种情况有待改善。无论做任何事都要有一个计划,学习亦不

例外,本实验班的一部分学生的学习计划生成做得很好,他们会合理安排课上以及课后的时间,利用零碎的时间进行各种各样的学习活动。由于三年级学生的认知水平和元认知水平不高,学生使用的学习策略[①]大部分集中在资源管理策略,并且其中尤以社会资源利用策略最高,这是由于三年级学生的认知特点以及本研究的特殊性所致。

其次,在课堂表现方面,主要指的是学生在讨论课中的表现,学生普遍参与人数较少,但是发言质量较高,不过仍然有上升的空间;在发表短文方面,全班平均每位学生发表 2 篇短文,并且短文质量较高。在调节与监控方面,已有少部分学生可以达到实践和掌握初步监控技能阶段,甚至达到了比较熟练的程度,这些学生可以自主地监控自己的学习行为、学习方法和学习过程等,基本上不需要教师的指导;另有大部分学生已经有了初步的自我监控和自我调节能力,但是仍然处于初级阶段,需要教师给予一定的指导。

最后,在学期末尾,学生形成了总结性的小短文,通过对这些短文的分析,发现学生对知识的理解处于较高的水平。此外,学生还对自己的整个学习过程进行了自我评价与因果分析。

从总体上说,本实验班中少数学生自主学习的发展过程不太顺利,缺少了很多重要阶段和环节,全程需要教师的引导和督促,这类学生还没有形成自主学习能力。对于这类学生,教师需要花费精力来促使他们形成自主学习的习惯。另有一部分学生的自主学习发展过程比较顺利,但是仍然需要教师的引导与督促,这类学生的自主学习水平还需提高,需要教师给予个别引导。还有一部分学生的自主学习发展过程顺利且完整,无须教师的引导就可顺利地进行,这类学生能够完全自主学习,已经形成了自主学习能力。对于这类学生,教师只需"放权"给学生即可。

2.3 问题解决能力

借鉴国内外学者对问题解决能力和劣构问题解决过程的界定,并结合实际的探究课堂,将劣构问题解决能力分为三个要素:问题表征能力、方案设计与实施能力、反思评价能力。

一是劣构问题解决能力存在个体差异性。通过对劣构问题解决能力三个要素的分析发现:在知识建构理论指导的探究课中个体之间存在一定差异

[①] 教师可以引导学生运用一些基础性学习策略,包括信息查找策略、笔记本运用策略、讨论策略、叙述策略等多种策略。

性,出现两极分化的现象。在同一阶段,当面临一个真实的劣构问题时,有的学生能主动地从多方面、多角度提出自己的假设与猜测,建构问题表征的空间;能够根据表征了解问题的性质,找到问题潜在的关系,寻找并设计相对完整和有可操作性的问题解决方案;并能够主动地将方案付诸实践,记录相关数据,及时发现遇到的问题并能够通过合作交流给予解决,最后形成有关问题的相关理论体系;同时能够积极、主动地监控问题解决的过程并对自己的研究过程有一个客观、全面的评价。但也存在一些能力比较弱的学生,在面对问题情境时,比较被动,不知如何进行问题表征,在教师引导下仍然存在困难,需要加入别的小组共同探究;不能设计解决方案或者只有制订计划的迹象,需要教师和同伴的帮助;在实施过程中也经常出错且不能自行解决,无法得到想要验证的结论;对整个研究过程缺少反思意识,不知从哪儿入手进行反思,仅仅是跟着教师或同伴的步调前进,同时对自己的研究过程没有准确的定位,对自己的优缺点感知比较模糊。

在知识建构课堂中,教师不再是主宰者,学生成为学习的主体,学生个体在原有知识基础、认知能力、学习能力等方面的差异性导致了学生能力的不同。在具体的实践活动中,教师不必过于担心这种两极分化现象,要允许学生存在个体能力的差异。当然,教师也不是完全放手,任由两极分化现象发展,在学习过程中,教师可以采取相应的策略缩小这种差异性。首先,在探究课中,并不是漫无目的的探究,教师要熟练掌握课程标准要求的学习目标,引导学生在达到课程标准最低目标的基础上根据自己的情况发展自己的能力;其次,教师要能够敏锐地了解学生的能力与态度,掌握学生的学习情况并给予及时的引导,保证每个学生的观点都能得到理解和重视,积极地参与到知识建构活动中来;再次,在探究过程中可以采取"典型激励"的策略,如在设计方案时可以将相对完整、科学的方案展示给大家,让大家发表看法,相互学习,学会迁移;最后,可以采用小组合作策略或"小老师"策略,让能力强的学生带动能力弱的学生,在小组合作交流中促进其问题解决能力的提升。

二是劣构问题解决能力整体推进性。知识建构不仅以提高学生个人能力为目的,更注重社区知识的发展,通过对问题表征能力、方案设计与实施能力、反思评价能力三个要素在三个不同阶段的统计分析发现:在知识建构指导的探究课中,随着探究的深入、时间的推进,学生劣构问题解决能力的整体水平是逐渐上升的。

第十三章
知识建构的轨迹：植物的研究

学生的问题表征能力经历了一个从浅层表征向深层表征、外部表征向内部表征、具体表征向抽象表征的发展历程。学生的表征层次经历了以感觉为指导的直接表征、以直觉思维为指导的初始表征、以比较思维为指导的实证表征、以归纳联想思维为指导的科学理论表征四个阶段。表征的内容指向也从生活经验体系向科学概念体系过渡、发展。

问题解决的方案设计经历了从无到有、从笼统到具体、从直觉到实质、从零碎到完整的阶段。在进行方案实施时，学生的动手能力、操作能力及观察记录能力在不断提高，由开始阶段的模糊、不明确向明确、操作规范过渡。学生结论知识的质量也逐渐从底层向高层螺旋上升，知识逐步从浅层建构向深层建构过渡，知识表述经历了一个从情境知识到概念知识，从表层知识到深层知识，从描述性、形象化知识向编码化、语义化知识的发展历程。

学生的反思评价能力的整体水平也是逐渐递增的，并由盲目的、被动的反思评价向积极的、主动的、准确的反思评价过渡。学生从不知道如何反思，缺乏反思意识与反思习惯向逐渐在探究过程中回顾自己的研究，并监控自己研究的过程过渡。最后，大部分学生能够对自己的研究及优缺点有一个相对准确、客观的评价与定位，并能够认识到反思是学习的需要，是学习过程中不可缺少的一部分。

同时，依据在三个阶段中不同要素的平均等级的变化绘制劣构问题解决能力。从图13-18中也可以看出，整体上，学生的劣构问题解决能力是逐渐向外发展、逐渐递增的。第一阶段，各要素的平均等级都比较低，大部分学生只能关注到问题的表面现象，根据自己的生活经验提出一些零碎的、不完整的方案并进行实施，在实施过程中也不能做到交流合作，最后也只能形成浅层的、描述性的结论，称为低水平的问题解决者。第二阶段，各要素的平均等级有所提升，学生开始认识到现象背后的原因，开始理解问题的本质，并能够找到与问题特征相关的一些信息，可以进行一些简单的方案设计并实施，实施过程中在教师、同伴的帮助下能够解决遇到的问题，并形成一定概念性的结论，称为基本的问题解决者。第三阶段，学生能够应用某些推理（如归纳推理、因果推理等）来分析问题情境，建构问题表征，并能积极主动地找出问题的潜在关系，设计相对完整的、可操作性的方案并付诸实施，能够综合分析来自不同渠道的信息，提出深层次的、编码化的知识，建构相关问题的理论体系，在这个过程中还能组织和调整自己的思路，利用知识论坛发展、点评他人的观点,促进社区间的交流与合作,并能够反思、监控、评价整个研究过程,可称为善于推理、思考、交流的问题解决者。因此,学生的劣构问题解决能力经历了三个水平,即低水平的问题解决者—基本的问题解决者—善于推理、思考、交流的问题解决者。

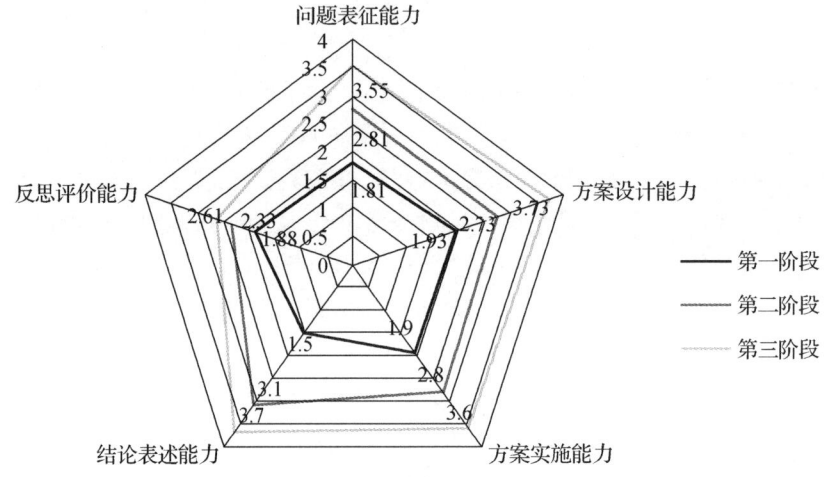

图 13‑18　不同阶段知识建构中学生多种能力的发展

第十四章
社区知识的形成:《三国演义》的阅读教学[①]

对于五年级二班来说,知识建构学习是个新鲜的方法。相对于低年级学生来说,五年级学生对知识建构平台的运用、知识建构过程中讨论的深化,表现出了更快的适应。在一个学期的综合实践教学中,教师选择名著《三国演义》的阅读作为教学内容。不断生成的课程包含了三个阶段以及不断拓展深化的三个主题的建构性学习。在第一个阶段,个人知识的逐步形成与深化,走向了初步的写作学习;在第二个阶段的学习中,学生们已经习惯于小组知识的个体建构;到了第三个阶段,建构的学习已经拓展到名著之外,班级社区的多时空讨论与展示,开始显现"滚雪球"似的知识建构,班级社区知识在不断提升的教学过程中得以体现。

本案例实施于2011年秋季学期,科目是"综合实践",实验班级为五年级二班,持续时间为一学期,每周2课时。

由于是该班第一次进行知识建构学习,教学准备阶段主要解决了如下问题。

其一是技术工具的使用。五年级学生对新工具的适应速度是很快的,短短半小时的介绍后,学生就已经能够上手使用知识论坛(KF)了。在准备课阶段,授课教师安排学生以"我最喜欢的一本书"为主题在知识论坛上练习使用各种基本操作,如短文的书写、阅读、点评等,发现学生对运用知识论坛进行学习与交流的兴趣很浓,第一次课就能够掌握知识论坛的基本功能了。第一次课后,教师发现,本班学生相互之间的阅读频次高、交互次数多。这表明学生利用网络进行交互的积极性很高。

其二是内容选择。知识建构要从学生熟知的内容入手,本班学生在四年级学习期间,由班主任带领,曾经共同阅读了《三国演义》这本书,对这部名著的基本内容有了一定的了解,但是由于没有进行过深入"研究",即便学生观

[①] 本案例执教者为刘瑶,主要设计人员为刘瑶、岳雨卉。

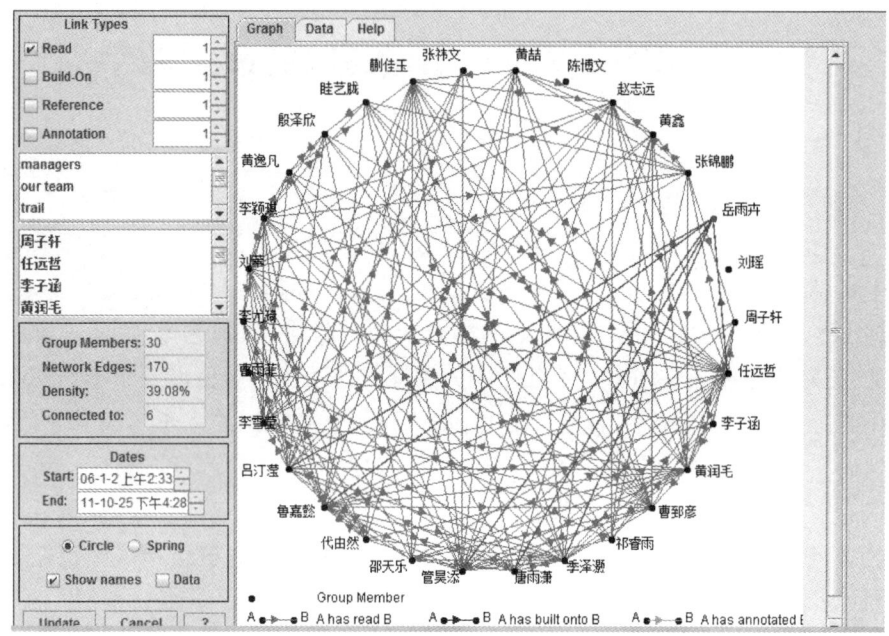

图 14-1 五年级二班第一次使用知识论坛的情况

看过一些有关"三国"历史的电影、电视,他们的理解基本上也是浅层的。课题组在讨论中认为,可以从学生最熟悉的、比较简单的"人物"研究入手,逐步拓展到服饰、武器等各个方面。

其三是教学时空安排。本课程每周 2 个课时,可利用的教室有本班教室(配有多媒体设备)、多媒体机房(每位学生均可分配到一台电脑独立使用,每台电脑均已安装了知识论坛,教师、研究者、每位学生都有知识论坛个人账号和密码)。因有方便的上网环境,学生在课上即可上网查阅资料并能随时登录知识论坛进行观点的发布及相互的交流。

其四是知识建构的教学策略选择。虽然知识建构强调学生的自主学习,但是本课程是第一次运用知识建构理论开展教学,仍然需要教师进行一定的引导,采取一定的教学策略促进学生的知识建构的学习。

第十四章
社区知识的形成：《三国演义》的阅读教学

　　斯隆（Sloan Consortium）将课程分为了四大基本类型①：第一类是没有任何网络内容的课程。这种课程是在传统课堂采用口头传授或书写的方式进行教学。第二类是基于网络内容的课程，即利用网络系统支撑面对面的课程，使用网页形式传递基本的课程信息以及课程任务的分配。第三类是混合式课程。这类课程包含在线讨论、网络内容的传递等，但是仍然存在传统的面对面交流以及课本等实物资源的使用。第四类是完全开放的网络课程。大部分甚至全部的内容都是通过网络进行传播，没有任何的面对面交流。对于网络时代的教育，第一种类型的课程缺乏虚拟感，是工业或农业时代的教育，第二种类型的课程虽然有虚拟网络的使用，但是占的比例较小，与传统课程没有太大的差别，也比较接近于工业或农业时代的教育。在当下的智慧教育时代，第三类和第四类课程较为适合学生的发展，其中第三类是最为成功的，因为面对面的接触可以克服网络弊端，使学生可以及时获得来自教师和同学的帮助。第四类课程在不久的将来会有更好的发展。

　　知识建构课程符合第三类课程的特征，既有在线的协作学习，又有教室中面对面的交流，二者的结合为学生的学习营造了良好的知识建构学习社区。在本研究的课堂上，经过一段时间的知识论坛交流后，教师必会组织学生进行面对面的交流，充分表达自己的观点以及对他人书写的短文的疑问与建议。学生在面对面的交流中往往会产生远远多于知识论坛中记录的观点，同学之间的思维碰撞也更为激烈，产生了许多值得研究的新问题。因为在网络上较短的学习时间内学生可能受到各种因素的影响，如随意的上网环境、同伴间的自由讨论等，在书写个人短文以及对他人短文进行提问时不能很好地思考，个人内在的知识没有完全外化出来，因此知识论坛里的交流与课堂面对面的对话相结合更能促进学生的知识建构学习。

---

① Allen, I. E. & Seaman, J. (2005). Growing by Degrees. *Online Education in the United States*, 2005 (*Research report*): *Sloan Consortium*.

一、个人知识建构："三国"人物的研究（主题1）

从最近发展区理论的角度看，学生们对"三国"里面印象最深的无疑是"人物"了。这是比较容易切入学生的实际，导入知识建构教学的关键点。当然，不同学生的起点是不一致的，执教老师为了了解本班学生对"三国"人物的熟悉程度，决定以头脑风暴的方式由学生自主选择研究内容，选择同一人物的学生建立研究小组。

1. 运用头脑风暴法，引出最初的研究对象

课堂上，教师组织学生进行讨论，学生举手发言说出自己喜欢的"三国"人物姓名，并给出简单的理由；教师同时在黑板上板书，列出学生所提到的人物，标出希望研究这个人物的学生姓名。黑板上已列出的人物，其他学生还可以再次选择，只需给出自己的理由。讨论的结果集中在9个人物上面，选择同一人物的学生共同组成研究小组，共同进行该人物相关特征的探究，具体的研究内容由学生自主确定。

头脑风暴的教学方式可以激发学生在短时间内搜集已有的知识经验，自由选择喜欢的研究内容，按照相同的选择形成研究小组。此时的小组成员具有共同的研究兴趣，小组学习目标较为明确。但是，在紧接着的讨论中出现以下问题：个别学生不再喜欢自己前面选择的人物，理由是当时的选择时间较短，没有经过深入思考；个别小组不能很好地处理组内关系，同伴之间合作不协调。

因此，头脑风暴结束后，教师最好要求学生将黑板上的内容记录下来，回家思考，下节课上再进行选择，给学生充足的思考时间，不喜欢自己所选的研究内容的学生可以重新选择。这一点对于知识建构学习非常重要，因为只有学生积极主动地参与，才能保证知识建构教学中学生获取可持续的学习过程、更投入的学习体验及更丰富的学习所得。

该班共27名学生，主题1形成的9个研究内容及小组人数为：关羽（5

第十四章
社区知识的形成:《三国演义》的阅读教学

人)、诸葛亮(3人)、司马懿(2人)、刘备(2人)、严颜和黄忠(1人)、周瑜(5人)、赵云(3人)、曹操(4人)、姜维(2人)。各个小组在知识论坛中拥有独立的视窗,后期的所有资料均发布在该视窗中,如图14-2所示。在这一阶段的学习中,各小组成员协作学习,围绕本组的人物开展各个方面的研究,拉开了《三国演义》人物研究的序幕。

图14-2 分组后即刻上传到知识论坛

2. 绘制小组作品,形成小组观点

通过分析知识论坛中小组发表的短文内容,教师发现各小组研究整理的人物性格、人物典故等内容较为简单、不够深入。为了让学生对自己所研究的人物有更深入的了解,教师决定让学生把自己研究的人物描述出来,从纵向和横向两个维度对人物进行比较分析,进而改进原先的认识,发表新的观点,从中体会小组知识的发展。

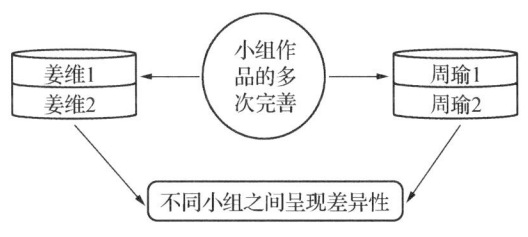

图14-3 小组作品的发展及对比

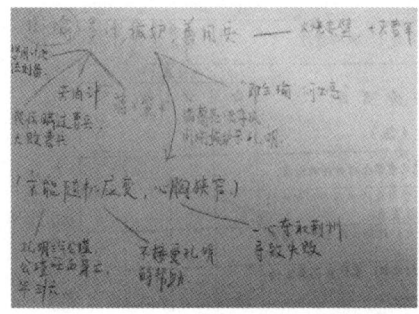 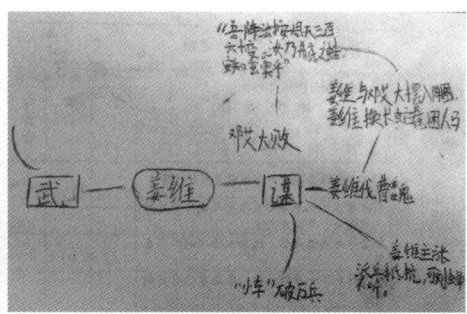

图 14-4 两个小组对周瑜、姜维的第一次讨论

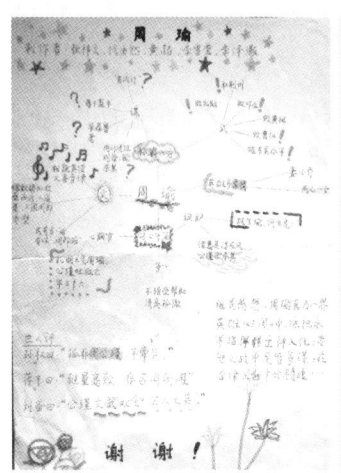 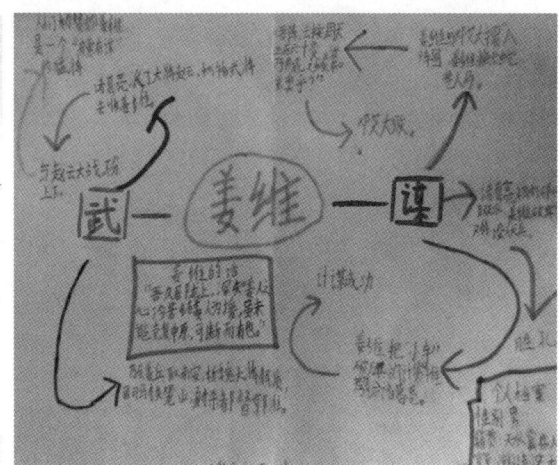

图 14-5 两个小组对周瑜、姜维的认识的改进

2.1 纵向对比小组作品

"姜维"小组两次作品的最大变化在于内容上的完善。第一次作品学生没有在规定的时间内完成,只描述了姜维的部分谋略,没有涉及其他信息。研究者从课堂观察发现,该小组的两名成员在协商过程中注意力不集中,不能专注于自己的工作任务。经过课后的合作修改,形成的第二次作品比第一次作品有了很大的进步,具体体现在:姜维"谋"的详解;姜维"武"的详解;姜维"个人档案"的添加,并使用彩色的箭头标号深入阐述姜维的各项"谋"与"武";增加了世人对姜维的评价和《三国演义》对姜维的评价;将姜维的"个人档案"分门别类,简要描述,不再是简单的文字描写;除了对姜维进行"武""谋"的描述,又增加了姜维善待老母亲的描写,体现姜维的"孝"。

第十四章
社区知识的形成:《三国演义》的阅读教学

"周瑜"小组两次作品,最大的变化在于作品内容的完善以及表现形式的丰富,具体体现在:增加了"世人评"(世人对周瑜的评价);增加了组员感想,将小组成员看成一个整体,发表了简短的共同观点,表明小组成员在对周瑜的看法上达成了一致意见;对作品进行了彩绘,更加形象化;有"组员名单"以及"谢谢"等文字,综合体现了该小组成员的共同进步。

2.2 横向对比小组作品

"姜维"小组第一次的作品完成情况不如"周瑜"小组好,而第二次的作品两个小组各有特色,无优劣之分。在小组成员协作完成作品的过程中,不同的小组成员发挥着各自的特长。"周瑜"小组中有一名女生善于美工,做事仔细认真,因此他们花费了大量的精力在最后的美化上。两个小组作品的差异还来源于小组的人数和组员性别:"周瑜"小组有 5 人,4 个女生 1 个男生;而"姜维"小组只有 2 个男生。研究者从执教老师那里了解到,该班女生的学习情况整体比男生强,因此"周瑜"小组在相同的时间内高效率地查找到了更为丰富的资料,完成了内容丰富、形式美观的最终作品。

3. 网络资料协作查找,促进小组观点的推进

在第一次和第二次小组作品绘制期间,教师利用一节课的时间让学生进行网络资料的查找,这是基于对第一次作品的分析所得出的教学策略,希望学生能够补充一些对人物的详细描述,如赵云"身高八尺"等。从第二次小组作品中我们也看到了学生对相关信息的增加。

让每个协作小组学会在有限的时间内充分发挥小组协作功能、高效率地查到相关资料,是本节课的一个试验点。教师提出在上机课中小组成员共用一台电脑,相互监督,防止漫无目的上网现象的出现,每个小组都要把搜集到的资料以 Word 的形式上传到各小组的知识论坛视窗中,以供后期小组间的交流。

4. 作品展示、问题提出式的组间交流

经过一段时间的自主学习,各小组成员完成了两幅人物图谱的制作以及网络资料的整理与发布,各小组均形成了初步的小组知识。协作学习强调超

越传统固定的小组学习形式,更加鼓励跨组交流。小组内部学习不是社区探究学习的唯一形式,组内与组间交流同等重要,通过增加跨组交流和全班讨论可以加速知识的扩散。拥有不同研究内容的各小组在完成任务后就要开始小组间的交流,促进社区公共知识的形成及传播。

小组作品成功汇报策略:① 各小组全部成员上台,合理分工——汇报者、问题记录者、投影操作者、对举手同学的回答者等;② 尽量完成对别组问题的回答,实在答不上来的记录在册,课后寻找答案;③ 提问者也将自己所提的问题记录在记录本上。

合理的分工实现了组内成员合作意识的培养,小组间的提问与解答营造了良好的组间交互氛围,实现了全班同学对问题的深度探讨,下面是几个问答实例。

(1)"世人对周瑜的评价"这一栏目你们小组写得太简单了,建议再补充一些。此外,你们写的周瑜的"文"貌似是世人对他的评价,而不是周瑜自身的文采,因此分类有问题。

(2)我认为关羽没杀曹操而是放走了曹操,不是说明关羽不仗义,而是更说明了他的仗义,因为先前有曹操对他的好,所以关羽后来才会放走他,而你们把他进行了错误的分类。

(3)关羽中了曹操的奸计,你们小组就说他不聪明了吗?我认为做人总有失误的时候,并不能把他归为不聪明的一类人。

从上面的实例我们可以看出,本班学生对"三国"历史都有一定的了解,同时在聆听别组的汇报后能及时提出自己的见解,足见注意力集中,因此作品展示型的交流在知识建构的课堂上必不可少。

5. 问题自评,上机解答

学生所提的问题是后期研究的基础,真实的情境创造了真实的问题,不同的学生提出了不同的问题,通过成员的问题自评,实现过程性评价。此过程培养学生辨别问题等级的能力,让学生自行筛选并去掉无法深入研究的问题。

在连续几次的上机课中教师让学生将自评表中的问题发表在不同视窗中,再以小组为单位解决自己视窗中别人所提的问题,这是利用知识论坛进行的网络环境下的组间交流。

第十四章
社区知识的形成:《三国演义》的阅读教学

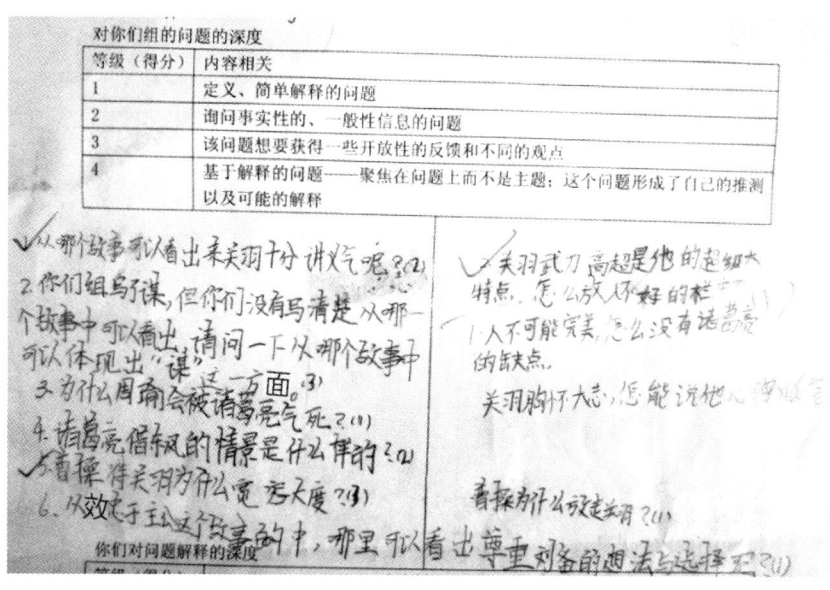

图 14-6 自主评价

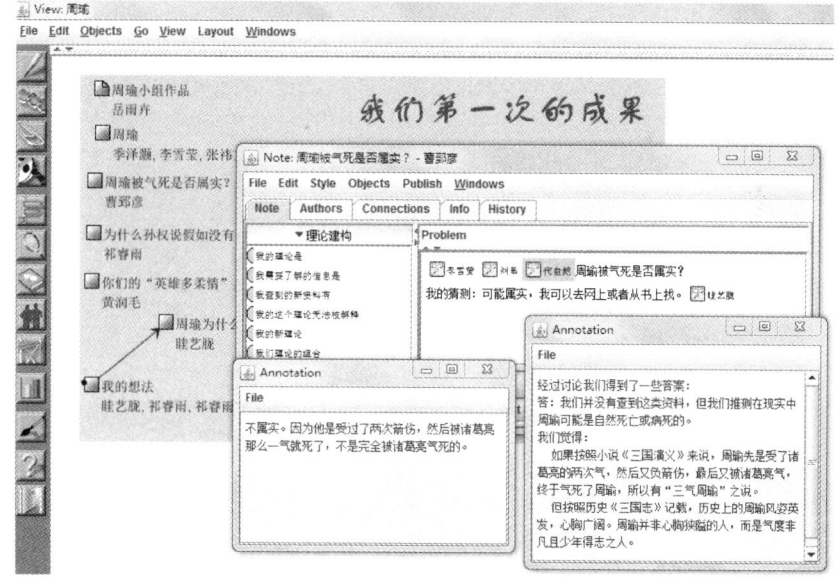

图 14-7 评价后的问题推进

6. 学生动手制作手工制品

知识建构学习期间,手工制品的形成非常重要,体现了学生对所学知识的灵活运用。主题1接近尾声时,教师组织学生结合自己所研究的人物的特征、戏曲中的人物形象等,绘制了"三国"人物脸谱,最终全班27个人都完成了自己的作品。学生依次将自己的作品贴在了教室的墙上,学生在此过程中体会到了学习的乐趣与成就感。图14-8展示了学生自己制作的各种不同的"三国"人物脸谱。

 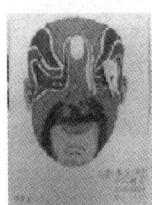   

图14-8 学生自己制作的"三国"人物脸谱

【问题分析及改进策略】

通过课堂观察及对课后小组上传到知识论坛的资料的阅读,我们发现学生个体的知识建构开始有了一定发展,但是小组的知识建构还缺少更多的共同建构活动。各个小组存在下面一些问题:

- 各个小组的组内合作方式有很大的差异性,有些小组是领导式,有些小组是平等式,有些小组存在明显的不合作性。例如在某个4女1男的小组中,女生的强势地位使得该男生没有充分融入小组,他只被允许坐在后面观看,没有操作电脑的机会。
- 各小组上传的Word内容存在很大的差异性,如"关羽"小组上传的是不同版本的关羽形象的对比,有漫画版的、两个版本的电视剧里的关羽形象等,体现了学生组织资料的创新性;"刘备"小组则分析了较有争议的电视剧中刘备"哭"的形象,他们给出了自己理解的刘备常哭的原因,此时的"刘备"小组已经有了共同的小组观点,是一个很大的进步。
- 教师对提交的Word的命名方式做了规定,但只有一半小组达到了要求,这可能是自由的学习环境、较少的辅导老师的监督造成的。针对

此种现象,教师可以将课堂最后10分钟留作小组互评时间,让不符合要求的小组进行改正,加强组间监督。
- 还有一些小组学生仅仅是对网络资料进行复制、粘贴,这不是知识建构课堂所提倡的。虽然我们强调权威性资料的使用,但是教师要指导学生在已有权威性资料的支持下形成个人的观点,表达个人的看法。因此,在下节课中教师要对学生下载的网络资料提出要求,在使用资料的基础上形成自己观点,不能一味摘抄。
- 组成员差异。如前所述,小组的形成存在很多方式,不能保证每次形成的小组在各个方面都势均力敌,有些小组成员学习比较积极,善于发现问题,能够引领整个小组朝着共同的目标前进,而有些小组成员较为懒散,习惯于传统讲授式教学,难以适应自我探究式的学习,因此在学习成果上就明显落后。研究者认为小组形成之后教师应当进行小组成员的微调,使得各个小组的知识水平尽量处在同一起跑线上,随着学习的深入、主题的变更等可以重新划分小组。

二、小组知识建构:历史长河中的人物研究(主题2)

从理论上说,只要时间允许,知识建构教学可以不断地持续下去。在五年级二班第一个月汇报完成后,执教老师觉得学生的研究似乎处于徘徊不前的状态。尽管课题组很多人认为,人物的研究完全可以再继续下去,而且最终也可以导向让学生自己写人物研究的论文。但是,执教老师认为对于小学生而言,很难再"深入"了,最好的办法是主动拓展,开辟新的研究思路,才能确保课程的继续生成。从教法的改进角度看,第二个月需要强化的是集体性认知的形成,也就是需要进一步促进个体的知识建构。新一轮的教学包括如下环节。

1. 教师引导和头脑风暴,确定个人研究内容

针对主题1的9个历史人物,教师引导学生进行分类——首领、文将、武将,围绕这些"三国"人物的特征又能使学生联想到历史长河中的哪些人物,

本节课上学生进行了简单的头脑风暴式的讨论,出现了秦始皇、武则天、项羽、张飞等新的研究对象。为了克服头脑风暴活动的弊端,教师给了学生剩余半节课的时间进行人物的深入思考,让其利用课后时间回家查找资料深入了解该人物,最终确定自己的研究内容。主题2的第二次课堂上,几位学生进行了简短的陈述,陈述内容包括自己所研究的人物是谁、为什么选择该人物进行研究等,最后每位学生都确定了自己的研究人物。

主题1和主题2研究中的人物数量由9个减少到了5个,即曹操、诸葛亮、关羽、孙权(新增)、张飞(新增)。学生所研究的人物数量的减少并不表明学生学习兴趣的减弱,恰恰相反,人物数量的缩减代表了研究兴趣的集中。由新衍生出的历史人物孙权和张飞,也可以看出学生观点的多样性;由个别学生的课堂陈述也能发现,他们能从自己选择的研究人物出发,按照某一个特征联想到不同的新的历史人物,如由曹操联想到秦始皇……

2. 知识论坛中深入研究,促进个人观点向成熟个人知识的发展

知识论坛是学生的"公共知识空间",容纳了所有来自共同体成员的客观性知识,他们将自己获得的新知识共享到该空间,为社区做贡献。在知识论坛中,从短文书写、发展、点评的数量等方面可体现出个体之间的差异,从短文的内容上可体现出个体思维方式的差异,正是这种差异的存在促进了论坛内的交互,实现了知识的共享。

全班学生都确定了个人的研究内容之后,就开始了主题2的研究,教师首先安排了两次上机课,让学生在知识论坛中充分发挥学习的自主性,陈述相异的个人观点。表14-1是三篇个人短文内容,体现了不同的个人观点。

表14-1 相异的个人观点

案例1:曹操—武则天、秦始皇(治国有方)
曹操,在《三国演义》中,他不仅强大了农业,促进了农业发展;他还提倡兴文学,唯才是举。
秦始皇,在历史上,他不仅建筑长城,还统一了文字、货币、度量衡等。
武则天,在历史上,她改革文化;创造了则天文字,促进了经济、农业、文化等发展;打击了门阀贵族,稳定了边疆形势,阻止了一些不必要的纷争;上承"贞观之治",下启"开元盛世"。
我的感想:以上三个人物都非常厉害,曹操、武则天、秦始皇,他们的人生都是辉煌的。每个人都治国有方,都有自己的主意、信念,有做皇帝的风范,有做皇帝的头脑。令我佩服!

第十四章
社区知识的形成:《三国演义》的阅读教学

(续表)

案例2:曹操—戚继光(军事才能)

"官渡之战"是曹操十分有名的胜仗。他一战白马,斩颜良;二战延津,斩文丑;三战官渡,火烧袁军辎重,袁绍溃败。官渡之战,曹胜袁败,奠定了曹操的强者地位。

而戚继光更是了不得。他是卓越的军事家,他不仅能够指挥打仗,而且在练兵、布阵、制造武器等方面都有独到的创建。"鸳鸯阵"就是他为抗击倭寇而创设的一种十分有名的阵法。

我觉得戚继光之所以胜利,有两个方面原因:训兵和统领性。戚继光根据不同地方的人的特性,选择了最合适的士兵,使得他向胜利迈进了一步。戚继光训练士兵时十分残酷,正是这种环境,使士兵练就了非凡的武艺,成就了非凡的事业。几百年后,这支特殊的部队已成为一个传奇,并以一个光荣的名字被永远载入史册——戚家军。作为一名将领,戚继光从没被胜利冲昏了头脑,一直做出清醒的判断,这才成就了他的事业。

案例3:诸葛亮—爱迪生(善造东西)

诸葛亮,在"三国"中曾造过几样十分神奇的东西——木牛流马、孔明灯、诸葛连弩等。
爱迪生,在世界上大有名气,发明了灯泡、留声机、复印机等。
我的感想:两人在世界上都大有名气,而且他们造的东西都十分受欢迎。如果没有电灯,世界就不会如此光明,如果没有诸葛亮发明的那些东西,他也不会打那么多胜仗呀!

案例1:该生从以前自己所研究的曹操联想到了武则天和秦始皇。研究者通过访谈了解到,她的出发点是:"'首领'在'治国有方'方面的共同点"。她的论述中给出了三位领袖的业绩,论证有理有据。有意思的是,她认为虽然历史上的男皇帝很多,但是她更钦佩武则天这个女皇帝!

案例2:该生对曹操军事才能的提出就是一个创新点,给出了自己关于军事才能的理解,并联想到了戚继光。书写的短文内容是对网络资料进行详细加工后形成的个人观点,不是简单的网络资料摘抄。

案例3:一般情况下人们评价诸葛亮都是从他的聪明才智出发,而该学生能想到诸葛亮的发明创造,并能开阔思维、跨越国界联想到爱迪生,从他们对后人做出的贡献方面给出自己的理解。

三个案例各不相同、各有特色,虽然都是从"三国"人物"首领"方面出发进行研究,但是能够从不同的方面发展到不同时期、不同国别的各种人物。虽然案例1和案例2的研究对象都是曹操,但有很大的个体差异性。这些相异的案例表明,学生有很大的思维发展空间,只要给他们充足的时间、学习上的自由及支持,他们就会为这个社区创造出丰富的、不同的新知识。相异的个人知识正是后期小组形成、小组交流的基础,只有存在不同,才能有激烈的对话,才会产生思维的碰撞,实现创新性的学习。但问题是,这些个体所建构的知识之间有什么关联？如何帮助他们形成小组知识？比如曹操与其他历史人物相比，"治国有方"与军事才能之间有什么联系，如何形成理论的认识？

3. 知识论坛对话促进小组形成、实现小组内部交流

在小组活动开展过程中，研究者对小组成员进行了个别采访。通过访谈，了解到学生非常喜欢小组学习，因为自己的个人观点若能被其他成员一致认可是件值得骄傲的事情，而且在遇到困难时有人和你一起分享。小组形成的方式有很多，在课堂上要选取适合的途径形成学习小组，遇到问题要及时进行调整，一切都要为了小组学习以及小组知识的形成而努力。

主题2的学习前期，学生个体在知识论坛中基于对同一个研究点的讨论，并使用知识论坛的"发展"功能，即可形成不同的短文簇，同一短文簇中的学生在长期的交流中自由组成了学习小组。因此在知识论坛中短文簇的形成标志着小组的形成。这种途径形成小组的好处是，学生是经过了长时间的自由交流后自动组合到一起的，对主题以及彼此之间所做的研究都有了深入的了解，同伴间的对话也没有障碍，小组成员可以维持较长时间的合作。小组形成后都要进行充分的组内交流，使各不相同的个人观点在小组中得以表达，使相异的个人知识得到共享，长时期融合后形成共同的小组知识，形成小组凝聚力。

个体在知识论坛中对话时，并未意识到自己已经开始了小组内部的交流，此时属于小组成立的初期，各成员之间可能有类似的研究内容和个人观点，但也可能会有截然不同的研究内容和个人观点，那么两种情况的组内交流是否都能顺利进行？是否都能形成共同的小组观点？以下两个小组案例分别代表了对同一研究内容和不同研究内容进行组内讨论、形成小组共同观点的情况。

选择"张飞"作为研究内容的学生在知识论坛中的对话形成了研究小组，实现了组内的交流。从知识论坛视窗中多个箭头指向可以感受到小组之间无声的激烈讨论。蒯佳玉同学的一篇短文引来了5位同学的"围观"，其中张祎文的短文又是"发展的发展"，通过这样的短文发展形成了短文簇形式的网络结构，这种结构实现了相异的个人知识的共享及交流。学生通过阅读他人的短文、给出自己的观点、发展自己的新观点，实现了个人及小组知识的重构。

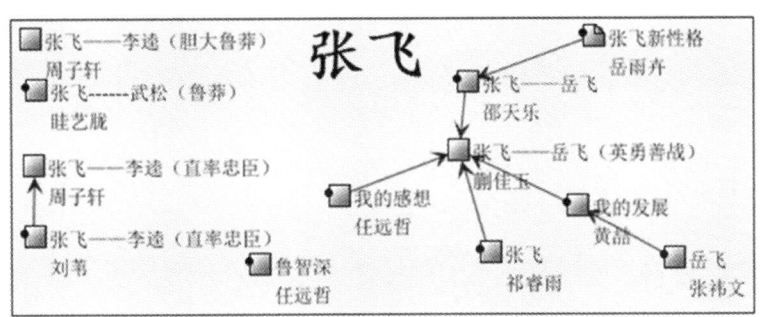

图 14-9 张飞视窗组内讨论

表 14-2 知识论坛中的小组短文内容

蒯佳玉：张飞—岳飞（英勇善战） 张飞，在《三国演义》中他武力高强，他战马超，取武陵，长坂桥退曹兵，为了自己的国家，不惜一切代价。 岳飞，历史上的人物，他武力高超，也是一个大将军，他曾打退金兵，一生征战沙场。他也说过：金兵未灭，难道是大将安乐之时？ 我的感想：在我的眼里张飞和岳飞都是大将，武力都很高强，他们都英勇善战，为国争光，他们更是我心中的英雄。
任远哲：（注：全部粘贴百度百科内容）
祁睿雨：张飞还击败了徐晃，鲁智深还倒拔垂杨柳。
邵天乐：我觉得综合来说，岳飞当真是个很了不起的人，自古以来，文武双全的人，的确很少。张飞也同样如此，但他太鲁莽了！
黄喆：岳飞能文能武，张飞也是，岳飞打败了许多武艺高强的人，张飞也带二十骑兵大战长坂坡！
张祎文：岳飞英勇抗击外族侵略，生前身后赢得了人民深深的爱戴。因此，在岳飞被害身死后不久，南宋民间说书艺人就开始讲说他的故事。

在这样的短文发展中，可以发现促进和阻碍小组知识发展的几个重要因素。祁睿雨、邵天乐、黄喆三位同学都能提出自己的新观点，使原有观点得到升华，而邵天乐又对张飞和岳飞进行了对比，认为张飞太鲁莽，提出了张飞的另外一个性格特点。这些新观点在这样的小群体中得到了共享，大家共同学习进步，交流能够顺利进行。虽然对网络资源的使用已有相关规定，即网络资源全部摘抄时要注明来源，不能完全当作自己的观点，但是任远哲同学在短文发展中仍然全部复制了百度百科的内容，未做任何加工及注释说明，这种情况的再次出现说明该生还未对知识建构思想有太深的理解。教师在课

堂上对该生的短文进行了演示,再次声明网络资源应合理使用,此做法对该生的知识建构学习也起到了推动作用。

因为各个小组成员已有了相同的知识储备,即关于张飞和岳飞的讨论,从不同的角度阐述了各自的观点,所以基于相同的研究内容开展的小组内部讨论,有利于小组共同知识的形成。

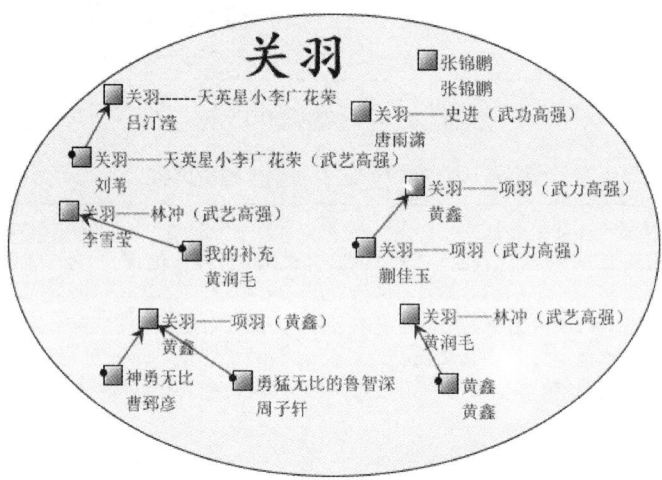

图 14-10　关羽视窗组内讨论

"关羽"视窗中的组内讨论,从中可以看出同伴之间的交互较为零散,因为他们选择了不同的研究人物,如项羽、鲁智深、花荣、林冲等,他们在某些方面和关羽都有相似之处。在交流中各个小组成员充分展示个人观点,以期获得他人支持。

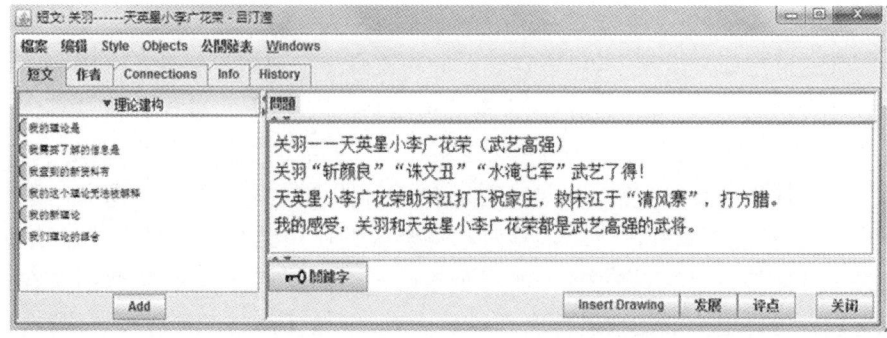

图 14-11　关羽—花荣

第十四章
社区知识的形成:《三国演义》的阅读教学

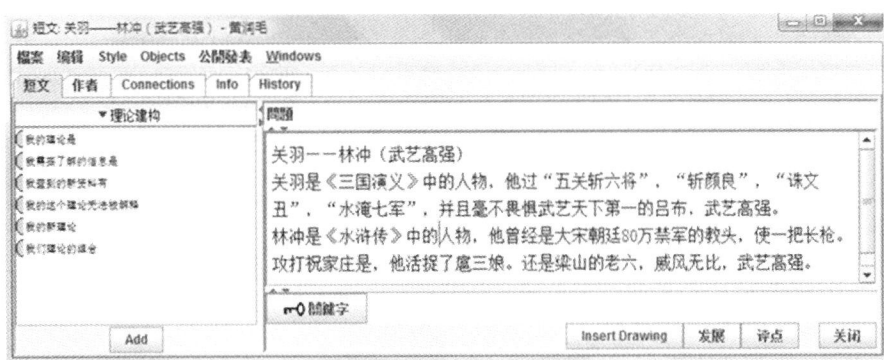

图 14-12 关羽—林冲

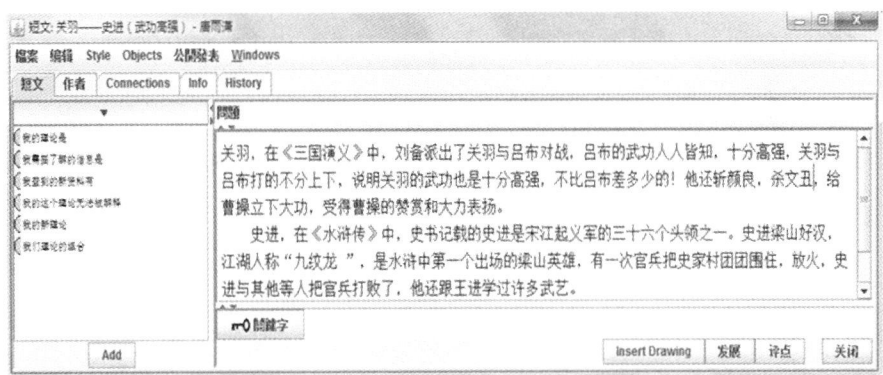

图 14-13 关羽—史进

短文作者为了向同伴展示个人观点,列举了很多具体实例,如用关羽"过五关斩六将"和林冲"攻打祝家庄"相对比来说明二人的武艺高强,如此的充分论证使得小组成员之间彼此了解个人观点,最终促使小组共同观点的形成。

4. 教室讨论促进小组观点的形成

上一小节中,知识论坛对话形成了小组,实现了小组成员之间的交流,除此之外还存在一种小组交流形式,即课堂面对面交流,它在协作学习中也能发挥很大的作用。主题 2 中知识论坛交流后又进行了一次课堂面对面的讨论,主要目的是将前期所有的组内讨论进行深入探讨,并形成最终的小组观点发表在知识论坛中,至此完成个人知识向小组知识的转换。主题2中"曹操"小组的学生对话非常具有代表性,在此以课堂实录的形式为依据,探索学生课堂讨论的进展。

"曹操"小组成员在本节课上的讨论内容为"曹操和毛泽东在各方面的异同点",从他们的对话中可以看出小组成员对个人知识的吸收与纠正,最终形成了基于冲突的个人观点和基于整合的小组观点。

生1:毛泽东和曹操的不同之处在于,毛泽东治国有方,都是靠自己带领军队打仗,而曹操则不同,都是靠手下庞统想办法,由司马懿带领军队去打仗,这一点上曹操做得没有毛泽东好。我还觉得曹操很多疑,而毛泽东每次都很相信人。

生1:曹操多疑还体现在杀吕伯奢一家人这件事上(详细讲述了曹操杀吕伯奢的经过)。

生2:那他俩还有什么不同点呢?

生1:就是刚才讲过的,爱不爱动脑筋啊。曹操不爱动脑筋,都是手下人出主意打仗,毛泽东则是自己动脑筋打仗。

生3:(曹操多疑的另一个事例)

生2:他俩处在不同的时代,二人的价值观念不同。曹操想一手遮天,一统中国,而毛泽东则是一步一步地施行,这步走稳了再走下一步。

生1:曹操也算是一个暴君。(其余人赞同)但是他也很善用人才,在对待赵子龙和关羽时都很珍惜。要论成功,我觉得两个都成功。

生2:但我认为毛泽东比曹操更成功,因为曹操还是没有能完成"三国"统一的大业。

生3:对,最后是司马昭统一的。

生1:对,曹操最后还是大意了,没有留意他的部下司马懿的野心,被司马懿干掉了。

师 :如果让你们自己选,你们想当哪个人物?

生合:我们想当毛泽东,因为毛泽东实现了自己的愿望。

从课堂实录中可以发现,参与对话的三个人中,学生1和学生2引领对话的进行,学生3是在另外两人让他发表意见时才补充说了少量内容,表现出小组讨论中各成员的不同参与度。鉴于此,应该由小组成员相互监督,选定小组长,负责记录各个成员的发言次数,督促不爱发言的学生发表个人见

解,尽量保证每个学生都能参与到小组讨论中去。此外,讨论中出现了分歧观点,如学生2否定了学生1"毛泽东很相信别人"的观点,用事实给予了说明,学生1接受了这种观点,两人在分歧意见上达成了一致,形成了基于冲突的统一意见。而在曹操的多疑性格上,小组成员一致认同曹操的多疑,小组形成了整合后的统一观点。

通过不断的讨论,学生将个人的隐性知识逐步转换为显性知识,该讨论共出现了6种个人观点,涉及了人物的多个方面,在曹操多疑、两位领袖均善于用兵打仗等方面也达成了一致,形成了一致的小组知识。但是很遗憾,因为时间的限制,小组讨论结束时该小组并未来得及总结出详细的小组观点,如果讨论能够继续进行下去,学生也积极地做些记录,生成的知识会更多。因此,为了使小组成员充分发散思维、尽可能多地贡献自己的知识,教师要尽量减少领导式活动的开展,还学生更多的自由学习时间。

5. 小组观点的发布

知识论坛对话和课堂面对面讨论结束后,主题2的学习接近尾声,教师要求每个小组在课后完成本小组观点的陈述,并对短文的形式做了规定,即短文必须包含每个小组成员的个人观点,并总结出本小组的共同观点,最后发表在知识论坛中。最终知识论坛社区获得了5篇小组成员共同发表的短文。我们来对比一下"张飞"小组和"关羽"小组最终形成的小组知识。

表14-3 "张飞"小组观点

小组成员	岳 飞	张 飞	小组共同观点
黄喆	征战沙场,打赢了许多战役(英勇善战) 在背上刺了"精忠报国"四个字,一生保卫国家(精忠报国)	大战长坂坡,领二十骑兵,吓退几万曹兵,只是太鲁莽,所以会败(英勇善战) 发誓"不求同年同月同生,只求同年同月死",宁死不投靠敌军(精忠报国)	1. 精忠报国 2. 英勇善战 3. 性格差异 张飞:对人没有礼貌,特别是对诸葛亮 岳飞:对人有礼貌,军纪严明

(续表)

小组成员	岳飞	张飞	小组共同观点
蒯佳玉	岳飞成为大将军,打金兵,一生征战沙场	张飞为刘备打江山,战马超,长坂坡退曹兵,取武陵	4. 文化差异 张飞:没有文化,只有武力 岳飞:能文能武,写下千古名词《满江红》,词中"三十功名尘与土,八千里路云和月"及"莫等闲,白了少年头,空悲切",更是经典之作
邵天乐	待人有礼貌,彬彬有礼,细心	粗心大意,鲁莽	
曹郅彦	经常打仗,屡战屡胜	武艺高强,没有多少文化	
任远哲	能文能武,杀了许多坏人,礼贤下士	胆大鲁莽,有武没有文	
祁睿雨	报效自己的国家	有勇无谋	

"张飞"小组进行了张飞和岳飞各个方面的对比,黄喆从精忠报国出发展开讨论,邵天乐从两人的性格进行研究,任远哲从"文武"两方面给出了对比,蒯佳玉、曹郅彦和祁睿雨没有明确的对比点,但也表述了两人的不同品质。最终小组成员形成的共同观点为两人都精忠报国、英勇善战,但在性格和文化上存在差异,并给出了详细的说明。与表14-2中的个人短文内容相比,学生的个人观点有了进步,小组共同观点也不是多个个人观点的简单堆砌,而是形成了成熟的小组知识,足见小组成员在这段时间的小组学习中有了很大的进步。

表14-4 "关羽"小组观点

小组成员	个人观点:关羽 VS 鲁智深、项羽、林冲、花荣、史进、岳飞	小组共同观点
殷泽欣	我认为鲁智深和关羽一样,武艺高强	关羽是一个武艺高强的人,鲁智深、林冲、项羽、花荣、史进和他们的特点一样,武艺都很高强,力气也很大
李雪莹 黄润毛	我们认为林冲和关羽一样,都很帅气,武艺高强,但"文"一般般	
黄鑫	我认为项羽和关羽一样,力大无比,武艺高强	
吕汀莹	我认为花荣和关羽一样,都很帅,也是武艺高强。而花荣射箭技术是"百步穿杨",关羽是"刀法高超"	
唐雨潇	我觉得史进和关羽一样,都很骄傲。但史进后来变谦虚了	
张锦鹏	岳飞和关羽一样,武艺高强,精忠报国,英勇善战	

表14-4是经过了小组内部讨论后形成的小组观点,包含了不同的个人观点及小组观点,对比图14-11、图14-12、图14-13中的短文内容可以看出:个人观点经过了进一步的总结,他们认为没有必要在小组合写短文时再次举例说

明,因此有了归纳性较强的个人观点;虽然从关羽联想到了不同的历史人物并进行了独自的研究,但小组成员经过协商讨论后能从中寻找到共同点(武艺高强、力气大),从而形成小组共同观点,充分说明在研究内容不一致的情况下,成员相异的个人观点同样可以得到充分融合,形成小组观点,在小组内共享。

【问题分析及改进策略】

几次上机课结束后,全班 27 名学生在知识论坛中发表的短文总数量为 54 篇,其中 24 篇为书写的新短文,占短文总数量的 44.4%,另外 30 篇为发展性短文,即对别人观点的发展,占短文总数量的55.6%,全班参与学习的 27 人进行了不同方式的学习,如图 14-14 所示。有

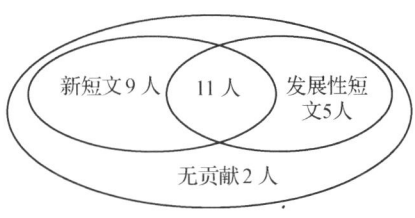

图 14-14 Venn 图

个人观点并想让别人了解自己研究内容的学生能够积极书写新短文,没有形成个人观点的学生也能积极对别人的短文进行发展,通过综合别人观点形成个人观点,还有少数学生可以同时做到以上两种学习,即既能发表新短文,又能对感兴趣的其他短文进行发展,但是两节课下来,没有进行上述任何一种操作,而只是阅读了知识论坛中已有的短文的学生,也表明了他们积极的学习态度。这些数据反映了学生学习方式的差异性,以及对公共知识空间做出贡献的差异性。两次上机课结束后每个学生做出的总体贡献数量(包括发表新短文和发展短文),如图 14-15 所示。

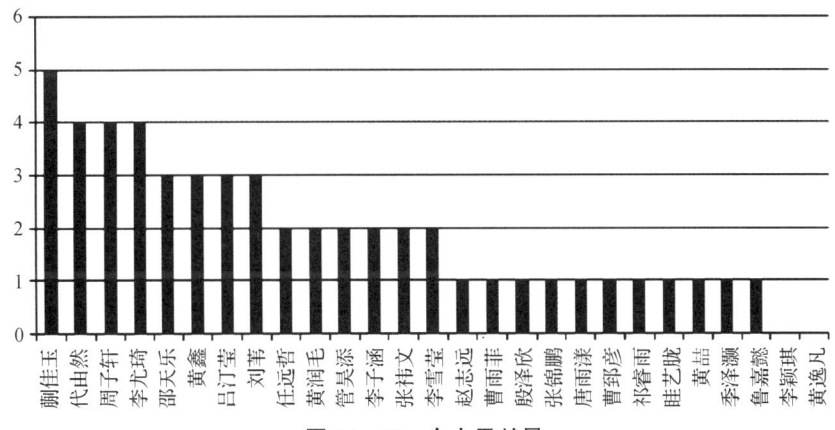

图 14-15 个人贡献量

更主要的是,在第二阶段的学习中,小组的个体的知识建构开始有了一些雏形。尽管深度的理论提升还不明显,但是至少可以概括与归纳了。

表14-5 观点的简单概括

主题2 历史长河中的人物	
曹操	治国有方:武则天、秦始皇、朱元璋 善用人才:毛泽东、祁黄羊 军事才能:戚继光、张作霖、织田信长、吉鸿昌
诸葛亮	才华横溢:曹植、李白 足智多谋:姜子牙、范蠡 发明创造:爱迪生 能言善辩:晏子、淳于髡、小孔融、杨善、李斯
关羽	勇猛无比、武艺高强:项羽、林冲、岳飞、史进、秦琼、鲁智深、李广、花荣
孙权	个性残暴:朱元璋
张飞	胆大:鲁智深、武松 直率忠臣:李逵、夏侯惇 英勇善战:岳飞

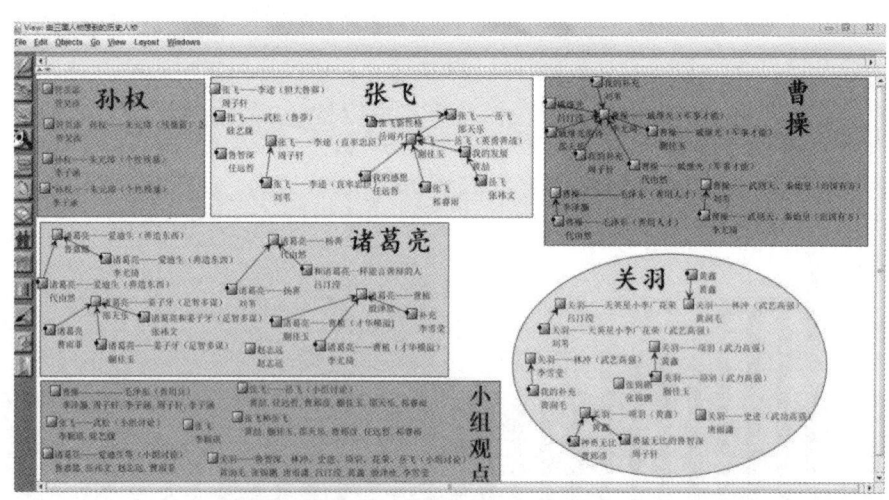

图14-16 不同小组的视窗

从不同的"三国"人物延伸出不同的历史人物,从同一人物的不同角度延

第十四章
社区知识的形成：《三国演义》的阅读教学

伸出不同的其他研究内容，实现了知识的发散与共享。从知识论坛视窗中的内容看，各小组均有了不同的收获。

三、班级社区知识建构：历史各方面的研究（主题3）

社区公共知识的形成是知识建构的主要目标。在本案例教学中，无论是第一阶段的"三国"人物研究，还是第二阶段的历史人物比较，都需要不断地促进公共知识的形成。但是由于执教老师理论认识上的不到位，实践经验的缺乏，虽然教学过程中一直在做出努力，但是公共知识的形成并非一蹴而就的。

就如执教老师从第一阶段过渡到第二个阶段的理由一样，此时执教老师仍然认为若想拓展知识建构就需要更换新的主题，而且主题的导向仍然是在教师的"明确"的指引下完成的。主题3是本学期的最后一个主题，教学内容被允许扩展到学生自主发现的问题。主要的学习方式也强调个人学习，形成了成熟的个人观点后，转向形成完整的小组知识，进而力图构建班级知识。

1. 头脑风暴，确定研究内容

主题3的第一堂课同样进行了头脑风暴活动，目的是引导学生走出"三国"，走出人物研究，从历史的多个方面切入，寻找更广范围的研究内容。

课堂上学生发散思维、自由发言，共同讨论自己感兴趣的其他方面。讨论的结果是提出了9个方面的研究内容：气象（1人）、文具（1人）、历史（3人）、武器（3人）、人物（6人）、建筑物（2人）、服装与饰品（4人）、地理（3人）、军事（4人）。教师在知识论坛中为每个研究内容创建了一个独立的视窗，并安排学生课后搜集资料；运用知识论坛中的支架，从"我研究的主题""我的问题""我的研究方法""我估算的研究时间"等几个方面进行简单陈述。

2. 问题的展开，个性化的观点形成

学生对自己的研究内容有了大概的了解后，开始在知识论坛上发表个人

观点。教师要求每位学生发表一篇关于研究内容概述的短文,然后围绕该短文内容提出多个子问题,以发展的方式呈现在知识论坛中。短文要包含以下内容:"我选择的主题是什么""我选择该主题的原因是什么"。每个学生都围绕中心问题提出了很多子问题,在一次次的上机、对话交流中不断解决子问题,推进个人知识的不断向前发展。

某学生在主题3中确定的研究内容为"'三国'的气象学之谜",延续了主题1中的问题探究,图14-17是他发表的中心问题短文,表述了自己选取这个研究内容的原因及研究对策。

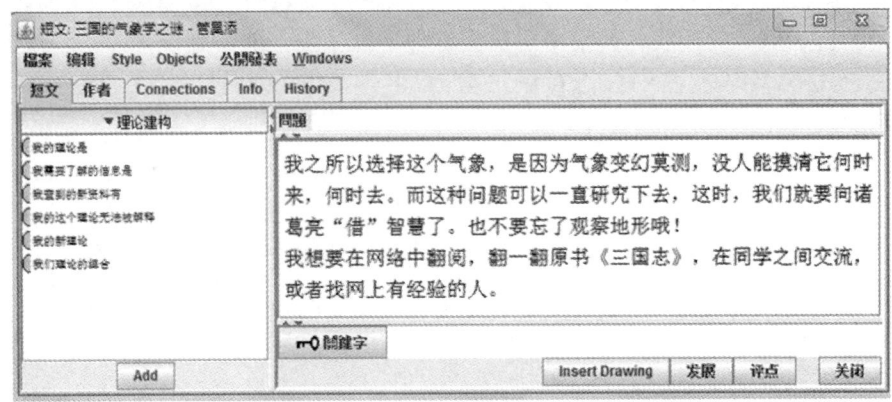

图14-17 "三国"里的气象

知识论坛可以供读者查看短文的具体发表时间、修改时间及修改人,方便研究者记录学生问题、观点的发展轨迹。依据短文发表的时间,对该学生的所有问题进行了梳理,如下所示。

2011年12月2日12点59分:为什么赤壁的冬天会有东南风?诸葛亮又怎么知道?

2011年12月2日13点01分:东南风与地形有关吗?赤壁又是怎样的地形?

2011年12月2日13点02分:为何东南风偏偏在晚上出现?

2011年12月7日12点54分:"三国"里有哪些利用天气现象或者利用气候现象取胜的故事?

2011年12月7日12点58分:"三国"里诸葛亮烧司马的时候为什么不考虑天气?

第十四章
社区知识的形成：《三国演义》的阅读教学

2011年12月7日13点01分：什么是军事气象学？
2011年12月7日13点10分：什么是气候知识？
2011年12月20日12点58分："三国"还有哪些气象之谜？

问题围绕"赤壁之战"，联想到"诸葛亮为什么能借东风成功"，再深入探究了赤壁的地形和时间等问题，若有足够的探究时间，该学生应该能够获得更多气象方面的知识，远远超越五年级学生应该掌握的知识范围。这一步步的问题提出过程足以证明学生思维的不断拓展，学习的不断深入，因此问题的提出是知识建构学习的一个重要环节。给学生充分的时间进行问题的自主提出与解答非常必要。

3. 问题解答，构建知识体系

有了问题的提出，就要给学生充足的时间进行问题的解答，教师要求学生对每个问题都要先给出自己的猜测，再根据找到的资料整合观点，形成个人知识。为了向全班同学展示优秀的学生个体，课堂上教师选取有代表性的短文，让学生上台讲解并接受台下同学的质疑，在课堂对话中再次引出更多新问题，并将新问题发表在知识论坛上，进行后期的发展与讨论。

某学生在自己的"文具"视窗中的贡献，是多次知识论坛学习的成果。对研究者而言，红色方块代表已读短文，绿色代表未读短文，暗绿色短文代表未读的修改后的短文，知识论坛的这一功能方便了研究者及学习者对他人短文发展过程的跟踪。

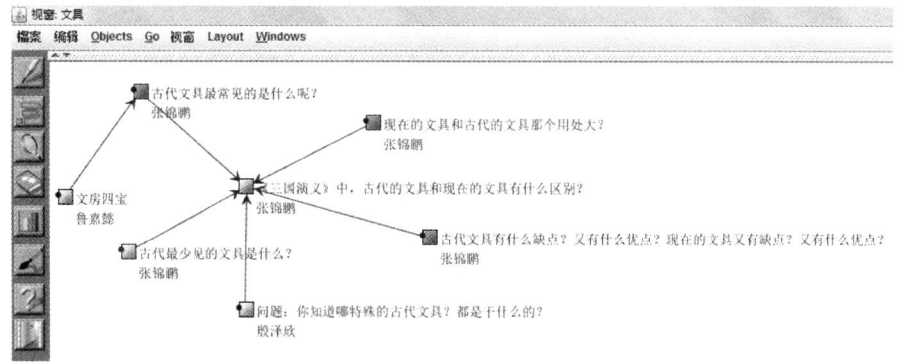

图 14-18　不断推进的个人研究

313

知识建构：
新教育公平视野下教与学的变革

第一次上机时，学生已经对自己想要研究的主题有了详细了解，并了解了本次上机课的任务是通过"发展"发表自己的研究内容及子问题，该学生在此视窗下的短文内容包括1篇研究内容概述的短文和5篇子问题短文，其中该学生的研究内容概述如下。

《三国演义》中，古代的文具和现在的文具有什么区别？我之所以选择这个问题，是因为古代的文具对现代人有吸引力，而且形状和颜色都与现在不同，比较有收藏价值。

以下是该学生的4个子问题及部分问题的简要解答。

ⅰ．现在的文具和古代的文具哪个用处大？

ⅱ．古代文具最常见的是什么呢？

ⅲ．古代最少见的文具是什么呢？是象牙笔筒和木竹筒，也就是现在人们常用的笔筒。

ⅳ．古代文具有什么缺点？又有什么优点？现在的文具有什么缺点？又有什么优点？

再一次的上机课上该学生继续进行子问题的解答，下面只列出了短文中解答的部分。

ⅰ．我通过查阅书籍得到，有的是古代文具用处大，但基本上是现在的文具用处大。

ⅱ．墨水，还有竹卷。

ⅳ．我是通过上网查资料的，古代文具优点是，比较有收藏价值。缺点是，不怎么方便。现在文具的缺点是，让人变懒了。优点是，很方便。

第三次上机课中该学生进一步完善自己的短文内容，主要使用短文的"修改"功能。该学生在对问题ⅱ进行解答后又提出了新的问题。

ⅱ．古代文具最常见的是什么呢？竹毛笔、墨水、竹卷等。

现在最常见的文具是什么？有很多，什么铅笔盒、铅笔、橡皮、钢笔等，好多好多。

对比两次问题ⅱ的解答，除了"墨水、竹卷等"还增添了"竹毛笔"，可以看出其个人知识的增加。经过了长时间的看书思考，该学生还提出了新的问题"现在最常见的文具是什么"，并给出了自己的答案"铅笔盒、铅笔……"，出现了古代文具与现代文具的对比，个人的见解及思考范围逐步拓宽。该学生的

第十四章
社区知识的形成：《三国演义》的阅读教学

自我学习充分体现了同一研究内容的知识发展。

如果说上一案例主要体现了知识"深度"的延伸，也有一些学生的研究体现了"广度"的拓展。知识广度的拓展编写为从一个研究内容发展到另一个相关的研究领域，开始下一个阶段的学习。当学生从一个研究内容进入到另一个研究内容时，他们往往会收获远超课程预期的许多知识，从而推动整个课堂学习的进程。如，某学生的研究从单一的"八卦阵"转移到了"历史上的其他阵法"。最初的3篇短文按书写的时间顺序分别为"有关八卦阵的特点""有关八卦阵现在发现的地理位置经过了的时间""有关设八卦阵的目的"。图 14 - 19、图 14 - 20、图 14 - 21 中的 3 篇短文从内容上可以看出前两篇从书上摘抄的内容较多，第 3 篇已经形成了个人观点，其中还叙述了自己和同学间的交流。

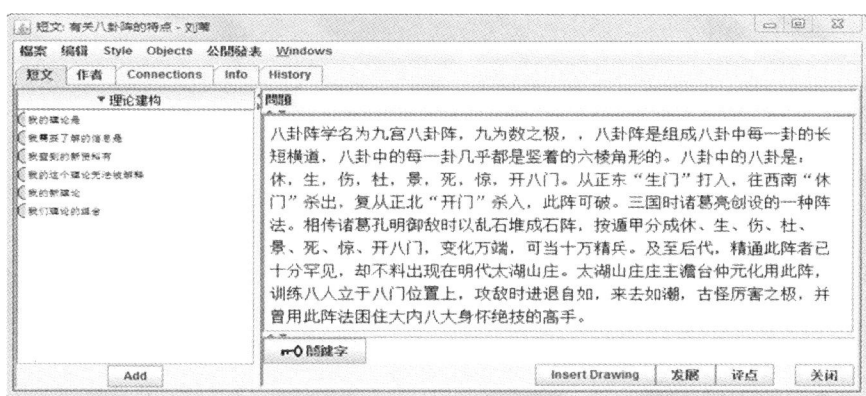

图 14 - 19　学生短文 1

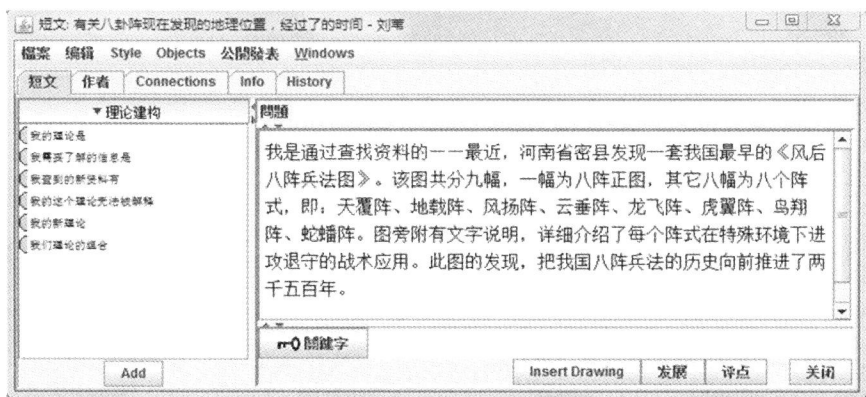

图 14 - 20　学生短文 2

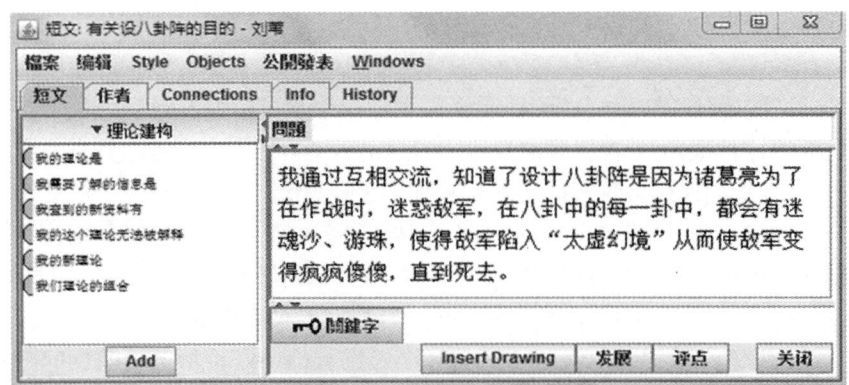

图 14-21　学生短文 3

后期学习中,该学生从"八卦阵"延伸到了"古代其他著名阵法",列举了一些常见的阵法,如"方阵""圆阵""七星锤阵"等,并对每一种阵法进行了详细的解释,具体短文内容不再展示。

综上所述,原有短文的修改或发展可以实现个人观点的推进,主题的研究可以从一个小的切入点发展成一个完整的知识体系,学生发现问题、思考解决问题的能力在其中起了重要的作用,学生个体的思维得到了充分的拓展,探究能力逐步提升。个人知识建构行为促进了个人知识的逐步形成,最终形成成熟的个人知识体系。

4. 课堂对话,陈述个人观点

如前面章节所述,知识论坛学习与课堂对话相结合可以促使学生产生更多的知识,主题 3 中也同样安排了课堂对话,每位学生都在此陈述个人观点,在他人的质疑与个人的解答中推进知识发展与共享。

某学生进行了"'三国'时期藤甲衣及其作用"的研究,包括它的制作方法、现代人对它的复原等。课堂汇报完毕后,有学生对她提出了新的问题:"藤甲衣出现的时间是'三国'前还是'三国'时期?"针对这一问题,该学生对答如流:"'三国'前就有了,是为了防止猛兽的攻击而制作的,在'三国'时期有了新的打仗用法,现在还有人在复原这个藤甲衣,所以体现了同一种东西在不同时期有不同作用。"之后,另一名学生对藤甲衣在兵法中的作用进行了补充:"打仗时可以当木筏使用,能够防水。古代兵法讲,防水者不能防火,所以藤甲衣怕火,这

第十四章
社区知识的形成:《三国演义》的阅读教学

是它的一个缺点。"在他的补充中我们可以看到,他从兵法的角度给出了事物的两面性的讲解,不但外显了自己的知识,同时丰富了全班其他同学的知识。

个人汇报时台下学生可以自由提问,但有些学生沉默不语、不发表任何意见。针对这种现象,授课教师可以点名没发言的学生,促使他们积极加入到讨论中来,让他们明白这种做法对别人和对自己的知识形成都有推进作用。

5. 共享资源,共同总结,形成班级公共知识

教师鼓励学生购买与自己研究内容相关的图书,同时提供了一些相关视频供学生观看。学生通过对这些权威性资料的学习,推进了自己的个人研究,从个人短文中可以看出他们的进步。学期即将结束,教师要求学生利用周末的时间每人书写一篇个人总结,并在课间发表在知识论坛上。最后的两节课教师组织学生在机房进行个人总结的面对面汇报,其他学生对汇报者提出下一步可能的研究问题,以此鼓励学生不断发现新的研究内容,促使知识不断深入发展。以下四个方面的内容是学生对各种资源的充分利用,在此,社区概念已经形成,他们遇到问题时第一个想到的不再是问老师,而是向社区中的同伴求助。

5.1 图书

图 14-22 学生购买的图书

5.2 视频观看效果

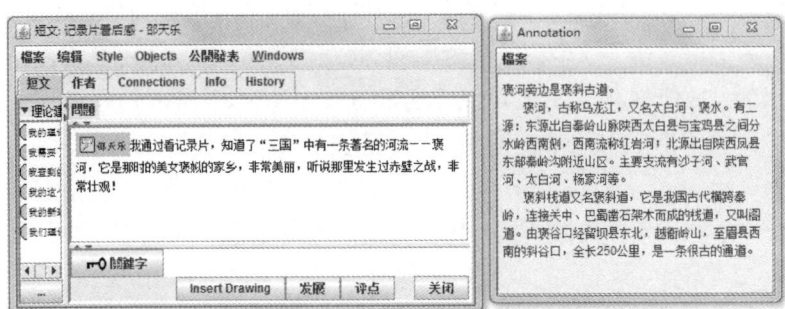

图 14‑23　学生以短文形式发表记录片观后感

5.3 学生自我调查研究

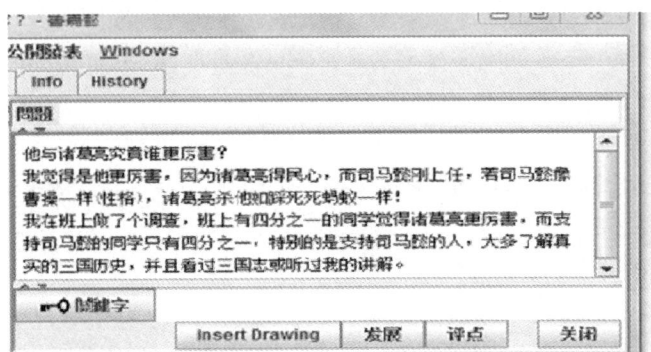

图 14‑24　学生开展自我调查

5.4 同伴间寻求帮助

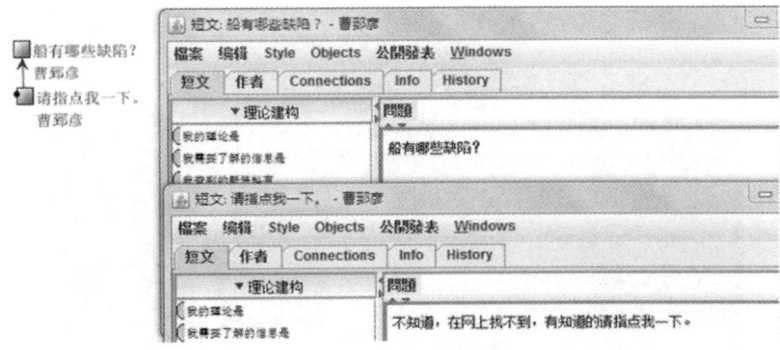

图 14‑25　寻求同伴帮助

第十四章
社区知识的形成:《三国演义》的阅读教学

为了了解学生在整个课程学习中形成的个人知识体系,主题3学习结束后,教师利用学期末仅有的几节课让学生书写自己的小总结,以短文的形式发表在知识论坛里,最终知识论坛空间里共有27篇个人总结。课前教师并未对总结的范围做过多要求,通过整理学生短文发现:25篇短文是主题3的小总结,2篇是本学期的最终总结,有些总结是原有短文内容的整合,有些总结是自己的整个研究历程,有些又是学生的自我感悟等。通过访谈了解到,围绕主题3书写总结的学生认为自己对它比较了解,因为刚刚结束了学习,而在这部分总结中又出现了两种不同的情况:有的总结继续对主题3中的子问题给出自己深入的见解;有的总结是对自己在主题3学习中发展与进步的反思。围绕整学期的学习书写总结的两位学生认为自己对整个学习历程很感兴趣,借此机会做个小结,并希望能在下个学期继续进行该主题的探究,自己还有很多未解决的问题。以下是两篇学生发表在知识论坛中的个人总结——《建筑魂》和《我心中那个富有传奇色彩的八卦阵》。

【期末总结案例1】

建筑魂

经过了一学期的探讨与摸索,我终于为自己定下了主题并为研究做了积淀——建筑的发展史。建筑,往往象征了一个帝国的繁荣富强、兴盛衰败。

建筑也有灵魂,它们的灵魂是华丽的。如紫禁城的宫殿大大小小,错落有致,主殿金碧辉煌,地面用"金砖"铺盖,十分华贵。宫殿的瓦都浇上了金叶,狮、虎、龙、凤等十二种走兽在屋顶上排着"一"字队伍,形象逼真,似乎要从上面跳下来。这正是"千里黄云白日曛,北风吹雁雪纷纷"的豪华境界。

同时,建筑的灵魂也是朴素的。如少数民族的石碉住房,灰色石壁上,绿色的藤分外夺目。斜斜的屋顶吊在石壁上,看上去似乎快要掉下来了。青色的乌云阴森地压了下来。石碉屋里,充满活力的青苔挤满了石屋的缝隙;石碉房外,白色的大理石台阶因饱经风霜而粗糙杂乱,但风霜盖不住它"黄沙百战穿金甲,不破楼兰终不还"的毅力。

建筑的魂,是多情的魂。群体布置、艺术处理、屋檐构造、设计思想……似当年梅妃的寝宫,一个轻盈的庑殿式的屋顶,一扇漆成朱色的大门,几个别有雅致的纸窗。寝宫内外,遍地是梅,白墙红梅,黑瓦蓝天,甚是清闲,不禁让我想到王冕的《墨梅》:"吾家洗砚池头树,朵朵花开淡墨痕……"

建筑也有悲凉的魂——皇陵。皇帝是万人之上的天子,工匠们必须用心做好每一座陵。由于要让地宫坚固耐久,所以陵寝一般采用石构架。陵墓建筑以雕刻而著称。有石柱——雕刻上龙、凤图案,再加上一层一层水纹似的祥云,有威风八面的石狮——张牙舞爪,口含石珠,半趴在帝王墓的入口,似乎在守卫墓穴,这让我回忆起了"浩荡离愁白日斜,吟鞭东指即天涯"的落寞。

建筑是有灵魂的,它的灵魂就是建筑的精华,是那种"性格",为什么我选择了这个主题?因为我看见了这种"性格",并相信自己:以后我也会书写一种与众不同的"建筑魂"!

【期末总结案例2】

我心中那个富有传奇色彩的八卦阵

古往今来,八卦阵一直被神秘的面纱所笼罩,对于它的运行原理及训练方法,后世产生了很多说法,见仁见智,更增加了它的神秘。甚至有人说,八阵图已成为千古之谜,后人再也无法解开了。事实果真如此吗?今天,我要着重介绍一下八卦阵。要剖析八卦阵,得先看看"阵"是怎么一回事。

"阵"很简单,它是军队双方交战时配置兵力的一种方式,也就是士兵不同的排列组合。在战场上,随着敌情、地形、气候等种种因素的变化,士兵的排列自然不可能一成不变,这就需要按照具体情况来变换这种排列,不同的排列组合也就形成了不同的"阵"。谁都知道,士兵的排列组合方式相当多,那么"阵"也就有许多种。

"八卦"是多种"阵"法的一套组合,由八种不同的阵式组成。显然,"八卦"不是一种阵法,而有许多变种,它的繁简程度和运用方法都不尽相同,可以在实战中因时因地因敌情而变化,变成新的阵型。八阵中之八种阵型,便是这种阵法的八种大的变化。通过看书,我明白了八卦阵与其他分门别类的阵法不同,其他的阵法有一字长蛇阵、二龙出水阵、天地三才阵、四门兜底阵、五虎群羊阵、六丁六甲阵、七星北斗阵、八门金锁阵、九字连环阵、十面埋伏阵。而八卦阵的奇特之处是八卦阵按休、生、伤、杜、景、死、惊、开八门。

要说到这八卦阵是谁设计的,我肯定会口齿伶俐、明白不误地回答道:"是诸葛亮先生。"但经过反复查找资料,答案令我出乎意料——此阵为战国时期孙膑首创,有上述八门,到了"三国"时期,诸葛亮在中间加上了指挥使台,由弓兵和步兵守护,指挥变阵,一般认为有四四一十六种变法。

第十四章
社区知识的形成:《三国演义》的阅读教学

而八卦阵的由来呢?

"三国"时期诸葛亮入蜀主政平定南蛮之后,蜀军的主要作战对象是曹魏的步骑兵联合部队,作战地域主要为山地,但是,蜀国缺乏马匹,于是诸葛亮排练"八阵图"。

通过看书与查阅资料,诸葛亮"八阵"基本已经清楚,我除了现在不知"八阵"的具体训练方法外,其他的都能算是"略知一二"了,既不神秘,也不是什么"千古之谜"了吧?在接下来的综合研究中,我准备更加深入地研究国外的一些阵法。

除了论坛中发表的个人总结外,寒假期间学生分别独立完成了个人研究内容的画报,共 27 份,画报内容涉及了整个学期自己的研究内容,无论从内容上还是形式上整个画报都丰富多彩,充分展示了成熟的个人知识。图 14-26 是学生的作品,这些人工制品的形成表明学生已经能够将自己的个人知识外化出来并自由应用。

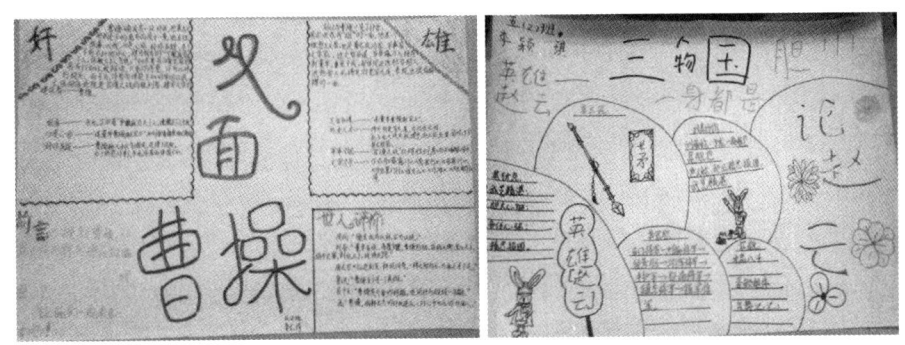

图 14-26 学生作品

【问题分析及改进策略】

本研究以白云园小学的综合实践课为依托,以主题 1"'三国'人物"主题为开端,进而发展形成了主题 2"历史长河中的人物"和主题 3"历史各个方面的研究",全班 27 名学生以及协作学习小组是本研究不同阶段的研究对象。整个学习过程以知识建构理论为指导,以知识论坛作为支撑环境,通过面对面的交流和知识论坛在线讨论两种主要学习形式的结合促使知识的不断转换。

在知识建构社区中,学校范围内的班级是一种特殊的社区,在这样的社区中进行的协作型的知识建构,其基本流程可以分为三个重要的循环:个人知识形成并转换为小组知识,小组知识形成并向社区知识转换,社区知识的形成是社区共同体学习的最终目标。知识转换过程主要表现在:以身边的真实情境为出发点,从问题出发促进个人知识的产生,在持续探究的过程中学生个体与他人形成协作小组,在小组协作中融合相异的个人知识,发展形成成熟的小组知识,进而通过组间交流,使小组知识扩散到整个社区,形成社区知识,最终将社区知识反馈给学生个体,形成新的个人知识体系。

在本案例的三个主题教学中,实际上每个阶段都存在三种知识的转换,三种知识的活动主体:个人、小组、班级也是相互交融的。在主题1的研究中,由于是初做知识建构,实验个人知识被强调得比较多一些,但在后两个主题,特别是在最后一个主题的研究中,如何形成社区公共知识是课题组最关注的。

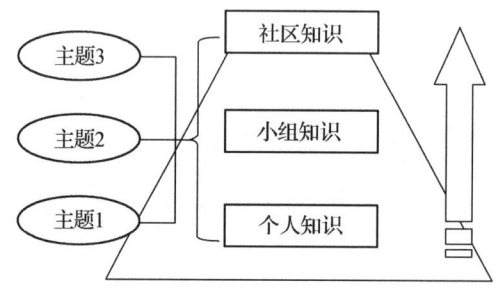

图 14-27 知识的转换过程

知识的动态表征过程决定了个人知识的不断向前发展。在个人学习阶段,学生个体独自承担起知识发展的责任,借助权威性资料,结合自己的知识经验,不断推动自我知识的向前发展。在本研究的主题1和主题2学习中,学生的已有知识经验对问题的形成与解答起了重要作用——基于现实情境的问题提出与解决适宜知识建构的顺利开展。虽然知识建构理论强调从真实的问题出发,但是并不等同于传统的问题解决,这是因为传统的问题解决仅仅就该问题而言,"问题"是学习的中心,学习的任务就是解决问题,学生在短时间内无法形成系统的知识体系,而在知识建构学习中,学生从真实情境出发提出"真实的问题"、形成"真实的观点",一切围绕观点的推进、知识的形成进行,在问题解决中不断提出新问题,延伸自己的主题探究活动,切实建构自身的知识体系。当基于某个研究内容的个人知识成熟后即可加入协作学

第十四章
社区知识的形成:《三国演义》的阅读教学

习小组,在小组学习中融入个人知识,促进小组知识的形成与发展。

不同的学习个体通过不同的途径形成学习小组后,即开始了小组知识的形成及发展过程。小组知识的形成过程包含小组的形成、个人观点的融合、小组共同任务的形成、基于冲突的小组意见的形成、基于整合的小组知识的形成、小组知识的发展与成熟等不同阶段。在小组学习中,学习者之间的相互交流主要针对特定的研究内容及问题解决方案的制定进行,在面对面交流和在线同步交流相结合的学习方式中,各个小组内部的个人观点相互碰撞,形成组员一致认可的小组观点,再加上教师设计的各种协作知识建构活动,如头脑风暴、协同写作等,小组观点得到进一步发展,小组成员围绕共同的小组目标形成最终的小组知识,通常表现为新观点、新方法、新作品等。学期结束后,本社区中形成了不少学生小组作品以及论坛中的小组观点等。

成熟的小组知识形成后,各小组之间有了解其他小组所做的研究及研究成果的欲望,在课堂中通过小组作品展示、小组汇报、论坛交流等形式,促使小组知识向社区知识转换,使各种不同的小组知识在社区中融合,供社区成员共享,并在社区成员的全部参与交流中促使社区知识进一步发展。小组面对面的交流为各种事实性问题的提出与讨论提供了空间,论坛上的交流则使得问题进一步朝着解释性方向发展。论坛中短文的阅读更是加速了知识在社区中的扩散,发展和点评的使用则促进了观点的不断向前推进,朝着社区知识的形成努力。

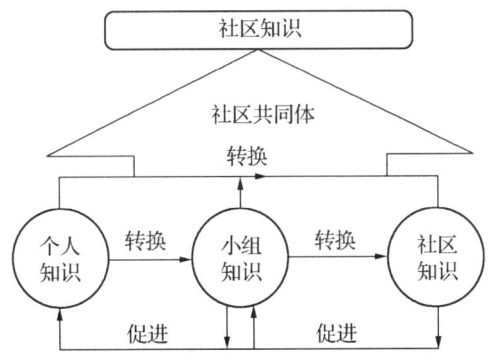

图 14-28 知识转换的内在机制

每种知识成熟之前都存在着不断发展与推进的过程,但是知识的转换并不仅局限于个人知识向小组知识、小组知识向社区知识转换这种单一形式,如图14-28所示。在某些情况下个人知识可以直接升级转换为社区知识,如个人演讲、论坛交流等形式,学习者也可以不经历个人知识的形成阶段而直接参与到小组学习中,为小组知识的形成做贡献。此外,知识转换过程还包含有一定的反向促进作用,小组知识的形成会反过来促进个人知识的重新建构,社区知识的形成也会促进小组知识和个人知识的重新建构。因此,知识的建构与转换具有灵活性与多向性,本文研究的这种单向转换方式更有利于学生的知识循序渐进地发展,适合刚开始接触知识建构理论学习的社区。虽然知识的形成与转换形式多样,但是我们需要谨记的是,社区知识是知识建构共同体的最终目标,一切都要围绕社区知识的形成而努力。

在实施过程中也存在如下一些问题。

第一,本课程是该班级师生第一次接触知识建构理论及知识论坛,全班学生均同步依次参加三大主题的研究,缺少了研究的多样性,教师的控制也较为明显。知识建构课堂的最佳状态应该是,学生从身边实际出发,自主提出问题,在问题的不断解决中逐步延伸主题,自行掌控学习的进度与研究的深度和广度。

第二,通过学生的反思可以判断其学习是否有了进步,是否能够掌控自己的学习进程,而本课程缺少学生实时的自我反思,只在主题3结束时进行了短期的反思短文的书写。同时学生的反思还要实现形式的多样化,如个人反思和小组反思交叉进行,知识论坛发表反思性短文和记录本上书写反思兼备等。

第三,需要强化社区公共知识的形成,在教学的每个阶段都需要进一步增加小组、班级的共同活动。比如增加小组内部学习的机会,选定一至两个小组进行实时跟踪,更加准确地描述小组内部的协作学习过程,为小组知识的形成提供充足的事实依据。

第十五章
运用替代性工具开展知识建构教学的案例

一般的单机版教学软件,或是比较简单的 APP,通常不足以支持深度的知识建构,但在辅助知识建构过程中的知识管理或是交互方面,仍然可以运用这些软件进行教学活动。在不具备使用专业的知识建构工具,如知识论坛或是数课论坛的情况下,也可以采用一些大众媒介的平台,如博客、微信等;或是运用其他教学平台里的一些功能,如魔灯(Moodle)平台里的 Wiki 功能等,也可以进行知识建构教学活动。当然,这些辅助性的教学平台至少要有基本的人员管理、内容管理、交互管理的子系统,基于网络的教学活动是知识建构所需要的。

一、运用 Wiki 技术的作文互改教学

1. 背景

现代认知分析认为写作是一项复杂的问题解决过程,涉及一系列复杂的步骤,好的写作始于对意题的探讨及写前提纲,之后是草稿,最后是编辑与修改。因此,写作过程可被划分为三阶段:筹划创作、创作、创作后的编辑修改。把 Wiki 技术运用到这个过程中,不仅可以保留学生互改的所有痕迹,更有利于随后的知识建构中知识的可视化表达与观点的不断推进。

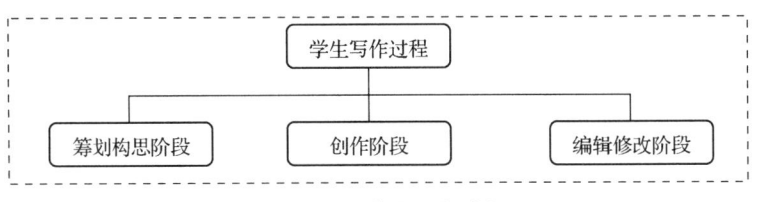

图 15-1 学生写作过程

相较于传统口头或笔头互评,国内外多数研究在网络互评的众多优势上达成了共识:① 更有效地实现合作学习;② 反馈效果好;③ 网络互评可以便捷地记录交流过程和反馈细节;④ 网络互评有利于学生写作水平的提高。其实,这种互改就是知识建构理论的一种运用方式,其也是从个人知识建构,逐步发展到小组与班级的知识建构的过程。

鉴于以上原因,我们基于知识建构理论,将网络互评融入语文写作教学,于白云园小学五年级二班(男 15 人,女 14 人)开展为期一学期的研究,通过让学生在构思阶段、修改阶段进行深入的互动互评,以期提高小学生的汉语写作水平。实时互动平台可以便捷地将文章发布,供师生共同阅读、分享,同时支持学生之间的相互浏览、相互评价等。

2. 写作教学流程

在每次作文教学之前,任课教师先在全班讲解本次作文的主题与体裁,启发学生的写作兴趣和灵感,学生个人要表述自己的相关观点,在小组里分享。小组成员完成相互建构后,教师再次提出写作要求和修改提示;学生在构思、初稿、二稿等阶段,需要不断循环完成从个人到小组、班级的建构,最终提交终稿。具体的实施安排如图 15-2 所示。

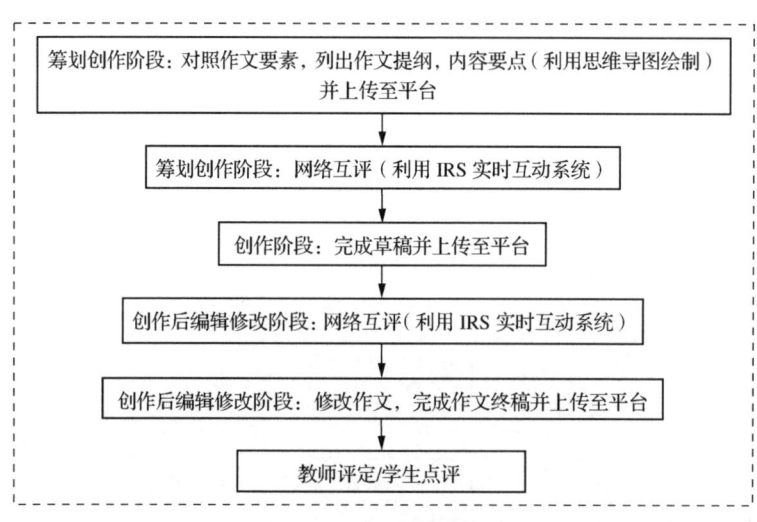

图 15-2 写作教学流程

其中学生网络互评的具体内容,可能会有以下几种形式。

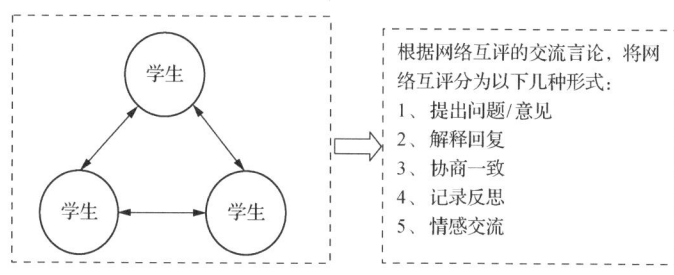

图 15-3 学生网络互评

3.《漫步秦淮河畔》的知识建构过程

表 15-1 《漫步秦淮河畔》的讨论过程

时 间	具体活动
第一周 (3月4日— 3月8日) 创设情境 激发兴趣	教师课堂播放有关南京秦淮河、石头城的视频;派发一本名为《漫步秦淮河畔》的电子书到学生的书架,此书包括有关秦淮河畔的视频、图片与诗词等 学生观看视频后,在小组里发表个人观点,讨论各自的兴趣点及想法,同时讨论利用平板电脑搜集素材的方法;打开电子书进行观看;利用周六、周日自行游览秦淮河畔周边美景,通过已讨论出的方法采集照片、视频等素材;同时,上网搜集1~2篇有关秦淮河不同文体的文字作品,并上传至教学平台
第二周 (3月11日— 3月15日) 学生形成自己的 观点,分组讨论	学生利用教学互动系统互相浏览、讨论其他同学已上传的照片、视频等素材以及不同文体的文字作品;说明自己所选的文字作品是哪种文体,并分析说明其原因;根据自己的兴趣,学生选择自己准备研究的文体,有相同兴趣的同学分成一组,共同建构对这种文体的共同认识,比如:该文体具有什么特点,于何时使用等;归纳出小组成员的共同点与不同点
第三周 (3月18日— 3月22日) 学生持续改 进作文提纲	教师根据上周学生分组讨论的各种文体的大致内容,针对不同小组的需要及最近发展区为学生引入权威性资料 学生进行组内讨论,同时结合自己的兴趣点确定作文题目;利用平板电脑终端应用系统中的思维导图工具列出作文提纲,并上传至教学互动系统;小组内讨论作文提纲,每个学生进一步修改、完善自己的作文提纲,再上传至教学互动系统;每个小组派代表向全班介绍自己的作文提纲,全班再进行讨论,最后再修改、完善作文提纲,上传至教学互动系统

(续表)

时　间	具体活动
第四周 （3月25日— 3月29日） 完成初稿 并反复修改	学生在教师的引导下一起对写作方法、技能进行讨论及比较；根据自己的作文提纲，学生完成自己的初稿并上传至平台。此次写作，学生可以自选文体、自选内容进行写作，只要主题和秦淮河畔有关即可。文体可以是记叙文、议论文、说明文、儿童诗、游记、诗歌、研究报告及散文等；内容可以写人、记事、描景及抒情等；完成初稿后，学生在教学互动系统里相互浏览、评论、修改作文；根据他人的意见，每个学生反复修改自己的作文 教师可以以教师身份进入平台，对全班学生的作文进行点评、修改等
第五周 （4月1日— 4月5日） 形成社区知识	根据学生们的进展和兴趣，教师与学生共同决定是否需要对学生们的作文附一些照片、视频和录音等；以及是否需要对大家的作文进行分类，是否加前言，最终形成整个学习社区的共同文化制品。此次文化制品可以是关于秦淮河畔沿线人、物、景等的电子书或班级画报等

二、运用多种终端开展"勾股定理"的知识建构学习

1. 课前准备

教师：
- 课前在博客圈的老师工作室发布学习要求。
- 参与课前学生在博客圈的学习和讨论。
- 设计学习任务，让学生在方格纸中自主构造不规则图形，并计算图形的面积，从而使学生感受到勾股定理在计算图形面积中的应用技巧。
- 指导学生拍摄微视频，进一步理解勾股定理与生活实际密切相关。
- 以学定教，根据学生前期独立学习和交流情况确定教学方案和导学案。
- 设计当堂练习题和5分钟测试题，及时反馈矫正。

学生：
- 依据老师提出的学习任务和要求完成自主学习、合作学习任务。

第十五章
运用替代性工具开展知识建构教学的案例

实践举例：

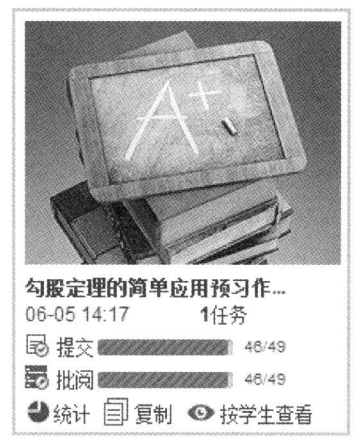

图 15-4　教师在博客圈中发布的预习要求　　图 15-5　教师发布的课前测试题目并已批阅

分析与反思：

知识建构学习提倡学生能够在已有知识基础上进行自主建构和协作探究，从而形成知识的理论体系。数字化的学习环境为学生的多样化学习方式提供了便利和可能，能够使"教师主导、学生主体"的理念深入教学实践。教师更多地扮演的是组织者、引导者和共同参与者的角色，而不是传统教学方式下的知识灌输者。教师以公告的方式来激励学生参与学习活动，营造良好的氛围，如教师曾在博客圈中发布："同学们要相信自己的能力，加油！第一，独立思考研学，将不会的难理解的都记下来。第二，小组交流学习，请组长一定要负起责任来，大家要主动积极参与，互相配合，因为你们是一个团队。第三，大胆提出自己的见解和不会的问题，学习过程本来就是解决问题的过程。今天特别表扬何嘉韵小组，组长负责，组员认真。"教师以在博客圈中发布预习要求的方式为学生指明了学习目标和方向，使得每个学生都能够有目标、有方向地进行预习和协作，而不是"无事可做"或"只有小组长在做"。教师以平等的身份参与学生的小组讨论及探究活动而不是传统教学中的话语中心，体现了师生交流的对等性，一方面给了学生更大的自主空间，另一方面也使得教师的建议和指导更有针对性和效率。数字化学习环境的支持使得师生可以跨时空进行交流，教师可以课前根据学生预习情况确定第二天上课的教学设计和方案,真正做到以学定教。

2. 知识感知阶段

表 15-2　知识感知阶段教学设计

学习方式	学生活动	教师活动
自主学习	1. 自主构建不规则图形并计算面积,推送到博客圈 2. 完成公共服务平台里的预习任务	浏览博客圈中学生提交的作业,参与学生互动,进行在线答疑及个别指导 教师批阅反馈、进行个别交流
合作探究	1. 小组合作寻找生活中勾股定理在实际生活中的应用实例,并抽象成数学问题进行解决,以微视频的形式展示活动及问题解决过程 2. 将独立学习过程中遇到的问题与同学进行在线交流,互助答疑,共同学习	指导学生进行微视频的录制并上传至班级网盘 组长组织,老师参与,老师在线及时了解各个学习小组学习过程中遇到的问题

实践举例:

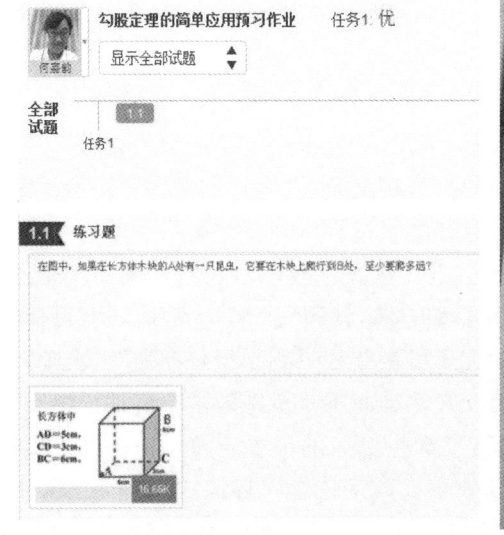 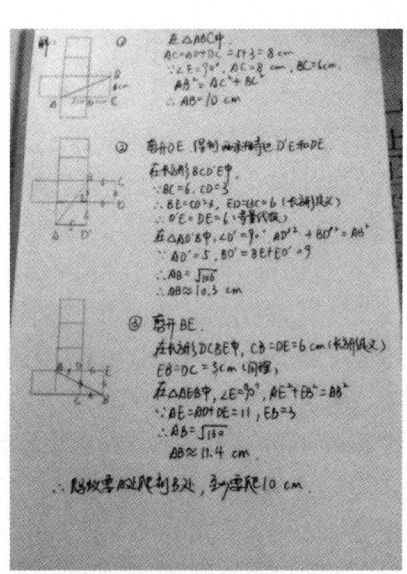

图 15-6　学生在公共服务平台上完成的预习作业且教师已批阅

勾股定理在不规则图形中的应用

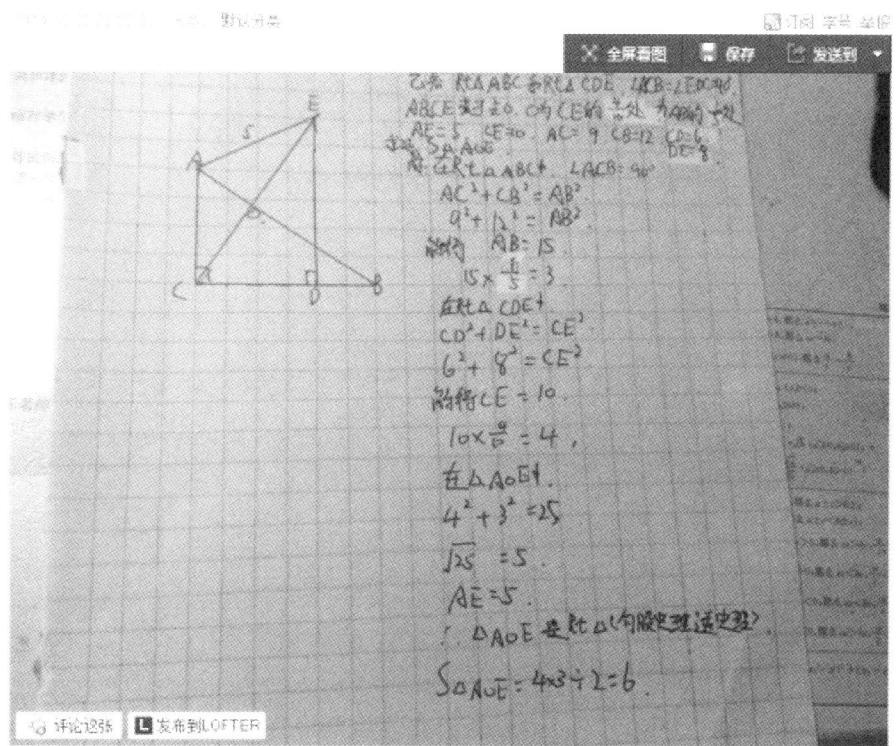

图 15-7 学生在博客中发布的勾股定理在不规则图形面积计算中的应用

分析与反思：

本阶段的学生活动既有自主学习也有合作探究，一方面学生要独立完成不规则图形的设计与面积求解以及教师推送的测试题目，这是对前面所学内容灵活应用的检测，也为后面学习内容的深入做好回顾与铺垫；另一方面学生要进行小组协作探究，通过亲身体验和感知从生活中发现勾股定理的应用实例，并进一步抽象出数学问题进行解决，学生能够有充足的时间和空间经历数学问题的观察、实验等活动过程，对真实情境的感知必然引发真实数学问题的提出，而对数学问题的抽象概括、探究解决正是学生体会和理解数学与外部世界联系的基本途径，学生在这个过程中慢慢建立了模型思想，提高了学习数学的兴趣和应用意识。

3. 课堂知识建构

表 15‐3　课堂建构阶段教学设计

学习方式	学生活动	教师活动
小组展示协作讨论	1. 小组汇报课前学习内容、提出组内未解决的问题	教师根据学生展示及博客圈中的讨论对数学问题进行归类
	2. 学生讨论交流，共同解决疑惑问题	小组巡视，掌握学情，适当引导问题归类，形成全班的知识建构
典题练习协作讨论	3. 完成淘题吧的典型练习题，收到系统反馈后，小组讨论出错问题及原因并提出改进办法	发布练习并批改，组织学生讨论纠错，针对性地指导及点评（理顺思路、规范步骤）

实践举例：

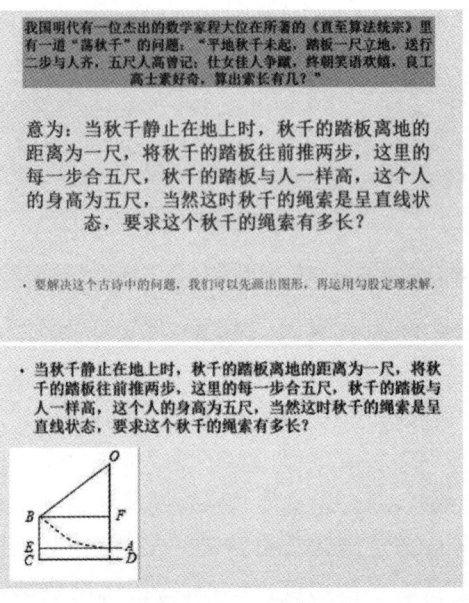

图 15‐8　学生提出数学问题，全班讨论解决

分析与反思：

学生课堂建构活动的开展始于感知阶段中有疑惑的问题，学生将小组研究

成果以报告(keynote)的形式进行展示,同时抛出研究过程中的疑惑问题,全班学生进行集体建构,共同解决疑惑问题,同伴之间在相互的讨论沟通中不断深化对问题的理解,在反驳建议中使问题的解答逐渐清晰,教师根据学生汇报情况和课前博客圈中的讨论情况针对性地进行指导,总结问题类型,形成全班的知识建构。教师还可以在淘题吧中组卷派发典型练习题给学生,学生做完后会有系统反馈,错误问题的解决是通过小组讨论来完成的,教师可通过系统的分析功能即时查看学生的做题情况,有针对性地进行讲解分析以及做题规范的示范,这是信息化教育手段在提高教学效率方面的智慧化体现。

4. 知识应用阶段(课堂检测及课后练习)

表 15-4　知识应用阶段教学设计

学习方式	学生活动	教师活动
自主完成	完成公共服务平台的测试题,完成情况优秀的同学可以做"小老师"给其他同学批改题目	进行测试后数据的分析,对错误率较高的题目进行错因分析,课后布置针对性练习
自主完成	课后完成作业	将学生按学习情况进行分层,发布分层练习的电子作业

实践举例:

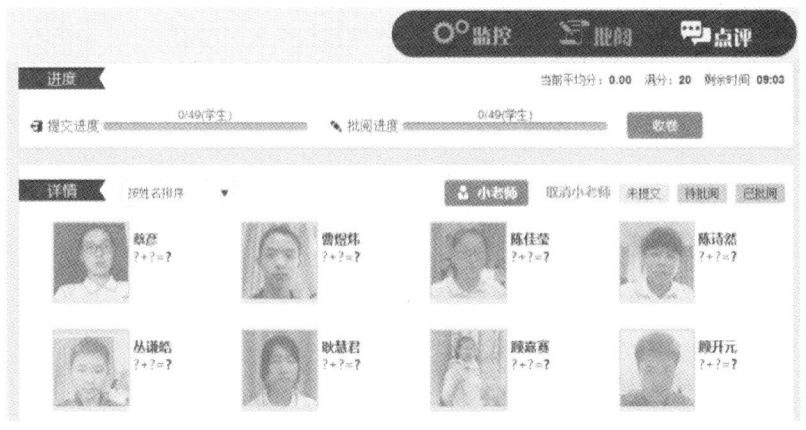

图 15-9　公共服务平台的智慧课堂

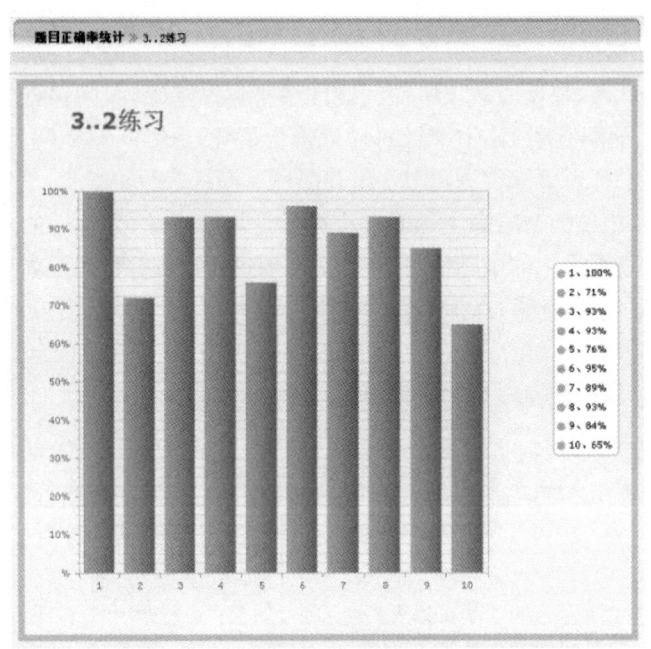

图 15-10　淘题吧的题目正确率统计分析

分析与反思：

本阶段的设计是在学生感知和建构数学问题的基础上进行的。公共服务平台的"小老师"功能可以让检测优秀的学生充当"小老师"给其他学生批改题目，同时这个"小老师"也有责任督促被批改的学生进行错误题目的修改，这一功能的应用极大地提高了学生的学习主动性和学习兴趣。针对学生的学习情况，教师可以在课后布置分层练习的作业，切实考虑到不同学生在数学上的不同发展水平，使得每个学生都能够基于自己的现有水平进行个性化的学习。

参考文献

英文部分

1. Amabile, T. M. (1998). How to kill creativity. *Harvard Business Review*, 76 (5), 76 – 87.

2. Barab, S. A., Scott, B., Siyahhan, S., Goldstone, R., Ingram-Goble, A., Zuiker, S., & Warren, S. (2009). Transformational play as a curricular scaffold: Using videogames to support science education. *Journal of Science Education and Technology*, 18, 305 – 320.

3. Bereiter, C. (2002). *Education and mind in the knowledge age*. Mahwah, NJ: Lawrence Erlbaum Associates.

4. Bereiter, C., & Scardamalia, M. (2003). Learning to work creatively with knowledge. In E. D. Corte, L. Verschaffel, N. Entwistle, & J. V. Merriënboer (Eds.), *Powerful learning environments: Unravelling basic components and dimensions* (pp. 55 – 68). Oxford, UK: Elsevier Science.

5. Bereiter, C., & Scardamalia, M. (2005). Education for the New Creativity. Keynote paper at the Knowledge Building/Knowledge Forum Summer Institute. Institute for Studies in Education of the University of Toronto.

6. Bransford, J., Derry, S. J., Berliner, D., & Hammerness, K. (2005). Theories of learning and their roles in teaching. In L. Darling-Hammond & J. Bransford (Eds), *Preparing teachers for a changing*

world: What teachers should learn and be able to do (pp. 40 – 87). San Francisco: Jossey-Bass.

7. Cress, U. , & Kimmerle, J. (2008). A systemic and cognitive view on collaborative knowledge building with wikis. *International Journal of Computer-Supported Collaborative Learning*, 3(2), 105 – 122.

8. Csikszentmihalyi, M. (1999). Implications of a system's perspective for the study of creativity. In R. J. Sternberg (Eds.), *Handbook of Creativity* (pp. 313 – 335). New York, NY: Cambridge University Press.

9. Drucker, P. (1985). The Discipline of Innovation. *Harvard Business Review*, 63, 67 – 72.

10. Dunbar, K. (1997). How scientists think: Online creativity and conceptual change in science. In T. B. Ward, S. M. Smith & S. Vaid (Eds.), *Conceptual structures and processes: Emergence, discovery and change* (pp. 461 – 493). Washington, DC: APA Press.

11. Engestrom, Y. (2008). *From teams to knots*. Cambridge, England: Cambridge University Press.

12. Florida, R. (2002). *The rise of the creative class*. New York: Basic Books.

13. Hargreaves, D. H. (1999). The knowledge-creating school. *British Journal of Educational Studies*, 47(2), 122 – 144.

14. Kafai, Y. B. (2006). Constructionism. In K. Sawyer (Ed.), *Cambridge Handbook of the Learning Sciences* (pp. 35 – 46). New York, NY: Cambridge University Press.

15. Ketelhut, D. J. , Dede, C. , Clarke, J. , Nelson, B. , & Bowman, C. (2007). Studying situated learning in a multi-user virtual environment. In E. Baker, J. Dickieson, W. Wulfeck & H. O'Neil (Eds.), *Assessment of problem solving using simulations*. Mahwah, NJ: Lawrence Erlbaum Associates.

16. Lubart, T. I. (2000 — 2001). Models of the creative process: Present and future. *Creativity Research Journal*, 13 (3 – 4), 295 – 308.

17. NSF Task-Force on Cyberlearning. (2008). *Fostering learning in the networked world: Cyber learning opportunity and challenge*. NSF Task-Force on Cyberlearning.

18. Nickerson, R. S. (1999). Enhancing creativity. In R. J. Sternberg (Eds.), *Handbook of Creativity* (pp. 392-430). New York, NY: Cambridge University Press.

19. Paavola, S., & Hakkarainen, K. (2005). The Knowledge Creation Metaphor—An Emergent Epistemological Approach to Learning. *Science and Education*, 14(6), 535-557.

20. Partnership for 21st Century Skills. (2008). *21st Century Skills Education and Competitiveness Guide*. http://www.21stcenturyskills.org/documents/21st_century_skills_education_and_competitiveness_guide.pdf.

21. Resnick, M., Berg, R., & Eisenberg, M. (2000). Beyond Black Boxes: Bringing Transparency and Aesthetics Back to Scientific Investigation. *Journal of the Learning Sciences*, 9(1), 7-30.

22. Resnick, M. (2006). Sowing the Seeds for a More Creative Society. A talk at MIT Museum on May 22. http://mitworld.mit.edu/video/372/.

23. Richards, R. (2007). Everyday creativity: Our hidden potential. In Ruth Richards (Eds.), *Everyday creativity and new views of human nature* (pp. 25-53). Washington, DC: APA.

24. Sawyer, R. (2006a). *Explaining creativity: The science of human innovation*. Oxford: Oxford University Press.

25. Sawyer, R. K. (2004). Creative teaching: Collaborative discussion as disciplined improvisation. *Educational Researcher*, 33(2), 12-20.

26. Sawyer, R. K. (2006c). Schools of the future. In K. Sawyer (Ed.), *Cambridge Handbook of the Learning Sciences* (pp. 567-580). New York, NY: Cambridge University Press.

27. Sawyer, R. K. (2007). *Group Genius*. New York, NY: Basic Books.

28. Scardamalia, M., & Bereiter, C. (2006). Knowledge building: Theory, pedagogy, and technology. In K. Sawyer (Ed.), *Cambridge Handbook of the Learning Sciences* (pp. 97-118). New York, NY: Cambridge University Press.

29. Schlager, M., Fusco, J., & Schank, P. (2002). Evolution of an on-line education community of practice. In K. A. Renninger and W. Shumar (Eds.), *Building virtual communities: Learning and change in cyberspace* (pp. 129-158). New York, NY: Cambridge University Press.

30. Stahl, G. (2006). *Group cognition: Computer support for building collaborative knowledge*. Cambridge, MA: MIT Press.

31. Stahl, G. (2006—2015). *International journal of computer-supported collaborative learning*. New York, NY: Springer.

32. Stahl, G. (2002). Rediscovering CSCL. In T. Koschmann, R. Hall, & N. Miyake(Eds.), *CSCL2: Carrying forward the conversation* (pp. 169-181). Mahwah, NJ: Lawrence Erlbaum Associates.

33. Sternberg, R. J. (2003). The development of creativity as a decision-making process. In R. K. Sawyer, et al. (Eds.), *Creativity and development* (pp. 91-138). New York, NY: Oxford University Press.

34. Shuler, C. (2009). *Pockets of potential: Using mobile technologies to promote children's learning*. New York, NY: The Joan Ganz Cooney Center at Sesame Workshop.

35. Weisberg R. W. (1999). Creativity and knowledge: A challenge to theories. In R. Sternberg (Ed.), *Handbook of creativity* (pp. 226-250), Cambridge: Cambridge University Press.

36. Zhang, J., Hong, H. Y., Scardamalia, M., Toe, C., & Morley, E. (accepted). Sustaining knowledge building as a principle-based innovation at an elementary school. *Journal of the Learning Sciences*.

37. Zhang, J., Scardamalia, M., Lamon, M., Messina, R., & Reeve, R. (2007). Socio-cognitive dynamics of knowledge building in the work of nine- and ten-year-old. *Educational Technology Research and Development*, 55(2), 117-145.

38. Zhang, J., Scardamalia, M., Reeve, R., & Messina, R. (2009). Designs for collective cognitive responsibility in knowledge building communities. *Journal of the Learning Sciences*, 18(1).

中文部分

1. 卡尔·波普尔. 客观知识:一个进化论的研究[M]. 上海:上海译文出版社,1987.
2. 伊姆雷·拉卡托斯. 科学研究纲领方法论[M]. 上海:上海译文出版社,1986.
3. 托马斯·库恩. 科学革命的结构[M]. 北京:北京大学出版社,2003.
4. 小威廉姆·E. 多尔. 后现代课程观[M]. 北京:教育科学出版社,2000.
5. 索耶. 剑桥学习科学手册[M]. 北京:教育科学出版社,2010.
6. 斯伯克特. 教育传播与技术研究手册[M]. 上海:华东师范大学出版社,2012.
7. 张义兵. 逃出束缚——赛博教育的社会学解读[M]. 北京:北京师范大学出版社,2003.
8. 张义兵,陈伯栋. 从浅层建构走向深层建构——知识建构理论的发展及其在中国的应用分析[J]. 电化教育研究,2012(9).
9. 赵建华. 知识建构的原理与方法[J]. 电化教育研究,2007(5).
10. 程天君. 新教育公平引论——基于我国教育公平模式变迁的思考[J]. 教育发展研究,2017(2).
11. 赵国庆,黄荣怀,陆志坚. 知识可视化的理论与方法[J]. 开放教育研究,2005(1).